戦国史研究叢書15

# 徳川権力と海上軍事

小川　雄　著

岩田書院

# 徳川権力と海上軍事　目次

# 凡　例

本書で頻用する史料集・古記録・系譜類は、本文・註において左記のように略記した。

『愛知県史　資料編』 → 『愛資（通巻）』＋文書番号

杉山博・下山治久・黒田基樹編『戦国遺文　後北条氏編』（東京堂書店） → 『戦北』＋文書番号

柴辻俊六・黒田基樹・丸島和洋編『戦国遺文　武田氏編』（東京堂書店） → 『戦武』＋文書番号

久保田昌希・大石泰史・糟谷幸裕・遠藤英弥編『戦国遺文　今川氏編』（東京堂書店） → 『戦今』＋文書番号

土居聡朋・村井祐樹・山内治朋『戦国遺文　瀬戸内水軍編』（東京堂書店） → 『戦瀬』＋文書番号

『細川家史料』（東京大学出版会） → 『細史』忠興＋文書番号、または『細史』忠利＋文書番号

拙編『戦国史研究会史料集2　徳川水軍関係文書』 → 『徳水』＋文書番号

『家忠日記』（臨川書店） → 『家忠日記』＋年月日

『江戸幕府日記』（ゆまに書房） → 『江戸幕府日記』＋年月日

『オランダ商館長日記　訳文編』（東京大学出版会） → 『オランダ商館長日記』＋年月日

『当代記』（『史籍雑纂』続群書類従完成会） → 『当代記』＋年月日

『駿府記』（『史籍雑纂』続群書類従完成会） → 『駿府記』＋年月日

『寛永諸家系図伝』（続群書類従完成会） → 『寛永伝』＋人名

『寛政重修諸家譜』（続群書類従完成会） → 『寛政譜』＋人名

# 序章　徳川権力の海上軍事をめぐる課題

――十六世紀後期・十七世紀前期を中心に――

## 一　本書の目的

### 1　徳川権力研究の意義

本書の目的は、徳川権力を中心として、十六世紀後期・十七世紀前期の海上軍事を検証することにある。

徳川氏は西三河の国衆（領域権力）である岡崎松平氏を始点として、十六世紀後半に家康の指導力のもとで東海地域・甲信地域を支配し、両地域に存立する国衆を従属させた戦国大名に成長した。また、一五八〇年代から豊臣関白家（羽柴氏）に従属する大名に転じ、一五九〇年代に豊臣政権の東国経略の一環として関東地域に転封された。そして、十七世紀以降は豊臣氏に代わり、日本全域に存立する諸大名（もとは国衆・戦国大名・豊臣大名）を従属させつつ、一門・譜代大名を創出していき、領域権力を統合した政治秩序（幕藩体制）を主宰するようになった。

このように、徳川氏は国衆から始まり、戦国大名・豊臣大名としての段階を経て、列島規模の政権を担うに至った稀有な権力体であった。徳川氏に先行して中央政権を構築した存在としては織田氏・豊臣氏がいる。もっとも、織田氏の場合は、尾張国衆から成長した権力体ではあったが、中央政権としての実態を整える前に崩壊した。また、豊臣氏の場合は、織田氏重臣として近江国長浜や中国地域東部に支配領域を形成し、一五八〇年代前半に織田氏の混迷を収拾する過程で政権を掌握したように、国衆から発展した存在ではなかった。
戦国時代に各地で存立した諸権力のうち、徳川氏を研究の対象とすることに特別な意義を見出すとすれば、一氏で国衆・戦国大名・豊臣大名・中央政権に関する議論を網羅できる点にあるだろう。

## 2 海上軍事の用語について

戦国時代の水軍については、史料上の文言でもある「海賊」や「海賊衆」の呼称が用いられる傾向にある。しかし、「海賊」「海賊衆」の文言は、日本全域で使用されたものではない。

また、著者の理解において、水軍は「軍事的運用を目的として編成された船団」であり、戦国時代の海賊(軍事を伴う海上活動を存立の主要基盤とする家)と完全に一致する存在ではない。水軍を「海賊」「海賊衆」の文言で表現する傾向は、水軍と海賊を同一視する錯覚を生じさせることになると懸念される。

そこで、著者は水軍をめぐる諸相を「海上軍事」と表現して、議論を展開することにしている。

この「海上軍事」という用語は、千野原靖方氏が先行して使用しており、戦国時代の江戸湾における海上戦闘や沿岸防備・水軍編成などを包括した用語として提示している[1]。江戸湾以外の海域にも適用できる方法論だろう。著者としても、水軍とその編成・運用をめぐる諸相を包括した議論をおこない、研究に相応の普遍性を確保する必要があると考え、千野原氏と同じく「海上軍事」の用語を用いることにしたのである。

さらに著者は、戦国時代の海上軍事について、研究の下限を十六世紀末期に設定せず、十七世紀以降の展開に関する議論も提示すべきであると考えている。そして、十六世紀後期に海上軍事力を形成し、十七世紀以降も、より規模を拡張させた運用をおこなった徳川権力の事例は、著者の問題意識にきわめて適合的である。

## 二　徳川権力と海上軍事に関する研究

### 1　十六・十七世紀の徳川権力に関する研究

十六世紀後期・十七世紀前期の徳川権力をめぐる研究は、明治期以来の重厚な蓄積が存在する。とくに北島正元氏は、十六世紀・十七世紀を縦断した包括的（権力中枢・農村支配・軍事制度など）な徳川権力論を展開した。[2]

近年の研究動向については、中世・近世の双方とも、一九七〇年代に重要な始点が存在する。中世史では新行紀一氏[3]、近世史では高木昭作氏[4]・朝尾直弘氏[5]が、徳川権力の形成期をめぐる研究について、後代の編纂史料に依拠した立論の問題点を指摘し、同時代史料の検証をより徹底すべきことを提起したのである。

この三氏の提起を前提として、徳川権力の研究は中世・近世の両分野で大きく前進することになった。

中世史においては、本多隆成氏が統一政権形成以前の「初期徳川氏」の概念を提示し、農村支配を中心に同時代史料に基づく議論を展開した。[6]また、平野明夫氏[7]・柴裕之氏[8]は、戦国・豊臣大名としての徳川氏の家中・領国構造や政治動向の分析を深化させた。さらに農村支配の研究も、谷口央氏[9]・鈴木将典氏[10]が進展を継続させている。

近世史においては、藤井譲治氏[11]・山本博文氏[12]が家光期を中心として徳川将軍家の権力中枢（老中制・取次）の実態を分析し、さらに小池進氏[13]は将軍家直轄軍団の編成、小宮山敏和氏[14]は譜代大名の創出を事例として、将軍権力の軍事的・政治的基盤が形成される過程を掘り下げた。また、笠谷和比古氏[15]・曽根勇二氏[16]は、慶長年間の政治・経済構造について、徳川将軍家と豊臣関白家が並立している状況から捉える視点を提示した。

また、こうした研究動向と前後して、中村孝也氏が徳川家康の発給文書[17]、和泉清司氏が「代官頭」（伊奈忠次・大久保長安など）の発給文書を集成して、十六・十七世紀の徳川権力を研究するための基礎史料を整理した[18]。

但し、徳川権力の研究については、時代区分が隔壁として作用し、前節で述べた利点を十分に活かせていない、という問題も指摘しなければならない。すなわち、十六世紀後半から十七世紀前半を中世・近世の境として設定する日本史研究の慣習のために、中世史研究者は十七世紀以降に政治秩序を運営した徳川氏、近世史研究者は十六世紀以前に国衆・戦国大名として存立した徳川氏に十分な関心を向けない、という状況が現出しているのである[19]。

そして、この問題こそが、本書で徳川権力の事例を中心に海上軍事を論じる理由でもある。

徳川権力は東海・関東に領国を形成し、さらに関ヶ原合戦や征夷大将軍任官を経て、①最大規模の領域権力と、②政治秩序の主宰者という二重の性格を帯びる状態に至った。その結果、徳川権力が編成した海上軍事力も、①江戸・大坂を中心とする直轄領域の海上防備と、②領域の枠組みを越えた海上活動を求められるようになった。

つまり著者は、徳川氏（将軍家）の海上軍事のあり方について、徳川権力の性格の変容がとくに顕著に表出した分野と捉え、その研究によって、時代区分の隔壁を解消した議論を提示しようと考えているのである。

## 2　戦国期の海上軍事に関する研究

戦国時代の海上軍事については、瀬戸内海西部で存立した海賊の能島村上氏・来島村上氏などを対象とした研究がとくに充実しており、宇多川武久氏[20]・福川一徳氏[21]・山内譲氏[22]・得能弘一氏[23]などが議論を進展させてきた。

但し、瀬戸内海の海上軍事をめぐる研究は、海賊の自立性を強調しつつ、その自立性が戦乱の収束とともに失われることを指摘し、議論を擱筆する傾向が目立つ。近年刊行された『戦国遺文　瀬戸内水軍編』（東京堂出版）も、文書採録の下限を「瀬戸内海が豊臣政権に編成され、九州攻めに動員される天正十四年（一五八六）九月まで」としている[24]。

自立性こそを海賊の特性と捉え、海上活動をかならずしも重視しない姿勢である。さらにこうした研究動向は、伊予国を中心とする地域史としての色彩も濃く、普遍性を確保できていない。

著者としては、この村上諸氏をめぐる議論のあり方こそが、海上軍事研究の幅を少なからず狭めてきたと認識している。そもそも、戦国時代に存立した海賊のうち、高度の自立性を確認しうる事例はさほど多くはなく、能島村上氏や来島村上氏などの事例によって、海賊の自立性が論じられているに過ぎない。さらに著者の感覚では、村上諸氏は上位権力（戦国大名など）との関係を前提とせず、家中や領域を自力で形成することで、一定の自立性を保持しているのであって、海上活動そのものが自立性を担保しているとは理解できない。その存在形態は、むしろ近年の戦国史研究で受容が進行した「国衆」の概念[25]に適合的であると考えている。

また、海賊がどれほどの自立性を有したとしても、戦乱の終焉とともに解消される「徒花」でしかないとすれば、その歴史的意義も限定されることになる。今後、戦国期海賊論がより広汎に発展するには、議論の対象を自立性に絞るのではなく、より多様な存在形態を検証する姿勢こそが要求されるだろう。

なお、瀬戸内地域ほどの蓄積は無いものの、東海・関東地域については、戦国大名を主体とした海上軍事編成のあり方に関する研究がおこなわれてきた。具体的には、柴辻俊六氏[26]・鴨川達夫氏[27]による甲斐武田氏、宇田川武久氏[28]・浜名敏夫氏[29]による相模北条氏、千野原靖方氏[30]による安房里見氏の論考などをあげることができる。これらの諸研究は、個々の海賊の動向よりも、大名権力が海賊に所領や権限（徴税など）を付与することで、海上軍事力を形成させていった状況に主眼を置き、海賊の大名権力に対する従属性の高さを論じる内容となっている。

もっとも、こうした海上軍事力編成に関する大名権力の主導性は、東海・関東地域に特有の事象ではない。宇田川氏は安芸毛利氏の海上軍事の全体像を検証し、譜代家臣（児玉氏など）が編成の頂点に位置しており、村上諸氏に依存する構造ではなかったと評価している[31]。また、三鬼清一郎氏は豊臣政権期の海上軍事について、対外戦争（朝鮮出兵）を遂行するために、軍用船の建造体制が拡張されていった状況を解明している[32]。

このように、地域を問わず、大名権力の成熟や統一政権の形成、あるいは対外関係の緊張とともに海上軍事力の直轄化・大規模化が進行したという視点は、徳川権力の事例にも適用すべきである。

### 3　徳川権力の海上軍事に関する研究

徳川権力の海上軍事については、慶長十四年（一六〇九）以降に諸大名に対して五〇〇石積を超過する船舶（とくに安宅船）の保有を禁止した事例や、志摩国の海賊大名九鬼氏を寛永十年（一六三三）に内陸部（摂津国三田・丹波国綾部）に移封した事例などを拠り所として、「鎖国」志向による編成の消極性を強調する議論もある[33]。

しかし、徳川権力はたしかに安宅船の保有を禁止して軍用船の規模に制限をかけたものの、軍用船の保持や新規建造を否定しておらず、諸大名の海上軍事力が全面的に凍結される展開とはならなかった。九鬼氏の内陸部転封についても、徳川権力の海上軍事力に関する消極性の結果と断定しうる理由は見出せない[34]。

また、政策としての「鎖国」（あるいは「海禁」）は、海上軍事力編成の消極性を意味しない。国家が海上交通を強制的に統制しようとするならば、むしろ海上軍事力は暴力装置として必須になるはずである。

そこで、山本博文氏[35]・木村直樹氏[36]・松尾晋一氏[37]・古川祐貴氏[38]の研究を参照すると、江戸時代の西国において、通商関係を欠くヨーロッパ諸国の船舶が来航する事態や、中国船が不法行為に及ぶ事態への対応という課題が存在しており、海上軍事力が抑止力・暴力装置として長期に亘って運用され、その改善も重ねられていた状況が論じられている。

とくに山本氏は、徳川権力が沿岸警備体制の構築にあたり、寛永十七年から船手頭（海上軍事官僚）を三ヶ年に亘って西国の港湾調査に派遣したことを指摘している。

また、造船史の分野では、石井謙治氏(39)・安達裕之氏(40)などが、十七世紀前期に徳川権力によって建造・運用された軍用船(安宅丸など)に関する研究をおこなった。両氏は徳川権力の海上軍事をかならずしも積極的に評価していないものの、徳川権力が十七世紀以降も海上軍事力の整備を継続した状況を浮き彫りにしている。

なお、石井氏は研究の方法論として、文献のみならず、船手頭向井氏の屋敷や軍用船の行列が描き込まれた『江戸図屏風』(国立歴史民俗博物館所蔵)も取り上げている。『江戸図屏風』の向井氏屋敷や船行列については、黒田日出男氏も検証しており、『江戸名所図屏風』(出光美術館所蔵)も事例に含めて、製作者・発注者が徳川将軍家の武威を視覚化する存在として、向井氏屋敷や軍用船の景観を描写したとする理解を提示した(41)。

さらに十七世紀初頭の外交史研究では、岡田章雄氏(42)・松田毅一氏(43)・永積洋子氏(44)が、船手頭向井氏が「鎖国」形成に先行する徳川権力の対ヨーロッパ外交に参与したことに言及している。①イングランド人のウィリアム＝アダムスや、フランシスコ会のルイス＝ソテロと親交を結び、来日したイングランド人・スペイン人との折衝にあたった事例、②仙台伊達氏の遣欧使節事業に航洋船(太平洋横断に使用)の造船技術を提供し、配下をメキシコまで随行させた事例である。このように、徳川権力の海上軍事に関する検証は、国際外交についての考察も伴うのである。

但し、これらの諸研究は、十七世紀前期の状況を対象とする一方で、十六世紀以来の展開という視点を欠いているため、さらなる進展をはかるには、時代区分の隔壁を取り払うことが課題になると見込まれる。

徳川権力の海上軍事について、十六世紀・十七世紀を縦断して論じる方法としては、鈴木かほる氏による諸研究が先行している。同氏は一九九〇年代後半から向井氏の海上活動に関する研究、及び向井氏が参与した浦賀貿易の研究を発表していき、さらに一連の成果を二〇一〇年・二〇一四年に一般書として刊行した(45)。とくに鈴木氏が翻刻した

「清和源氏向系図」には、新出の武田氏・徳川氏発給文書が収録されており、戦国期の東海地域における海上軍事のあり方や、十七世紀以降の展開に関する研究を進めるうえで重要な意味を有する。

但し、鈴木氏の研究は、向井氏の顕彰を主な目的としており、向井氏の活動を相対化して捉える視点が不十分、という問題も抱えている。そして、こうした姿勢は、徳川権力による海上軍事の全体像を把握することを少なからず困難にして、かえって向井氏の位置付けも不明確にしていると認識している。

以上の第1～第3項で提示した問題意識を踏まえた本書の課題は、①徳川権力が戦国大名・豊臣大名として東海・関東地域で領国を形成した段階、②十七世紀以降に日本全域の領域権力を統合した政治秩序を主宰するようになった段階において、いかなる海上軍事体制が構築されていたのかを考察することである。

また、①の段階に関連して、徳川氏以外の大名権力が東海地域で運営した海上軍事、②の段階に関連して、徳川権力とスペイン・カトリックの関係も取り上げ、視野の拡大をはかる。

さらに徳川権力の海上軍事力を構成した諸氏の性格・動向や、年代の経過による海上軍事の変遷を確認して、中世・近世の時代区分に規定されず、十六世紀後期・十七世紀前期を縦断した議論を展開したい。

## 三　本書の構成

本書は、第一部「戦国期東海地域の大名権力と海上軍事」、第二部「徳川権力の海上軍事と伊勢海地域・瀬戸内地域」、第三部「十七世紀以降の徳川権力の海上軍事と国際外交」の三部構成である。

第一部の諸論考は、駿河今川氏・甲斐武田氏・尾張織田氏の三氏を事例として、徳川氏と同じく東海地域沿海（伊勢湾から駿河湾）を領国とした大名権力がおこなった海上軍事の編成・運用のあり方を確認したものである。

第一章「駿河今川氏の海上軍事」では、今川氏による海上軍事の特質を検証した。①今川氏の海上軍事が、戦国時代の初期から継続的に整備され、領国の拡大に応じて、遠江国や三河国にも拡張されていき、殊に浜名湖周辺においては、領国崩壊の直前まで機能していたこと、②広範な階層（給人・寺社など）から海上軍事力を動員する編成方式は、今川氏領国を分割した武田氏・徳川氏の海上軍事にかならずしも連続していないことを明らかにした。

第二章「甲斐武田氏の海上軍事」では、武田氏の海上軍事を政治史と関連付けて論じ、武田氏が一五六〇年代末から東海地域の経略を遂行していく過程で海賊衆を編成し、徳川氏・北条氏との戦争に対応して規模を拡充して、両氏を海上戦で圧倒していたことも指摘した。また、海賊衆の知行地を三つの区画（①駿河中央部、②西駿河・東遠江、③東駿河）に分類し、海賊衆が各区で城郭・港湾を共用していたとする理解も提示した。

第三章「武田氏の駿河領国化と海賊衆」では、武田氏の駿河国支配を海賊衆編成のあり方から検証した。また、武田氏に先行して東海地域を支配した今川氏、武田氏と東海地域をめぐって対峙した徳川氏の海上軍事との関連性も意識した。そして、武田氏の海賊衆編成が、①伊勢海賊の招致と②駿河国人の動員を柱としており、その両面で駿河岡部一族（とくに武田氏のもとで惣領職を得た元信）に大きく依存していた状況を浮き彫りにした。

付論「武田氏海賊衆における向井氏の動向」では、先行研究で武田氏海賊衆の中心として論じられてきた小浜氏に代わり、向井氏の動向を議論の中心に据えて検証した。そして、向井氏の海上軍事力について、武田氏権力との結合に依存する性質が強かった可能性を指摘し、徳川氏帰属後の動向の前提になったとする見込みも提示した。

第四章「尾張織田氏の海上軍事と九鬼嘉隆」では、織田氏の海上軍事について、志摩国の海賊九鬼嘉隆の動向から論じた。従来、織田氏の海上軍事や九鬼嘉隆に関する議論は、「鉄船」の建造・運用に終始していたものの、著者は織田氏・九鬼氏の主従関係、あるいは志摩海賊としての九鬼氏の動向を検討の中心に据えた。また、本能寺の変以降に、九鬼氏が上位権力を織田氏から羽柴氏に置換し、志摩国で領域権力として自立したことも指摘した。

第二部の諸論考においては、徳川権力が十六・十七世紀に伊勢海地域・瀬戸内地域を支配下に組み込み、当該地域の諸勢力（海賊・国衆・大名被官）と主従関係を形成し、必要に応じて海上の軍役を課した状況を検証した。

第五章「徳川権力の海上軍事と知多千賀氏」では、知多半島の海賊千賀氏が、徳川権力の海上軍事体制に参入していく過程を論じた。とくに①文禄年間の徳川権力が、豊臣政権の対外戦争（朝鮮出兵）に対応するうえで、千賀氏などの海賊諸氏に海上軍事を統括する軍事官僚としての役割を付与したこと、②関ヶ原合戦以降の徳川権力が、千賀氏を本領に復帰させ、伊勢海地域における海上軍事体制の一翼を担わせたことを明らかにした。

第六章「徳川権力の海上軍事と幡豆小笠原氏」では、三河国幡豆郡の国衆であった幡豆小笠原氏が、徳川権力の展開に対応して、海上軍事体制に組み込まれていく過程を検証した。そして、海賊ではなかった幡豆小笠原氏が、徳川権力から課された海上の軍役に順応して力量を蓄えるようになり、越中守家の没落を経つつも、安芸守家が江戸常駐の船手頭として次席格の地位を確保し、百年に亘って海上活動を継続したことを論じた。

第七章「徳川権力と戸川達安」では、慶長年間の徳川権力が、西国に支配を及ぼしていく過程で、備前宇喜多氏（関ヶ原合戦で没落）の旧臣戸川達安を備中国庭瀬の領主に取り立て、有事（大坂の陣）に際し、海上軍事にも動員した状況を論じた。また、庭瀬領の構造、あるいは戸川氏と同様に徳川権力が取り立てられた宇喜多氏旧臣（花房氏・岡氏など）、慶長年間の備前国に入部した小早川氏・池田氏との関係をめぐる理解も提示した。

なお、第六章・第七章で取り上げた幡豆小笠原氏と戸川達安は、海賊の範疇から外れるものの、村上諸氏と同じく、領域権力が上位者との主従関係のもとで海上軍事に参加した事例にあたる。

第三部の諸論考は、十七世紀以降に徳川権力が打ち出した海上軍事の展開について、同時期に進行した「鎖国」形成(対ヨーロッパ通交関係の限定)との関連付けも視野に入れて確認したものである。

第八章「徳川権力の海上軍事と大坂船手小浜氏」では、大坂湾に構築された徳川権力の海上軍事体制について論じた。すなわち、関ヶ原合戦以降の徳川権力が、大坂湾でも海上軍事力を運用するようになり、やがて船手頭の小浜氏を大坂に常駐させ、西国方面に対しても海上軍事に関する権限を行使させていく状況を検証し、さらに大坂に蓄積された海事技術が、徳川権力による軍用船の新規建造に活用されていたことも明らかにした。

第九章「徳川将軍家の海上軍事と船手頭石川政次」では、戦国期から海上活動に関与してきた勢力が徳川権力のもとで活動した事例ではなく、徳川権力が海上軍事を担当する家を創出した事例を取り上げた。検証の対象とした石川政次は、海賊や沿海領主の系譜を引かない船手頭であり、その政次が海上軍事官僚として向井氏宗家・小浜氏宗家に次ぐ立場に引き上げられ、やがて山田奉行として伊勢湾の海上軍事に転出する過程を復元した。

第十章「慶長年間の浦賀貿易の実態」では、慶長年間の徳川権力が、相模国浦賀で創出しようとした対スペイン貿易について検証し、この試みが相応の成果をあげつつも、短期間で頓挫するに至った過程を復元した。また、船手頭の向井氏が、ウィリアム＝アダムス(イングランド人航海士)やルイス＝ソテロ(フランシスコ会士)と提携しつつ、浦賀貿易の運営に参与しており、この三者が仙台伊達氏の遣欧使節事業にも協力したことを論じた。

付論「岡本大八事件試論」では、徳川権力がキリスト教禁圧に傾斜する端緒となった慶長十七年(一六一二)の岡本大八事件の実相を検証した。その結果、徳川権力が肥前有馬氏の所領回復運動について、イエズス会士や権力内部のキリスト教信徒の介在を疑い、キリスト教信仰に対する不信感を致命的なものとしたことを明らかにした。

終章「徳川権力の変遷と海上軍事」では、以上の第一部から第三部で論じた徳川権力の海上軍事体制を概観しつつ、本書の検証範囲から外れる十七世紀中期以降の展望も提示する。

**註**

(1) 千野原靖方『戦国期江戸湾海上軍事と行徳塩業』(岩田書院、二〇〇一年)。
(2) 北島正元『江戸幕府の権力構造』(岩波書店、一九六四年)。
(3) 新行紀一『一向一揆の基礎構造—三河一向一揆と松平氏—』(一九七五年)。
(4) 高木昭作「幕藩政治史序説」(『歴史評論』第二五三号、一九七一年)。
(5) 朝尾直弘「将軍政治の権力構造」(『岩波講座日本歴史 近世2』岩波書店、一九七五年)。
(6) 本多隆成『初期徳川氏の農村支配』(吉川弘文館、二〇〇六年)。
(7) 平野明夫『徳川権力の形成と発展』(岩田書院、二〇〇六年)。
(8) 柴裕之『戦国・織豊期大名徳川氏の領国支配』(岩田書院、二〇一四年)。
(9) 谷口央『幕藩制成立期の社会政治史研究—検地と検地帳を中心に—』(校倉書房、二〇一四年)。
(10) 鈴木将典「五か国総検地施行段階における徳川領国の基礎構造—七か条定書と年貢・夫役システム—」(『駒沢史学』第六二号、二〇〇四年)、同「戦国織豊期村落の年貢収取体制—遠州宇布見郷年貢勘定書定書の分析を通して—」(『地方史研究』第三一七号、二〇〇五年)、同「「五十分一役」の再検討—徳川領国下の甲斐を中心に—」(『戦国史研究』第五一号、二〇〇六年)、「甲斐における徳川氏の天正検地—「熊蔵縄」と知行割の分析—」(『日本歴史』第七八二号、二〇一三年)。

(11) 藤井譲治『江戸幕府老中制形成過程の研究』（校倉書房、一九九〇年）。
(12) 山本博文『寛永時代』（吉川弘文館、一九八九年）、同『幕藩制の成立と近世の国制』（校倉書房、一九九〇年）。
(13) 小池進『江戸幕府直轄軍団の研究』（吉川弘文館、二〇〇一年）。
(14) 小宮山敏和『譜代大名の創出と幕藩体制』（吉川弘文館、二〇一五年）。
(15) 笠谷和比古『関ヶ原合戦』（講談社、一九九四年）、同『関ヶ原合戦と近世の国制』（思文閣出版、二〇〇〇年）。
(16) 曽根勇二『近世国家の形成と戦争体制』（校倉書房、二〇〇四年）、同『秀吉・家康政権の政治経済構造』（校倉書房、二〇〇八年）。
(17) 中村孝也『新訂徳川家康文書の研究』（日本学術振興会、一九八〇年、初出一九五八年）。
(18) 和泉清司『江戸幕府代官頭文書集成』（文献出版、一九九九年）。
(19) 但し、本多隆成『定本徳川家康』（吉川弘文館、二〇一〇年）のように、中世・近世の徳川氏研究を融合させる試みもおこなわれている。
(20) 宇田川武久『瀬戸内水軍』（教育社、一九八一年）、同『戦国水軍の興亡』（平凡社、二〇〇二年）など。
(21) 福川一徳「戦国期における伊予と豊後―水軍をめぐる諸問題―」（地方史研究協議会編『瀬戸内社会の形成と展開』雄山閣出版、一九八三年）、同「『島家遺事』―村上水軍島氏について―」（『瀬戸内海地域史研究』第二号、一九八九年）など。
(22) 山内譲『海賊と海城　瀬戸内の戦国史』（平凡社、一九九七年）、同『瀬戸内の海賊　村上武吉の戦い』（講談社、二〇〇五年）、同『中世瀬戸内地域史の研究』（法政大学出版局、一九九八年）など。
(23) 得能弘一「戦国期における海賊衆野島村上氏の動向―河野氏との関係を中心として―」（山内治朋編『伊予河野氏』

岩田書院、二〇一五年。初出一九九八年)、同「天正十年沖家騒動再考」(『四国中世史研究』第七号、二〇〇三年)など。
(24) 土居聡朋・村井祐樹・山内治朋編『戦国遺文 瀬戸内水軍編』(東京堂出版、二〇一二年)の凡例を参照のこと。
(25) 黒田基樹『戦国大名と外様国衆』(文献出版、一九九七年)など。
(26) 柴辻俊六「武田氏の海賊衆」(同『戦国大名領の研究』名著出版、一九八一年)。
(27) 鴨川達夫「武田氏の海賊衆小浜景隆」(萩原三男・笹本正治編『定本・武田信玄』高志書院、二〇〇二年)。
(28) 宇田川武久「戦国水軍梶原景宗について」(『国史学』第八一号、一九七〇年)。
(29) 浜名敏夫「北条水軍山本氏について―里見水軍との海戦をめぐって―」(千葉歴史学会編『中世東国の地域権力と社会』岩田書院、二〇〇二年)。
(30) 千野原靖方『房総里見水軍の研究』(崙書房出版、一九九七年)、同『戦国期江戸湾海上軍事と行徳塩業』(註(1)前掲)。
(31) 宇田川註(20)前掲書。
(32) 三鬼清一郎「朝鮮出兵における水軍編成について」(『豊臣政権の法と朝鮮出兵』青史出版、二〇一二年。初出一九六九年)。
(33) 佐藤和夫『日本水軍史』(原書房、一九八五年)など。
(34) 福田千鶴氏は九鬼氏の内陸部転封について、大名権力を確立させるうえで、海上軍事に関する職能を拠り所とする家臣団の自律性を解体する必要があり、海上軍事から離脱したという理解を提示している(福田千鶴『幕藩制的秩序と御家騒動』校倉書房、一九九九年)。
(35) 山本博文『寛永時代』(吉川弘文館、一九八九年)、同『幕藩制の成立と近世の国制』(校倉書房、一九九〇年)。

(36) 木村直樹『幕藩制国家と東アジア世界』（吉川弘文館、二〇〇九年）。

(37) 松尾晋一『江戸幕府の対外政策と沿岸警備』（校倉書房、二〇一〇年）、同『江戸幕府と国防』（講談社、二〇一三年）。

(38) 古川祐貴「慶安期における沿岸警備体制」（『日本歴史』第七五八号、二〇一一年）。

(39) 石井謙治「『江戸図屏風』の船―船行列を中心として―」（鈴木進『江戸図屏風』平凡社、一九七一年）、同「巨船安宅丸の研究」（『海事史研究』第二二号、一九七四年）、同『和船Ⅰ・Ⅱ』（法政大学出版局、一九九五年）など。

(40) 安達裕之『異様の船―洋式船導入と鎖国体制―』（平凡社、一九九五年）、同『日本の船 和船編』（船の科学館、一九九八年）。

(41) 黒田日出男『江戸図屏風の謎を解く』（角川書店、二〇一〇年）、同『江戸名所図屏風を読む』（角川書店、二〇一四年）。

(42) 岡田章雄『三浦按針』（思文閣出版、一九八四年。初出一九四四年）。

(43) 松田毅一『慶長遣欧使節 徳川家康と南蛮人』（朝文社、一九九二年）。

(44) 永積洋子『近世初期の外交』（創文社、一九九〇年）。

(45) 鈴木かほる「徳川家康の浦賀開港とその意図」（『神奈川地域史研究』第一二号、一九九四年）、同「戦国期武田水軍向井氏について―新出『清和源氏向系図』の紹介―」（『神奈川地域史研究』第一六号、一九九八年）、同『徳川家康のスペイン外交―向井将監と三浦按針―』（新人物往来社、二〇一〇年）、同『史料が語る向井水軍とその時代』（新潮社、二〇一四年）など。

# 第一部　戦国期東海地域の大名権力と海上軍事

# 第一章　駿河今川氏の海上軍事

## はじめに

戦国時代の駿河今川氏は、西進によって領国を拡大していき、最盛期の勢力圏は遠江国・三河国から尾張国南部にまで及んだ。その結果、今川氏領国の沿海地帯は東西に延伸したが、長大な海岸線を保持するには、相応の規模の海上軍事体制を不可欠としたはずである。

今川氏の海上軍事については、長倉智恵雄氏(1)・酒井貞次氏(2)が研究の先鞭をつけ、久保田昌希氏(3)・有光友學氏(4)も海事支配との関連から論及したことがある。また、大石泰史氏(5)は今川家中で海上軍事を担った氏族として、興津氏の動向を検証している。但し、今川氏の海上軍事をめぐる研究が、今後もさらなる進展を遂げていくには、小さからぬ障害が存在するようにも感じられる。

まず北条氏・武田氏と比較して、今川氏の海上軍事は、特定の一族・人物を中心に据えた検証が難しいことを指摘できる。北条氏の場合は梶原景宗、武田氏の場合は小浜景隆と、いずれも検証の中核となりうる「海賊」の存在を見出せる。しかし、今川氏においては、興津氏ですら、軍事活動の具体像はかならずしも明らかではない。

また、今川氏領国が永禄末年に崩壊したことも、海上軍事の研究を困難にしている。戦国大名の関連文書は、年代が下がるほどに増加する傾向にあるが、大名権力としての今川氏は元亀・天正年間を経験しておらず、海上軍事に関して検出される事例も限定されるのである。

しかし、これらの問題は、今川氏の海上軍事に対する消極性を意味しない。突出した「海賊」の不在は、今川氏の海上軍事が特定の氏族に依存する構造ではなかったことと同義にもなりうる。すでに久保田昌希氏の研究でも、今川氏領国には、船舶の諸役中に海賊役が存在し、「領国内の諸船舶をすべて動員できる体制を指向していた」と指摘されている。また、関連文書の数量も、永禄末年の段階で領国が崩壊したことを考慮すれば、とくに過少とは看做し難い。北条氏の海上軍事にしても、使用する文書を永禄末年以前に絞れば、議論の幅は大きく狭まるはずである。武田氏に至っては、駿河国併合以前は海賊衆を編成しうる状況にはなく、十年余の期間が検証の俎上に載せられている。徳川氏の海上軍事などは、天正年間後半ですら、東海地域の関連文書は多くないのである。

今川氏においては、氏親の代から船舶の軍事運用に関する文書が確認され、氏真の代に没落する間際にも海上軍事力を機能させていた。むしろ経年変化の析出は、他大名よりも顕著に見出すことができると見込まれる。本章では、今川氏の海上軍事について、年代・地域などによって生じる差異も意識して検証していく。

## 一　今川氏による海上軍事の基調

### 1　軍事動員としての「海賊」

戦国時代の今川氏は、その海上軍事力を「海賊船」と表現する傾向にあった（後掲史料1・9）。しかし、「海賊船」とは、戦国時代に入って創出された表現ではない。室町初期に活動した今川了俊も、九州探題時代から晩年（『難太平記』執筆時）にかけて「海賊船」の語をしばしば用いたことが指摘されており、[6] 何らかの関連性が想定される。駿河今川氏の正嫡は、泰範（了俊甥）の子孫に引き継がれていき、了俊の子孫は遠江今川氏（瀬名氏・堀越氏）として存立したものの、海上軍事力に「海賊船」の文言を用いる慣習は今川一族に共有され、戦国期に再度顕在化したのではないだろうか。

戦国期今川氏が領国形成とともに構築した海上軍事について、その規模やあり方を窺える文書がある。

〔史料1〕永禄五年十月十三日付・今川氏真判物（「天宮神社文書」『戦今』一八七一号）

（今川氏真）
（花押）

為今度今切渡船之用、於天宮見伐之事、於当宮木六本伐之畢、彼宮之事者、為造営前之条、可免除之処、依為急用、令奉公段神妙也、然上者於向後、駿・遠・三城々用渡船・海賊船、其外堂営為造立、以印判雖申付、今度令奉公之上者、堅令停止者也、仍如件、

永禄五壬戌

十月十三日

神主

中村大膳亮

史料1は氏真時代の文書であり、寺社領で材木を伐採する状況の一つとして、「駿・遠・三城々」で「渡船・海賊船」を用いる場合があげられている。今川氏の海上軍事体制は、領国全域（駿河・遠江・三河の三国）に及び、その拠点としての城郭も設定されていたのである。

今川氏における海上軍事体制の経年変化を浮彫りにするうえで、好個の事例となるのが駿河興津氏である。

〔史料2〕十月二十日付・今川氏親判物写（「興津文書」『戦今』一四七号）

興津郷十艘舟役之内五艘之役之事、依被中閣之畢、立仕以下之事者、速可申付候、恐々謹言、

十月廿日　　（今川）氏親（花押影）

興津彦九郎殿

史料2によると、興津彦九郎は駿河国興津郷で所有していた船一〇艘に船役を賦課されてきたが、今川氏は五艘分の免除を認可するとともに、「立仕以下」の履行を要求している。今川権力が興津氏に履行を命じた海上活動は、まず立使から始まったのである。

さらに永禄年間に入ると、興津摂津守が今川氏から新たに海上軍役の負担を命じられることになった。

〔史料3〕永禄五年正月十一日付・今川氏真判物写（「興津文書」『戦今』一七八六号）

遠州大坂之内知行浜野浦爾繋置新船壱艘之事

右、於諸浦湊諸役并船役舟別、為新給恩永令免許畢、不準自余之条、役等一切不可有之、同立使肴買等不可申懸之、雖然海賊惣次之時者、櫓手役可勤之者也、仍如件、

永禄（五脱カ）壬戌年

正月十一日　　「右ニ同」（今川）氏真判

興津摂津守殿

永禄五年（一五六二）正月、今川氏は興津摂津守に対し、遠江国大坂の浜野浦に繋留された「新船壱艘」について「立使」などを免除したが、代替として「海賊惣次之時」に「櫓手役」を務めさせるよう指示した。今川氏領国の拡大が進行したことで、興津氏は遠江国でも海上権益を形成し、摂津守持船はまず「立使」、次いで「櫓手役」を賦課

されたのである。また、摂津守持船が履行すべき「櫓手役」とは、「海賊惣次之時」に発生するものであり、より軍事的な性質を強めていた。

このように、永禄五年という時期に、興津摂津守持船の負担が立使から戦時の櫓手役に強化された背景としては、当時の今川氏が直面していた危機的状況を想定できる。すなわち、永禄三年の桶狭間合戦で大敗し、翌年に三河岡崎城の松平（徳川）家康が叛旗を翻したことから、今川氏は領国西方で軍事的劣勢に陥ろうとしていたのである。この三河方面の戦乱（「三州急用」）に対応すべく、今川権力は棟別賦課の範囲を「惣国」（領国全域）に拡大していく[7]が、船舶に対する軍事動員も、その対象を拡大させることになったのであろう。

但し、今川権力が戦時に船舶の軍事動員を発動する状況は、すでに天文年間後半には始まっていた。

〔史料4〕天文十七年四月九日付・今川義元朱印状写（「渡辺文書」『戦今』八六九号）

（印文「如律令」カ）
（印）阿野庄之内原駅船壱艘之事

右、諸役并立使免許之印判雖有之、紛失之間、重如前々所免之也、但海賊之時者、無々沙汰可令奉公者也、仍如件、

天文十七
　　四月九日
　　　表房（ママ）
　　願主（ママ）上松四郎兵衛

受給者の上松四郎兵衛は、以前（おそらく氏親時代）から駿河国原駅（阿野庄）の船一艘について、諸役・立使を免除されていたが、紛失した朱印状の再交付にあたり、例外として「海賊之時」の奉公を命じられた。①史料3の「海賊惣

次之時」と同じく、今川氏領国に軍事動員としての「海賊」が存在したこと、②その成立が少なくとも天文十年代後半まで遡ることを確認できる。

また、史料4の発給は、史料3と同様に三河国の動乱に対応していたと考えられる。義元時代の今川氏は、天文十年代中頃から三河国侵攻に着手したが、天文十六年（一五四七）に始まった田原戸田氏との交戦は長引き、田原城は翌年八月に漸く開城した[8]。さらに田原城攻囲が継続中の天文十七年三月には、小豆坂で尾張織田氏との合戦が生起しており、三河方面の軍事行動は長期化・大規模化の様相を呈しつつあった。とくに田原城は船蔵を備えた海城でもあり[9]、その攻囲が進む中で、今川権力は海上兵力の増強を意図し、上松四郎兵衛の持船も軍事動員の対象に組み込まれたのではないだろうか。

また、今川氏領国で軍事動員としての「海賊」を要求されたのは、給人の持船に限定されていなかった。

〔史料5〕永禄八年七月二日付・今川氏真朱印状〈抄〉（「久能寺文書」『戦今』二〇三八号）

一自前々申付来当寺船事、縦雖為一返之倩、立夫・櫓手・公事綱并船別出入役・惣海賊之役等、再興間者一円不可
　及沙汰事、

史料5は、駿河久能山寺が観音堂を再興するにあたり、今川氏から受給した朱印状の第三条である。同条で提示された持船の免除事項の一つに「惣海賊之役等」も確認できるが、「再興間」という期限付であって、本来は軍事動員の対象となっていたことが窺える。

このように、今川権力は戦時に船舶を軍事動員する体制を構築しており、「海賊惣次之時」（史料3）、「海賊之時」（史料4）、「惣海賊之役」（史料5）などと称していた。さらに「惣次」や「惣」の語が付されたように、持船を軍事動員の対象とされた階層も、給人から寺院に至るまで、領内の広い範囲に及んだのである。

## 2 大規模船団編成・伊勢海賊招致とその前提

史料3において、興津摂津守の持船は「海賊惣次之時」の櫓手役を命じられたが、櫓手役と海上軍事は同義ではない。史料5が「櫓手」と「惣海賊之役」を併記するように、櫓手役は平時にも賦課されうる負担であった。むしろ、軍事動員の対象となった各船が戦時に果たすべき役割の一つとして、櫓手役も存在したと捉えておくべきだろう。

なお、史料3の櫓手役が、船舶を対象としていることは、解釈を少なからず困難にしている。つまり、①語感に基づき、船舶の乗員を漕ぎ手として供出させたとする理解、②船舶単位の賦課を重視し、該当船舶に戦闘以外の役割(兵員・物資の輸送など)をつとめさせたとする理解、などが想定されるのである。

そこで着目すべきは、今川氏が大規模船団を編成した事例である。小原国永(伊勢北畠氏一族)の『年代和歌抄』には、弘治元年(一五五五)に今川氏が志摩国の奪取を企図して、船団を出動させた際の返歌として二首が収録され、海上からの侵攻が頓挫することを祈念する内容となっている(10)。また、北畠氏は同年七月頃に、当主具教が大河内に出馬し、家城式部大輔などを田丸に布陣させることで、領国沿岸で警戒態勢を整えていた(11)。今川氏が現実に志摩国侵攻を目論んでいたかは不分明であり、志摩国が渥美半島と近接する地勢にあることを考慮すると、今川方が三河国で軍事行動を展開するにあたって、海上兵力を運用した状況が、北畠氏から志摩国侵攻と誤認された可能性も想定される。但し、いずれにしても、北畠氏に警戒感を抱かせる規模の海上兵力が、今川氏によって三河方面に出現したであろうことは是認できる。

近年の研究では、軍役によって集められた人員は、兵科単位に再編され、適正な規模で運用されていたことが解明されつつある。[12] 今川氏の場合は、海上軍事にもこの原則を適用し、櫓手役などの役割を定めることで、大規模な船団の編成も可能にしていたと考えられる。

但し、今川氏の海上軍事力は、領国の各層から結集された船舶のみで構成されたわけではないだろう。北条氏や武田氏は、その領国に伊勢海地域周辺の海上勢力（梶原氏・小浜氏など）を招聘し、海上軍事力の主軸に位置付けたが、今川氏にもほぼ同趣旨の伝承が存在する。

〔史料6〕（慶長十八年）三月十日付・江浄寺書状写〈抄〉
（『本光国師日記』続群書類従完成会、慶長十八年三月二十三日条所収）

一義元（今川）相模（北条氏）と御取合之時、脇・相須・中西・浅沼と申海賊衆四人、伊勢より御下シ被成、清水に被指置候、彼衆見誉上人へ被申候は、江浄寺之僧衆一人被仰付候而被下候者、清水に小庵成共致建立、朝夕参詣をも仕度被申候得者、其儀可然候、俄に新屋取立被成候も、可為造作候とて、祖貞と申寺僧被仰付、則寮舎共に清水へ移被申、則山号・寺号迄、清水実相寺と被付置候、其以後見誉之弟分勢誉と申、西堂住職申付候、如此之由来にて御座候間、彼寺江浄寺へ為末寺儀無紛候事、

史料6は、清水実相寺の成立をめぐる江尻江浄寺の主張であり、今川・北条両氏が対立していた時期に、伊勢国から海賊の脇氏・相須氏・中西氏・浅沼氏が下向し、駿河国清水湊に配置され、その要望で清水に実相寺が創建されたという由緒を提示する。今川氏と北条氏は、天文六年（一五三七）から河東地域をめぐって対峙しており、伝承を信頼するならば、両氏の友好関係が確立する天文二十三年頃までに招致したのであろう。

なお、「四海賊」のうち、脇氏は後に武田氏・徳川氏の海賊衆に参加する向井氏の支流ともされ、系図類によると、向井氏配下として脇久助・脇源左衛門などが確認される。[13] あるいは、向井氏よりも先行して、駿河湾に渡海しており、

武田時代は向井氏の傘下に属すことで存続したとも考えられる。[14]さらに相須氏も、北条氏が紀伊国より招いた愛洲氏と同音(「あいす」)である。江浄寺の伝承に相応の信憑性を見出す傍証になると考えられる。

但し、史料6は慶長年間の伝承であり、実相寺も事実として認めず、今川義元が清水に建てた御座所を前身とする由緒を主張している。[15]一次史料上で伊勢海賊の活動を確認できないことも鑑みると、北条氏・武田氏と違い、今川氏の海上軍事体制において、伊勢海賊は伝承に痕跡を残す程度の存在感だったとも考えられる。

ここまで検証してきた軍事動員としての「海賊」、あるいは大規模船団の編成は、義元・氏真時代の文書に基づく事象だが、氏親時代にも船舶の軍事運用は確認され(後掲史料7)、今川権力による海上軍事力の編成は、早くからある程度の規模に達していたはずである。

大永六年(一五二六)四月に制定された「今川仮名目録」には、津料の賦課、漂着船の船荷押収を制限する事項が存在する。[16]「仮名目録」は、死期を自覚した氏親(同年六月に死去)が、おそらく死後の施政の参考に供するために「連々思当る」懸案を列記したものである。遅くとも氏親の治世後半には、今川氏領国で海上交通が相応に発達し、それに伴って津料・漂着船などをめぐる紛争が生じており、大名権力による対処が課題となっていたのである。領国の各階層に蓄積された海事技術が、こうした海上交通発展の基盤を形成するとともに、今川権力からは軍事動員の対象にされたとも考えられる。

## 二　海上軍事力運用の実相

### 1　浜名湖における海上軍事

今川氏領国で海上軍事体制が早期に成立し、よく整備されたのは、遠江国の浜名湖周辺地域だろう。明応七年（一四九八）の東海大地震は、舞阪・橋本間を切断し、浜名湖と外海を接続した。この入海化により、浜名湖は「海賊船」の運用が可能な環境となったのである。

〔史料7〕伊達忠宗軍忠状〈抄〉（「駿河伊達文書」『戦今』二五五号）

壬四月二日　武衛《（斯波）》衆・井伊衆・引間《（大河内）》衆太勢にて、村櫛・新津城へ取詰候而、新津のね小屋焼払候を、刑部より村櫛へ七十計、舟にて合力仕候、

永正九年（一五一二）閏四月当時、今川氏は尾張斯波氏と浜名湖周辺で対戦していた。史料7はその従軍記録でもあり、斯波方が今川方の村櫛・新津を攻撃したところ、刑部から村櫛に船で援軍が送られたことを確認できる。浜名湖水上で船舶による軍事行動が展開され、その拠点が刑部などに設置されていたことも窺える。

このように、今川氏は遠江国で対斯波氏戦争を遂行する過程で、浜名湖における船舶の軍事運用を始め、その拠点（刑部など）も設定したのだが、永正十四年に斯波義達を遠江国から撤退させた後も、浜名湖周辺の海上軍事体制はさらに整備されていった。今川氏と深い関係にあった連歌師宗長は、その手記の大永二年（一五二二）条で、永正末年頃に三河舟形山城が田原戸田氏などの攻撃で陥落すると、すぐに遠江懸川城主の朝比奈泰以が浜名湖を「渡海」して奪回したことに言及している(17)。史料7でも確認される船舶を利用した軍兵の高速移動であり、浜名湖の海上軍事体制が、

三河国経略を意識して、より大規模化していたことを示す事例である。

さらにこうした状況のもとで、鵜津山城が浜名湖周辺における海上軍事体制の中枢に位置付けられていった。

〔史料8〕「宗長手記」大永七年条（島津忠夫校注『宗長日記』岩波文庫）

鵜津山の館といふは、尾張・三河・信濃のさかい、やゝもすれば競望する族ありて、番衆日夜無油断城也。東・南・北、浜名の海めぐりて、山のあひ〳〵せき入、堀入たる水のごとく、城の岸をめぐる。大小舟岸につながせ、東むかひは堀江の城、北は浜名城、刑部の城、いなさ山、細江、舟の往来自由也。此一両年を、長池九郎左衛門尉親能承、普請過半。本城の岸、谷の底まで、たつに堀つゞけ、あしをとゞむべきやうもなし。

史料8は、大永七年に京都から下向した宗長が鵜津山城を観察した記事であり、とくに鵜津山城の「岸」に大小の船舶が繋留されており、浜名湖沿岸の諸城との連携を容易にしていたという記事が注目される。宗長が描出した状況は、「此一両年」に整備されたものだったが、「舟の往来自由」であった諸城のうち、刑部城は史料7で今川方の船舶を出動させている。大永年間の鵜津山城改修は、従前より浜名湖周辺に構築されていた海上軍事体制を統括するに相応しい機能を付与することが目的であったと考えられる。

また、大永五年九月に鵜津山城代の長池親能が本興寺に出した禁制には、「門前海上如前々殺生事」とあり、浜名湖水上で乱妨行為が頻発していた状況が窺える(18)。浜名湖周辺地域に海上軍事体制を創出した副作用であって、鵜津山城代はその抑止も責務としていたのであろう。

このように、浜名湖周辺地域の海上軍事体制は、今川氏による遠江・三河両国の経略が進行する中で整備されたが、今川氏領国の崩壊に際会しても破綻せず、むしろ今川方の抗戦を支える重要な因子となった。

〔史料9〕（永禄十二年）二月二十六日付・小鹿元詮・瀬名元世連署状（「大沢文書」『戦今』二二八七号）

先日者預御状候□、其筋目披露申、知行方相調、中彦（中安種豊）共ニ御判形出候処ニ、其已後兎角無御座候間、自此方飛脚
於被遣之処ニ、自其地之御音信、殊更廿五日之一戦悉々被尽分□走廻共無比類候、其後宇都名へ取出、①鵜山与被
仰合押破、海賊船過半被取置之由、猶々御忠節共無是非事候由被仰出候、此使者ニ御判形雖可進之候不実ニ候間、
可然人体被指越、所付案文可給候、重而其節相調可進置候、其内者我等預可申候、当城弥々堅固候事候、相州（北条氏）か
人数、安房（里見氏）・越国景虎（上杉輝虎）出張候而、信玄（武田）退散実儀候、御本意之事者、十日十五日之内歟与存候、爰元之儀取出於仕、
弥々御備堅固ニ候、万事可有御心易候、其地②鵜山之儀被仰合、御入魂可為専一候、委細者朝備（朝比奈泰朝・親孝・金遊斎）・同下・同金具自
此方可被申越之条、令疎略候、恐々謹言、

追而申候、ゑんせう六百如此者ニ進之候、路次不自由之間、先少渡申候、重而可進之、前々□も御減之儀、
如両所御筆立次第可相調申候、已上、

（永禄十二年）二月廿六日　　瀬尾
元世（瀬名）（花押）
小右馬
元詮（小鹿）（花押）

大沢殿（基胤）
中彦（中安種豊）
大左兵（大沢左兵衛督）　御報

永禄十一年（一五六八）十二月、今川氏真は甲斐武田氏の侵攻に敗れ、駿府から遠江懸川城に退避したが、同城も三河国から侵攻した徳川軍に攻囲された。史料9は、氏真とともに懸川城に籠った小鹿元詮・瀬名元世が、遠江堀江城

の在城衆に宛てた書状である。

傍線部に注目すると、堀江在城衆は永禄十二年二月二十五日に徳川方との戦闘を有利に進め、「海賊船過半」の城外配置に成功しており、浜名湖水上に今川方の海上軍事力が残存していた状況を確認できる。史料8で、宗長は鵜津山城と「舟の往来自由」の関係にあった城郭群として、まず堀江城を筆頭に配しているが、堀江城自体も「海賊船」の運用拠点の一つだったのである。

当時の堀江在城衆は、史料9の受給者大沢氏・中安氏に権太氏を加えた三氏が中心であり、いずれも水上交通との関係を見出せる。すなわち、大沢氏は浜名湖で「小船」を運航させており(19)、中安氏も新居で「関銭」の取得を認められていた(20)。さらに権太氏は太平洋海運に参入していた模様であり、持船を伊勢国大湊に入港させたこともある(21)。このように、大沢・中安・権太の三氏は、水上勢力としての側面も有し、戦時は堀江城にあって、所有する船舶を「海賊船」として供出するとともに、その指揮を執るべき立場にあったと考えられる。

また、波線部①②において、堀江城と連携する存在として言及されている「鵜山」は、鵜津山城(当時の城代は大原資良)のことである。永禄十二年五月に今川氏真は徳川方に懸川城を明け渡し、鵜津山城・堀江城も相前後して開城したが、鵜津山城に籠もっていた中安種豊は、開城後も徳川方から在城を許された(22)。中安種豊は四月前半まで堀江城に籠城しており(23)、まもなく鵜津山城に転戦したのであろう。浜名湖の東岸から西岸に移動したのであり、徳川方の攻囲下でも、鵜津山・堀江両城が「舟の往来自由」を維持していたことが窺える。

徳川方の遠江国侵攻は、野田菅沼氏を介して井伊谷三人衆を調略し、内陸部に侵入経路を確保することで可能となった軍事行動だった。その一方で、浜名湖周辺の制圧は進んでいなかったため、今川氏領国崩壊の最中にあっても、浜名湖周辺地域の海上軍事体制は鵜津山城・堀江城を中心として機能しえたものと考えられる。

なお、鵜津山城・堀江城と同じく、浜名湖周辺地域で徳川方に抵抗した堀川一揆には、刑部の勢力も合流したが[24]、刑部は史料8で列記される湖上拠点の一つでもあった。『三河物語』によると、堀川城は「塩の指タル時ハ、舟にてより外行ベキカタモ無」という構造になっていた[25]。自力で陸上からの攻撃に対処できない湖上拠点の戦力を収容しつつ、海上軍事体制を維持することも、堀川一揆形成の目的だったのではないだろうか。

## 2　三河国・尾張国における海上軍事

史料1によると、今川氏領国で「海賊船」を運用する「城々」は、駿河・遠江・三河の三ヶ国に存在したという。今川権力が三河国内に設定した海事拠点について考察するうえで、注目すべきは次の文書である。

〔史料10〕永禄五年二月九日付・今川氏真判物〈抄〉（「東観音寺文書」『戦今』一七九二号）

一漕船五艘之分、櫓手・立使等之諸役一円令免許之、縦郡代・奉行人等至時為一返之雇、其役雖申懸之、為不入之地之条、不準自余之間、不可許容之旨、是又任先判形、不可有相違之事、

史料10は、三河国の東観音寺が受給した文書の第三条であり、「漕船五艘」の櫓手・立使などを免除し、「郡代・奉行人」からの臨時供出命令も適用されないことを保証している。今川氏の三河国支配では、櫓手・立使などを賦課する権限が、「郡代・奉行人」によって行使されていたことになり、吉田城代や田原城代もその権限を付与されていたのではないだろうか。浜名湖周辺地域の鵜津山城と同じく、領国の西進とともに、海事支配の権限が前線に分掌されていったという構図である。

なお、吉田城代が櫓手・立使の賦課にとどまらず、海上軍事にも関わっていたことを示唆する文書がある。

〔史料11〕（永禄八年）三月十九日付・松平家康判物（「江崎祐八氏所蔵文書」『戦今』二〇三二号）

彼書立之人数十八人之分へ、為改替以新地如前々員数可出之筈、大肥《大原資良》与申合候上者、聊不可有相違、如此候也、仍如件、

三月十九《永禄八年》　　家康（花押）

牟呂兵庫助殿

千賀与五兵衛殿

同衆中

史料11は、松平家康が吉田城の開城交渉の最中に発給した文書であり、吉田城代大原資良との合意に基づき、牟呂兵庫助・千賀与五兵衛と一八人の「衆中」に替地の支給を通知している。牟呂兵庫助の詳細は不明だが、千賀与五兵衛は知多千賀氏（江戸時代は尾張徳川氏の船奉行）の係累と伝えられ(26)、天正十二年（一五八四）まで伊勢国楠に所領を有していた(27)。知多千賀氏は尾張国知多郡の国衆大野佐治氏に服属する海上勢力だったが、千賀与五兵衛は今川氏と主従関係を結び、三河国内にも所領を取得することになったのであろう。

この千賀与五兵衛は、永禄年間に松平方との戦闘に参加し、今川氏真からたびたび感状を受給したが(28)、海上軍事との関連性は不分明である。但し、堀江在城衆の事例も鑑みるに、状況によっては、吉田城代の指示で「海賊船」を供出・運用する立場にあったと考えられる。

また、渥美半島でも、今川方の劣勢が濃厚になると、松平方が赤羽根（太平洋側）から田原城（三河湾側）に至る補給路の遮断を指示した事例を確認できる(29)。田原戸田氏は赤羽根に関所を設置していたが(30)、今川氏は田原開城後に赤羽根関も接収し、田原城に向けた海上輸送を中継する拠点として運用したのであろう。

ところで、今川氏の西進は、天文末年に尾張国南部にまで及び、鳴海山口氏などを服属させ、村木砦を築いて緒川

水野氏に圧迫を加えたが、緒川水野氏は織田信長との連携を維持し、天文二十三年（一五五四）に村木砦の攻略に成功した[31]。この村木合戦で、織田方の軍勢は熱田から知多半島に渡海し、緒川城の水野信元と合流しており、今川方は伊勢湾付近の鳴海城を確保しながら、織田方の海上移動を捕捉できなかった。つまり、尾張国における海上軍事体制の未整備を突かれたことになる。

こうした問題は、永禄三年（一五六〇）の桶狭間合戦でも露呈することになった。同合戦の起因は、織田方による鳴海・大高両城の攻囲であり、今川方は両城の救援を図り、義元本人が出陣するとともに、鯏浦の服部左京助と結び、『信長公記』の表現では「武者舟千艘ばかり」で大高城下の黒末川口に進出させた[32]。大高城を支援するうえで、伊勢湾の海上勢力を利用したのである。

但し、この事例は、北条氏・武田氏による伊勢海賊の重用とは明らかに性質が異なる。『信長公記』によると、服部左京助は尾張国河内郡を「押領」して織田信長に対峙した独立勢力であり、斯波氏・石橋氏や三河吉良氏も加えた反織田氏連合を周旋したこともある[33]。つまり、織田氏との敵対関係から、今川氏の尾張国経略に協力したのであり、黒末川口に出動させた船団も、今川権力とは無関係に自力で編成したものであった。結局、今川氏は尾張国に海上軍事体制を構築しえないうちに、桶狭間合戦に大敗して撤退を余儀無くされたのである。

尾張国における海上軍事体制の未整備は、天文末年から永禄初年頃の知多半島の状況と関連付けて理解することもできる。当該時期の知多半島では、東北部の緒川水野氏、西岸中部の大野佐治氏などが織田方に加担していた。とくに大野佐治氏の勢力は、半島南端の幡豆崎まで及び、篠島などを支配する知多千賀氏も従属させており[34]、今川方の海上戦力が三河国から知多半島の西側に進出することを困難にしていたと考えられる。そのため、今川氏は領国拡大の先端部を尾張国南部（鳴海城・大高城など）に延伸させつつも、西進の過程で構築してきた海上軍事体制との接続は果たせず、服部左京助などとの提携に依存することになったのであろう。

### 3　領国崩壊後の海上活動と四宮朝比奈氏

領国崩壊後の今川氏真は、北条氏・徳川氏と結び、武田氏の制圧下にある旧領（とくに駿河国）の回復を模索した。同時期の海上活動において、大きな位置を占めることになったのが、四宮朝比奈氏の存在であった。

〔史料12〕永禄十二年正月二十六日付・今川氏真判物（「鎌田武男氏所蔵文書」『戦今』二二六二号）

遠州本知行分

一下村　一刑部　以上参百八拾貫文此外陣夫十参人

遠州福嶋伊賀（元倚）守同心給知行分

一百拾五貫文　水嶋四郎右衛門尉　鈴木五郎左衛門尉　弐人分

一大平　一中郷　一吉田浅井分　一前浜由比美作分

右、為遠州本地替申付所不可有相違、彼員数之外於有之者可致上納、并伊賀同心給小田村郷陣夫参人・定夫壱人可為元倚時、然者泰雄本地之内陣夫拾三人、為其替於徳倉・日守陣夫三人、大屋郷陣夫参人、於小河夫壱人、残而六人分者於何地茂可出置、右之伊賀同心給如元倚時、泰雄知行同前爾可申付、兼又大屋郷代官之事如元倚時、山林・野・河原共爾可令取沙汰、縦雖為神領・寺領、泰雄如存分永一切可相計、向後出置知行分増分検地之沙汰雖有之、不可及其沙汰、今度相州江令渡海別而走廻段、感悦之至也、守此旨弥可励奉公者也、仍如件、

永禄十二己巳

正月廿六日　　氏真（花押）

四宮惣右衛門尉（泰雄）殿

史料12は、氏真が懸川城に籠もっていた時期の文書であり、四宮泰雄が北条氏領国に「渡海」した功績に対応して発給された。当時の北条氏は、今川氏救援のために参戦し、海路を用いて懸川城に援軍を続々と派遣しており、とくに永禄十一年（一五六八）十二月二十八日には、「人数千余」が懸川城に入っている[35]。懸川籠城が約五ヶ月に亘って継続しえた一因だろう。四宮泰雄の「渡海」は、この北条氏の海路派兵と無関係ではなく、協議や案内を目的にしたものであったと考えられる。

なお、四宮泰雄の「本知行」が存在した遠江国下村・刑部は、いずれも浜名湖北岸に位置していた。浜名湖の水上交通に関与することで、北条氏領国への「渡海」を履行する海上活動能力を涵養したのであろう。だが、徳川方に遠江国西部を席巻され、刑部の今川方勢力も堀川一揆に合流するような形勢から、実効支配の維持は困難と判断され、替地支給が決定されたものと推察される。

その後、今川氏真は永禄十二年五月に懸川城から退去して、海路で駿河国沼津に移って大平城に入ると、引き続き北条氏の支援を得て旧領回復をはかった。四宮泰雄は三月以前に討死していたが[36]、氏真は後継者に跡職を安堵するにとどまらず、鮫島郷で五〇貫文を給付した[37]。この鮫島郷は、今川権力が主要港湾の一つとして評価していた吉原湊[38]や田子浦の西に位置しており、武田方の攻勢から吉原湊・田子浦を防衛するうえで、四宮朝比奈氏に小さからぬ役割を課した措置であったとも理解できる。

但し、今川氏真の旧領回復は成らず、さらに北条氏が武田氏と和睦したため、氏真は天正元年（一五七三）に徳川家康の支援による駿河国復帰に路線を転換した。当時、四宮朝比奈氏を継承していた泰勝も、氏真に随従して徳川氏領国に「渡海」したことを確認できる[39]。また、武田氏・北条氏の同盟が破綻すると、天正七年九月に朝比奈泰勝は北条氏との同盟交渉を妥結させて遠江国に帰還した[40]。今川氏真は九月十一日付書状で、泰勝の「萬々渡海之儀」を労っており[41]、四宮泰雄と同じく、泰勝も海路を用いて北条氏領国に赴いたものと考えられる。

また、徳川家康も「氏真御約束之分」に沿って、朝比奈泰勝に駿河国内で一三三〇貫文の宛行を約していた[42]。もっとも、武田氏は滅亡直前まで駿河国支配を維持しており、泰勝に提示された知行地のうち、大屋・小河・草薙・江尻には、武田氏海賊衆の知行地が配置されていた[43]。武田・今川・徳川の三氏とも、海上活動能力の形成において、有用な拠点として評価していたのだろう。

天正年間前半の今川氏真は、駿河国復帰後に海上軍事体制を再建するうえで、四宮朝比奈氏に大きな役割を期待しており、徳川家康の承認も得ていたのではないだろうか。そして、この氏真・家康の構想は、四宮泰雄・朝比奈泰勝が示してきた海上活動に対する高い適応性を根拠とするものであったと推察される。

## おわりに

戦国期今川氏の海上軍事は、氏親・義元時代の領国拡大、あるいは氏真時代の領国崩壊に対応する中で整備されていき、やがて「惣海賊」と称する各階層（給人・寺社など）に及ぶ船舶動員体制も成立した。そのため、特定の氏族に依存する構造とはならず、没落後に四宮朝比奈氏の海上活動が重要性を増すにとどまった。

さらに領国の西進に伴い、海上軍事体制の多極化も進行し、複数の城郭で「海賊船」が運用される状況に至った。とくに遠江鵜津山城を中心とする浜名湖周辺地域の海上軍事体制は、領国崩壊の最終段階まで機能した。但し、尾張国南部では、知多半島の国衆を服属させないうちに、鳴海・大高両城を確保する展開となり、服部左京助との連携で海上軍事体制の未整備を補った。

なお、今川氏没落後にその旧領を分割した武田・徳川両氏は、相応の規模の海上軍事力を編成したが、その主軸に位置付けられたのは伊勢海地域の海賊だった。今川氏の海上軍事体制において、伊勢海賊は慶長年間の伝承に痕跡を残す程度の存在に過ぎなかったが、武田・徳川両氏のもとで著しく存在感を増大させたのである。

今川氏は室町期から駿河国で領域支配を展開してきたが、武田氏は天正十年(一五八二)に滅亡し、徳川氏も天正十八年に関東へ移封され、東海地域に支配を浸透する十分な年月を欠いた。その結果、今川氏のような精緻な船舶動員体制を整備できなかったと理解しておきたい。

註

(1) 長倉智恵雄「今川水軍序章考」(『駿河の今川氏』第二集、一九七七年)。
(2) 酒井貞次「今川氏の水軍に関する覚書」(『駿河の今川氏』第五集、一九八〇年)。
(3) 久保田昌希「戦国大名今川氏の海事支配」(『駿河の今川氏』第一〇集、一九八七年)。
(4) 有光友學『今川義元』(吉川弘文館、二〇〇八年)。
(5) 大石泰史「興津氏に関する基礎的考察」(所理喜夫編『戦国大名から将軍権力へ』吉川弘文館、二〇〇〇年)。
(6) 小川剛生『足利義満』(中公新書、二〇一二年)。
(7) 糟谷幸裕「今川氏の永禄六年―「三州急用」と「惣国」―」(『戦国史研究』第六〇号、二〇一〇年)。
(8) 伊奈森太郎・清田治編『三州堀切霊松山常光寺年代記』(一九六一年)、天文十七年八月二十八日条。
(9) 「御宿文書」(『戦今』八四四号)。

(10)「伊勢のうみや寄る人も波の神風にふきかへされて舟そたよ《(た脱カ)》ふ」「いせのうみにみをしつめんするかなる富士の高根となけきをそつむ」(『私歌集大成　第七巻中世Ⅴ』(明治書院、一九七六年)所収)。『年代和歌抄』については、稲本紀昭「北畠国永『年代和歌抄』を読む」(『史窓』第六五号、二〇〇八年)も参照のこと。

(11)「大西春海氏所蔵文書」七(『三重県史　資料編中世2』)。

(12)黒田基樹「戦争史料からみる戦国大名の軍隊」(小林一岳・則竹雄一『戦争Ⅰ　中世戦争論の現在』青木書店、二〇〇四年)、則竹雄一「戦国大名北条氏の軍隊構成と兵農分離」(木村茂光編『日本中世の権力と地域社会』吉川弘文館、二〇〇七年)、平山優「武田氏の知行役と軍制」(平山優・丸島和洋編『戦国大名武田氏の権力と支配』岩田書院、二〇〇八年)、西股総生『戦国の軍隊』(学研パブリッシング、二〇一二年)など。

(13)本書第三章付論を参照のこと。

(14)向井氏の家伝には、今川氏との主従関係を記すものも存在する(鈴木かほる「戦国期武田水軍向井氏について—新出『清和源氏向系図』の紹介—」『神奈川地域史研究』第一六号、一九九八年)。しかし、向井氏は武田・徳川時代の文書を多数所持しており、その向井氏が今川時代の文書を一点も伝来させていないことは、今川氏との主従関係を史実と認定するうえで小さくない瑕疵となる。

(15)『本光国師日記』慶長十八年三月二十三日条所収三月二十一日付・実相寺書状写。なお、『本光国師日記』慶長十八年三月二十五日条によると、徳川家康は江浄寺を本寺、実相寺を末寺とする裁定を下している。

(16)「中世法制史料集三」(『戦今』三九七号)。

(17)島津忠夫校注『宗長日記』(岩波文庫)。

(18)「本興寺文書」(『戦今』三八五号)。

(19)「大沢文書」(『戦今』五〇五号)。
(20)「中村文書」(『戦今』一九三一号)。
(21)「大湊町振興会所蔵文書」(『愛資11』四五三号)。永禄八年十一月十六日に三〇〇文を納入した「遠江こん田殿舟」が確認される。
(22)「見延文庫所蔵文書」(『戦今』二六七六号)。
(23)「大沢文書」(『戦今』二三三六号)。
(24)「見延文庫所蔵文書」(註(22)前掲)。
(25)『三河物語』中(『日本思想大系二六』岩波書店)。
(26)「千賀系譜」によると、知多千賀氏の初代為重の次男が与五兵衛親久(山下清「千賀系譜」『みなみ』第三一号、一九八一年)。
(27)「織田信雄分限帳」(『愛資12』一〇四〇号446)。
(28)「千賀家文書」(『戦今』一八二七・一八四七・一八四八・一八七七号)。
(29)「譜牒余録巻三三」(『愛資11』三七八号)。
(30)「東観音寺文書」(『戦今』五四九・五五〇号)。
(31)『信長公記』(角川文庫ソフィア)、首巻(十六)。
(32)『信長公記』首巻(廿四)。
(33)『信長公記』首巻(廿・卅三)。
(34)本書第五章を参照のこと。

(35)「天野文書」(『戦今』二二二六号)。
(36)「鎌田武男氏所蔵文書」(『戦今』二三二四号)。
(37)「鎌田武男氏所蔵文書」(『戦今』二四二四号)。
(38)「寺尾文書」(『戦今』一五〇一号)。
(39)「鎌田武男氏所蔵文書」(『戦今』二五八五号)。
(40)『家忠日記』天正七年九月五日条。
(41)「鎌田武男氏所蔵文書」(『戦今』二五八四号)。
(42)『記録御用所本古文書』(東京堂出版)一八六八号。
(43) 本書第二章を参照のこと。なお、大屋・小河は史料12で陣夫の供給源に指定されていたが、いずれかの段階で知行地に変換されたのであろう。

# 第二章　甲斐武田氏の海上軍事

## はじめに

戦国期に大名権力が編成した海賊衆のうち、甲斐武田氏の海賊衆は、『甲陽軍鑑』（以下、『軍鑑』）品第十七の「信玄公御代惣人数事」に記載があり、また「小浜家文書」の存在によって、しばしば研究の俎上に載せられている。武田氏海賊衆の本格的な研究は、柴辻俊六氏(1)が先鞭をつけ、小和田哲男氏(2)・鈴木かほる氏(3)・鴨川達夫氏(4)などが深化させた。また、戦国期海上交通の研究においては、永原慶二氏(5)・綿貫友子氏(6)などが武田氏海賊衆の事例も検証している。

これらの諸研究にて、基幹とされてきた文書群が「小浜家文書」であり、村井益男氏(7)の論考を嚆矢として、戦国期海賊衆の基礎史料の一つとして注目され、武田氏海賊衆に関する研究のあり方も規定することになった。この「小浜家文書」は小浜氏の動向、つまり武田氏海賊衆に参入した経緯、武田氏から与えられた所領・権益、海賊衆としての軍事活動などが知られる文書群であった。

「小浜家文書」の重要性は言を俟たないが、武田氏海賊衆の研究においては、分析視角を小浜氏以外の海賊衆にも広げていくことが不可欠となる。しかし、そこで問題となるのは、武田氏海賊衆について、「小浜家文書」に比肩しうる文書群が他に存在しなかったことである。武田氏海賊衆のうち、向井氏の関連文書は、写本が「譜牒餘録」「記録御用所本古文書」などに少なからず収録されていたものの、いずれも徳川氏に帰属して以降の文書であり、武田氏時代の動向を検証することは困難だったのである。つまり、武田氏海賊衆の研究は、小浜氏を焦点に推移せざるをえない状況にあったことになる。

だが、近年においては、鈴木かほる氏が紹介した「清和源氏向系図」から武田氏時代の文書も見出され、さらに『静岡県史　資料編』『戦国遺文　武田氏編』などの史料集が刊行されると、「小浜家文書」に加えて、相当数の武田氏海賊衆関連文書が確認され、『甲陽軍鑑』に記載されていない海賊の存在も知られるようになった。先行研究の中でも、鴨川達夫氏の論考は、こうした成果を採り入れ、海賊衆全体を分析しようとする視点から立論している。

但し、従前の研究では、その関心が武田氏海賊衆の動向や存在形態などに集まり、武田氏が海賊衆をどのように運用していたのか、十分に検証されていなかったようにも感じられる。そこで、海賊衆の形成過程や諸活動について、武田氏をめぐる政治史との関連から考察し、武田氏の海上軍事に関して試論を提示するのが本章の目的である。

## 一　海賊衆の形成と構造

### 1　『甲陽軍鑑』の記載内容をめぐって

『軍鑑』「惣人数事」には、海賊衆として「間宮武兵衛」「間宮さけ（造酒）の丞」「おばま（小浜）」「向井伊兵衛」「板見（伊丹）大隈守」「岡部忠兵衛」の六人が記載されている(8)。多くは子孫が何らかの形で江戸時代に徳川将軍家に仕えており、その出自を系図類として残した。これらによると、間宮氏はもと北条氏家臣、小浜氏と向井氏は伊勢・志摩出身、伊丹氏・岡部氏はもと今川氏家臣とされ、先行研究も大筋で是認している。たしかに小浜氏・向井氏・岡部氏の出自は同時代史料でも裏付けられるが、間宮氏の出自には相当の疑問が残る。

間宮氏の「さけの丞」について、『寛永諸家系図伝』は「さけの丞」を北条家臣間宮康俊の四男信高に比定して、北条方から武田方に転じた海賊衆と記すが、[9]「武兵衛」の記載を欠いている。さらに北条氏の関連文書では、武兵衛・造酒丞の動向を見出すことはできない。海賊間宮氏に関する通説は、再考を要する。

むしろ系図類においては、『士林泝洄』（尾張徳川家中の系図集）が、武兵衛・造酒丞を直信と信高の兄弟に比定し、間宮康俊との関係も、数代前に分岐した別家と設定していることに注目したい。[10]同系図によると、直信・信高の兄権大夫直綱は、徳川家中にあって渥美半島の畠村に居住したとする。[11]この伝承を採ると、直信・信高も渥美半島の出身であり、徳川方から武田方に奔ったことにもなりうる。また、間宮氏を伊勢海地域の海上勢力と仮定すると、天正十二年（一五八四）の小牧陣にて、間宮信高が小浜景隆とともに、九鬼嘉隆の跡職を約されたことと[12]も整合性がとれる。信高を間宮康俊四男とする系図は、徳川方からの離反を糊塗する作為である可能性が高い。

しかし、武田氏関連文書でも、武兵衛・造酒丞の存在は見出せず、武田氏海賊衆にあって、『軍鑑』が記載するほどの勢力を有したかは疑わしい。間宮信高が徳川氏海賊衆として活動し、その子孫が近世前期に徳川将軍家の船手頭を歴任したことから、『軍鑑』編者が遡及的に間宮氏の実力を過大評価したと看做すこともできる。

むしろ、武田氏海賊衆のうち、同時代史料から、小浜氏・向井氏・伊丹氏に伍しうる存在と目されるのは、『軍鑑』未記載の小野田筑後守であった。また、土屋杢左衛門・三輪与兵衛についても、武田氏の海賊衆であったことが指摘されている。『軍鑑』の海賊衆像から脱却することは、武田氏海賊衆の研究に関する課題の一つである。

## 2　前提としての今川氏海上軍事

武田氏の海賊衆編成は駿河国侵攻の中で進行したが、駿河今川氏も海賊衆を編成していたことはしばしば指摘される[13]。本章では、武田氏との連続性という観点から、今川氏の海上軍事についても検証したい。

『本光国師日記』所収の江浄寺書状によると、今川義元は北条方との抗争（河東一乱ヵ）にて、伊勢方面から脇氏・相須氏・中西氏・浅沼氏の「海賊衆四人」を駿河国に招き、その拠点を清水に設定したとされる[14]。さらに同書状は、四海賊の要請により、江尻の江浄寺が寮舎の一つを清水に移し、実相寺を開いたともする。これは慶長年間の伝承、かつ実相寺を末寺と位置付ける江浄寺の主張であり、実相寺側は事実として承認していないが[15]、今川氏の海上軍事を考察するうえで重要な伝承ではある。義元が招いたという「海賊衆四人」のうち、脇氏は武田氏海賊衆の向井氏の配下として確認され[16]、また相須氏は北条氏海賊衆愛洲氏との関連性が想定される。脇氏（向井氏配下）の出身が伊勢国、愛洲氏（北条氏海賊衆）の出身が紀伊国とされることも[17]、伝承に相応の信憑性を付与している。

さらに今川氏の海上軍事に関しては、海賊衆の編成にとどまらず、尾張織田氏との戦争において、同国河内郡の服部左京助と結び、その海上兵力を利用した事例も知られている。服部左京助は木曾川河口の荷之上・鯏浦などを支配し、『信長公記』の表現では「武者舟千艘」を動員しえた伊勢海地域の実力者であった[18]。

また、向井氏の家伝では、向井正重は武田氏帰属に先行して、朝比奈親徳を介して今川氏に招聘されたとする[19]。向井氏の駿河渡海を今川氏時代まで遡及させることには疑問があるものの、武田氏も向井氏勧誘にあたって、朝比奈五郎兵衛を仲介としており、駿河朝比奈氏と向井氏の間に、早くから相応の交流があったことは首肯しうる[20]。あるいは服部左京助と同じく、伊勢海地域にあって今川氏と気脈を通じていた海上勢力だったのではないだろうか。

伊勢海勢力の招聘・動員や、清水の海上軍事拠点化は、武田氏の海上軍事でも見出される事例である。しかし、今川・武田両氏の海上軍事体制には非連続性も存在する。具体例として、今川氏海賊衆とされる興津氏は武田氏海賊衆としての動向を確認できず、また武田氏海賊衆の岡部氏（土屋氏）も、今川氏海賊衆としての動向を確認できない。このように、武田氏は今川氏の海賊衆を接収して、海上軍事力を形成したわけではなかった。蓋し、戦国大名の海賊衆（瀬戸内地域では「警固衆」）とは、大名権力から「海賊之奉公」（海上の軍役）を求められた家臣団・従属国衆であり、主家没落後も、海上軍事活動を継続したとは限らないのである。

### 3　武田氏海賊衆の成立・拡充

武田氏の軍事動向から、海賊衆の存在が明確に見出されるのは、永禄十三年（一五七〇）のことである。同年正月には、土屋杢左衛門が駿河久能城に籠もって「海賊之奉公」などをつとめてきた恩賞として、江尻・田尻などで約四〇〇貫文を給付された事例が確認される(21)。武田氏は永禄十一年十二月から駿河国に侵攻し、今川氏領国を崩壊させたものの、北条氏が今川氏を支援して参戦したため、翌年四月に久能と興津（横山）の両城を確保して甲斐国に一旦撤収した(22)。土屋杢左衛門はこの時期から久能在城衆に加わったとみられる。

永禄十三年二月になると、駿河国内の戦況は武田方優勢に進み、武田信玄は清水湊に在陣し、同所に「地利」を築いて岡部貞綱などの海賊衆の拠点とした(23)。しかし、これを海賊衆編成の濫觴と理解すべきではない。すでに土屋杢左衛門が久能城にあって「海賊之奉公」にあたっており、海賊衆は前年から存在していたと考えた方が妥当である。

また、土屋杢左衛門が永禄十三年正月に清水・江尻で屋敷地を与えられたことも勘案すると、清水・江尻は「地利」構築に先行して、武田氏の海上軍事拠点として機能していたと看做すことができる。永禄末年段階では、清水・江尻とも要害を欠き、北条・今川方の攻撃に対応できないため、土屋杢左衛門は久能在城衆に加わって、海上軍事にあたっていたのであろう。これは土屋杢左衛門のみの動向ではなく、他の海賊衆も同様であったと考えられる。岡部貞綱が久能山北麓の草薙などで知行を有していたことは、貞綱もまた久能在城衆に参加していた傍証となる。すなわち、貞綱などの清水配置は、海賊衆の編成ではなく、在城拠点の変更を意味すると理解すべきである。(24)

土屋杢左衛門や岡部貞綱は、最初期から海賊衆として活動していた事例にあたるが、武田氏は海賊衆のさらなる拡充をはかり、①駿河国人の新規取立、②伊勢海賊の招聘といった方策を採用していた。

まず①駿河国人の新規取立としては、『軍鑑』「惣人数事」にも記載され、今川氏の同朋だったという伊丹康直が該当するものの、これは同時代史料が乏しい。同時代史料で検証しうるのは、むしろ三輪与兵衛の事例である。

三輪与兵衛はもと葛山氏被官であり、永禄十二年三月に葛山氏元から駿東・富士両郡内の四ヶ所で五〇貫文を与えられた。(25)しかし、元亀元年(一五七〇)十二月には、武田氏が駿河国益頭郡の八楠郷において、三輪与兵衛に二〇貫文、「海賊衆」に六〇貫文の知行を支給している。(26)鴨川達夫氏の指摘では、この「海賊衆」は三輪与兵衛の同心であり、三輪与兵衛も武田氏海賊衆に参加していたことになる。

さらに元亀三年五月になると、三輪与兵衛は土屋昌続を奉者とする竜朱印状を受給した。(27)葛山氏との主従関係は、遅くともこの段階で解消されたのであろう。葛山氏家中が武田氏によって解体されていく過程にあって、三輪与兵衛のように、海賊衆として取り立てられた被官が存在したことが判明する。

次に②伊勢海賊の招聘としては、小浜景隆・向井正重の事例がよく知られている。

武田氏は元亀二年から伊勢海賊の誘致に着手し、岡部(土屋)貞綱を介して小浜景隆、朝比奈五郎兵衛を介して向井正重に海賊衆への参入を働きかけ、翌年には駿河渡海を実現させた。(28)小野田筑後守も、同時期に招聘されたと考えられる。永禄末年以降、伊勢国や志摩国は織田氏領国に組み込まれ、伊勢海地域においては、九鬼嘉隆が織田氏と結んで勢力を伸張させ、小浜景隆・小野田筑後守は嘉隆に敗退して同地域から退去したとされる。[29]武田氏はこうした伊勢海地域の動向に乗じ、駿河国外から海上勢力を誘致して、海賊衆を拡充させていったのである。

しかし、小浜氏・向井氏などの駿河渡海は、武田氏の招聘で唐突に実現したものではない。小浜氏は駿府今宿の商人松木与三左衛門と婚姻関係を結んでおり、[30]向井氏についても、親族の脇氏が先行して駿河国に渡海し、また今川氏重臣の朝比奈親徳と交流を有したと伝えられることは前述した。小浜氏や向井氏は、伊勢時代から駿河方面と相応の交流があり、駿河渡海も従前の交流を前提として実現したと考えるべきだろう。

なお、伊勢海賊の渡海を周旋した岡部貞綱・朝比奈五郎兵衛は、ともに駿河岡部氏・同朝比奈氏の一族である。岡部氏のうち、惣領職の元信は天正二年七月に「船壱艘」と「船方六人」の諸役免許を受け、正綱も天正四年八月に「清水之船拾四艘」の役銭を免許されており、朝比奈氏についても、丹波守・彦右衛門がそれぞれ船一艘の「御免」を受けた事例がある。[31]岡部氏・朝比奈氏とも、海上交易を通じて伊勢方面の海上勢力と交渉を持ちえる条件を備え、さらに岡部貞綱のように、海上軍事活動に堪えうる技能を有す一族も存在したのである。

また、岡部貞綱は永禄十三年二月から「土屋」名字を称しており、これを『軍鑑』「惣人数事」は駿河国内の「ちうせつ《忠節》人」としての待遇とする。これに加え、貞綱は土屋昌続（信玄側近）の弟昌恒を養子に迎えており、江戸時代の土屋氏の伝承では、海賊衆の向井正重まで昌続・昌恒の同心と位置付けている。[32]積極的に捉えるならば、武田氏の海賊衆統制が、昌続・昌恒兄弟と貞綱の縁組を媒介として機能していたことを示唆しているだろう。

## 4　各海賊衆の構造

前項の三輪与兵衛については、武田氏・葛山氏の両氏から、合わせて一五〇貫文～二〇〇貫文ほどの知行を給付されていたと推測される。平山優氏によると、武田氏の軍役において、定納一〇〇貫文〜二〇〇貫文未満の中級家臣は、平均して五貫文につき一人の軍事動員を賦課されたという(33)。また、豊臣政権期の事例ながら、毛利氏が船手衆に対し、二〇〇石につき七端帆船一艘の軍役を賦課しており、この七端帆船の運用には、数十人の武者・水夫を要したとされる(34)。この基準を参考にすると、三輪与兵衛も戦時には船一艘程度の軍役をつとめていたと推測される。さらに知行高一〇〇〇貫文の向井氏持船を五艘、知行高三〇〇〇貫文の小浜氏持船を安宅一艘・小船一五艘とする『軍鑑』「惣人数事」の記述にも、ある程度の信憑性を認めることができるだろう。

また、各海賊衆の構造については、天正九年六月に敢行された伊豆国子浦の襲撃に関し、小浜景隆が武田勝頼から受給した感状(35)が参考になる。

同文書には、第一に「向後弥同心・被官中付、可被励戦功候」とあり、小浜氏の戦力が同心と被官で構成されていたことを確認できる。勝頼は天正三年六月にも、小浜景隆・向井正重とそれぞれの同心衆を宛所とする感状を発給している(36)。小浜氏・向井氏とも、その被官のみならず、有力な同心衆を形成することで、軍役を履行していたのである。また、小浜氏は三〇〇〇貫文(37)、向井氏は一〇〇〇貫(38)と、それぞれ大規模な知行を給付されていたが、これらには「海上船中之達者」から選抜した「武勇之輩」の確保に充てるべき分も含まれていた。著者は向井氏同心衆について、武田氏から附属された「当座の与力(同心)」、向井氏がその知行で確保した「恩顧の与力(同心)」に分類している(39)。この構図が、小浜氏同心衆にも該当するとすれば、小浜氏・向井氏の戦力は、独自の被官と「当座」「恩顧」の同心によって構成されていたことになる。

第二には、「殊相拵候之様、陣定専一候」とあり、小浜氏の軍事行動にて「陣定」が重要だったことも確認できる(40)。天正五年五月の定書でも、小浜氏は同心練熟・操船鍛錬・立物一統について「堅可有陣定」と命じられており、小浜氏は「恩顧」「当座」の同心や被官から成る軍団を「陣定」によって統括していたと考えられる。こうした構造は、大身の小浜氏・向井氏から、小身の三輪与兵衛まで、各海賊衆に共通していたはずである。

## 二　知行地の構成にみる武田氏の海上軍事

武田氏海賊衆の知行地について、鴨川達夫氏は船舶の繋留・整備拠点となる浜手（沿岸の平野地）、船材に要す森林資源の供給地となる山手（内陸の丘陵地）に大別している。さらに知行地の分布を分析して、小浜氏は瀬戸川流域の拠点、向井氏は富士郡の拠点を委ねられたとも指摘する。本節では、著者なりの考察を展開することにしたい。

武田氏海賊衆の地行地

| 国郡 | 市町 | 知行地 | 貫高 | 給人 | 備考 | 出典 |
|---|---|---|---|---|---|---|
| 駿河国 | | | | | | |
| 駿東郡 | 御殿場市 | 深沢 | 一五貫文 | 三輪与兵衛 | 鮎沢川下流右岸（→酒匂川河口） | 一八六〇 |
| | | 古沢 | 二〇貫文 | 三輪与兵衛 | 躑躅川下流域（→酒匂川河口） | 一三八〇 |
| | 裾野市 | 堀之内 | 一〇貫文 | 三輪与兵衛 | 佐野川中流右岸（→狩野川河口） | 一三八〇 |
| | 沼津市 | 石田 | 一〇貫文 | 三輪与兵衛 | 黄瀬川下流右岸（→狩野川河口） | 一八六〇 |
| | | 大岡庄 | 四〇〇貫文 | 小浜景隆 | 狩野川・浪人川流域（→狩野川河口） | 二一八四 |
| 富士郡 | 富士市 | 下方阿野庄 | 二二俵 | 土屋杢左衛門 | 高橋川中流右岸（沼川河口） | 一四九六 |
| | | 一色 | 二〇貫文 | 向井正重・政綱 | 松原川左岸（→沼川河口） | 三一七八 |

| | | | | | | |
|---|---|---|---|---|---|---|
| | | 久爾郷 | 二六七貫八七〇文 | 向井正重・政綱 | 潤井川下流左岸(→潤井川河口) | 三一七八 |
| | | 久爾郷 | 九四貫四〇〇文 | 小浜景隆 | 潤井川下流左岸(→潤井川河口) | 二一八四 |
| | | 久爾郷 | 二貫四五〇文 | 小浜景隆 | 潤井川下流左岸(→潤井川河口) | 二一八四 |
| | | 横尾 | 二八八貫九五〇文 | 小浜景隆 | 潤井川左岸(→潤井川河口) | 二一八四 |
| | | 横尾 | 四二貫三二〇文 | 向井正重・政綱 | 潤井川左岸(→潤井川河口) | 三一七八 |
| | | 宮島・萩島 | 一貫二〇〇文 | 小浜景隆 | 富士川河口東部(→富士川河口) | 二〇〇四 |
| 庵原郡 | 清水市 | 高橋 | 八貫二一〇文 | 向井正重・政綱 | 巴川・山原川合流点付近(→巴川河口) | 三一七八 |
| | | 石河長土呂 | 二三貫五〇〇文 | 土屋杢左衛門 | 山原川下流右岸(→巴川河口) | 一四九六 |
| | | 江尻 | 四四貫八七五文 | 土屋杢左衛門 | 巴川下流域(→巴川河口) | 一四九六 |
| | | 江尻屋敷 | 三貫五〇〇文 | 土屋杢左衛門 | 巴川下流域(→巴川河口) | 一四九六 |
| | | 江尻屋敷 | 一貫　文 | 小浜景隆 | 巴川下流域(→巴川河口) | 二〇〇四 |
| | | 岡清水屋敷 | 二貫　文 | 土屋杢左衛門 | 巴川下流右岸(→巴川河口) | 一四九六 |
| 有度郡 | 清水市 | 清水屋敷 | 八〇〇文 | 土屋杢左衛門 | 巴川下流域(→巴川河口) | 一四九六 |
| | | 村松(宮一色) | 七二俵一斗四升 | 土屋杢左衛門 | 巴川下流右岸(→巴川河口) | 一四九六 |
| | | 村松屋敷銭反銭 | 二貫九八一文 | 土屋杢左衛門 | 巴川下流右岸(→巴川河口) | 一四九六 |
| | | 北矢部 | 三二俵 | 土屋杢左衛門 | 巴川下流右岸(→巴川河口) | 一四九六 |
| | | 蛇塚 | 八斗塩 | 土屋杢左衛門 | 久能山東麓 | 一四九六 |
| | | 草薙 | 三貫　文 | 土屋貞綱 | 久能山北麓、草薙川流域(→巴川河口) | 一五一二 |
| | | 長崎 | 三二俵一斗四升 | 土屋杢左衛門 | 草薙川・巴川合流点付近(→巴川河口) | 一四九六 |

| | | | | | | |
|---|---|---|---|---|---|---|
| | | 長崎畠屋敷銭 | 五貫二五〇文 | 土屋杢左衛門 | 草薙川・巴川合流点付近(→巴川河口) | 一四九六 |
| | 静岡市 | 大屋 | 一五貫　文 | 向井正重・政綱 | 駿河湾に面す | 三一七八 |
| | | 宇藤 | 一八貫　文 | 向井正重・政綱 | 静岡平野中央部 | 三一七八 |
| 安倍郡 | 静岡市 | 河合 | 一〇貫　文 | 三輪与兵衛 | 巴川・長尾川合流点付近(→巴川河口) | 一三八〇 |
| | | 足洗 | 九貫一〇〇文 | 向井正重・政綱 | 巴川上流右岸(→巴川河口) | 三一七八 |
| | | 浅服 | 三〇貫一〇〇文 | 向井正重・政綱 | 浅畑川流域(→巴川河口) | 三一七八 |
| | | 駿府村上与一屋敷 | 二七五文 | 土屋杢左衛門 | 安倍川下流左岸(→安倍川河口) | 一四九六 |
| | | 駿府神門屋敷 | 一間 | 土屋杢左衛門 | 安倍川下流左岸(→安倍川河口) | 一四九六 |
| 志太郡 | 岡部町 | 内谷 | 二貫五〇〇文 | 小浜景隆 | 岡部川左岸(→瀬戸川河口) | 二一八四 |
| | | 内谷 | 一〇貫　文 | 三輪与兵衛 | 岡部川左岸(→瀬戸川河口) | 一三八〇 |
| | | 岡部(浅井) | 三三五貫九〇〇文 | 小浜景隆 | 朝比奈川・岡部川流域(→瀬戸川河口) | 二一八四 |
| | | 岡部(松山) | 一〇〇貫　文 | 小浜景隆 | 朝比奈川・岡部川流域(→瀬戸川河口) | 二〇〇四 |
| | | 岡部 | 一〇貫九〇〇文 | 向井正重・政綱 | 朝比奈川・岡部川流域(→瀬戸川河口) | 三一七八 |
| | | 入野 | 五四貫三〇〇文 | 小浜景隆 | 朝比奈川右岸(→瀬戸川河口) | 二〇〇四 |
| | 藤枝市 | 葉梨 | 二〇貫　文 | 小浜景隆 | 葉梨川流域(→瀬戸川河口) | 二一八四 |
| | | 下郷 | 三五貫六四〇文 | 小浜景隆 | 葉梨川谷口部(→瀬戸川河口) | 二一八四 |
| | | 下郷 | 三一俵 | 土屋杢左衛門 | 葉梨川谷口部(→瀬戸川河口) | 一四九六 |
| | | 下郷畠銭 | 一貫　文 | 土屋杢左衛門 | 葉梨川谷口部(→瀬戸川河口) | 一四九六 |
| | | 上当麻 | 一五七貫八〇〇文 | 小浜景隆 | 葉梨川右岸(→瀬戸川河口) | 二〇〇四 |

| | | | | | | |
|---|---|---|---|---|---|---|
| | | 花蔵方 | 八貫三〇〇文 | 小浜景隆 | 花倉川流域(→瀬戸川河口) | 二〇〇四 |
| | | 花蔵 | 一七五俵 | 土屋杢左衛門 | 花倉川流域(→瀬戸川河口) | 一四九六 |
| | | 平島郷 | 四七貫三〇〇文 | 向井正重・政綱 | 瀬戸川左岸(→瀬戸川河口) | 三一七八 |
| | | 高柳 | 八三貫六〇〇文 | 小浜景隆 | 瀬戸川右岸(→瀬戸川河口) | 二一八四 |
| | | 築地(鷲田) | 二五貫二〇〇文 | 小浜景隆 | 瀬戸川右岸(→瀬戸川河口) | 二一八四 |
| | | 水上 | 一五〇貫文 | 小浜景隆 | 烏帽子山東麓、内瀬戸谷川流域(→瀬戸川河口) | 二一八四 |
| 益頭郡 | 焼津市 | 八楠郷 | 八〇貫文 | 三輪与兵衛 | 瀬戸川・朝比奈川合流点西部(→瀬戸川河口) | 一六二五 |
| | | 小柳津 | 一二貫三一〇文 | 小浜景隆 | 黒石川左岸(→黒石川河口) | 二一八四 |
| | | 小河 | 一五貫文 | 向井正重・政綱 | 黒石川下流域(→黒石川河口) | 三一七八 |
| | | 小河 | 九貫三五〇文 | 小浜景隆 | 黒石川下流域(→黒石川河口) | 二一八四 |
| | | 田尻 | 四〇貫一五〇文 | 土屋杢左衛門 | 木屋川・栃山川流域(→木屋川河口) | 一四九六 |
| | | 中根 | 三貫九〇〇文 | 向井正重・政綱 | 木屋川左岸(→木屋川河口) | 三一七八 |
| | | 島一色郷 | 一〇八貫六二〇文 | 向井正重・政綱 | 成案寺川流域(→栃山川河口) | 三一七八 |
| 遠江国 | | | | | | |
| 榛原郡 | 焼津市 | 藤守 | 六五〇貫文 | 小浜景隆 | 成案寺川右岸(→栃山川河口) | 三一八四 |
| | 大井川町 | 西島郷 | 四一二貫八〇〇文 | 向井正重・政綱 | 大井川下流左岸(→大井川河口) | 三一七八 |
| | 吉田町 | 下吉田郷 | 五〇〇貫文 | 小浜景隆 | 大井川河口右岸(→大井川河口) | 三一八四 |
| | 浅羽町 | 鳥羽野 | 三五〇貫文 | 小浜景隆 | 太田川下流左岸(→太田川河口) | 三一八四 |
| 山名郡 | 磐田市 | 大原 | 一五四貫二〇〇文 | 向井正重・政綱 | 今ノ浦川沿岸(→太田川河口) | 三一七八 |

| | | | | | | |
|---|---|---|---|---|---|---|
| 〔詳細不明〕 | | | | | | |
| 駿河国 | | 小柳 | 四〇貫　文 | 小浜景隆 | | 二一八四 |
| | | 徳願寺領 | 一三貫四二〇文 | 向井正重・政綱 | | 三一七八 |
| | | 徳願寺領(□津・境津) | 三貫一五〇文 | 向井正重・政綱 | | 三一七八 |
| | | 葱崎 | 一〇貫五〇〇文 | 土屋杢左衛門 | | 一四九六 |
| | | 白泉寺大知庵 | 六貫四〇〇文 | 小浜景隆 | | 二〇〇四 |
| | | 神入 | 五貫一〇〇文 | 小浜景隆 | | 二〇〇四 |
| | | 正念寺分 | 三貫　八〇文 | 向井正重・政綱 | | 三一七八 |
| | | 帯刀方 | 一貫三〇〇文 | 小浜景隆 | | 二〇〇四 |

出典欄の数字は『戦国遺文武田氏編』の文書番号。なお、備考にて括弧内の→で示したのは、近接の河川を下っていくと到達する河口部である。

海賊衆知行地を表で確認すると、その分布は、駿河国では駿東・富士・庵原・有度・安倍・志太・益頭の七郡、遠江国では榛原・山名の二郡に及ぶ。武田氏領国南方の東西に広がる形である。具体的には、小浜景隆が二六ヶ所、向井正重・政綱が一七ヶ所、土屋杢左衛門尉が一九ヶ所、三輪与兵衛が七ヶ所で知行地を給付されていた。また、土屋貞綱に関しても一ヶ所が判明している。

但し、遠江国内で知行地を確認できるのは、小浜氏と向井氏のみであり、武田氏の海上軍事において、両氏が占めた地位の大きさが窺える状況である。小浜氏知行の一五〇〇貫文は遠江国内の三ヶ所(下吉田郷・藤守・鳥羽野)、また向井氏知行の五六七貫文も同じく遠江国内の二ヶ所(西島郷・大原)で給付されていた。これらについて、永原慶二氏・鴨川達夫氏は、端数が無く規模も極端に大きいことから、支配の実態を欠く所領と位置付けている。

しかし、小浜氏の藤守については、向井氏所領の島一色(駿河国)とも近接していることから、実質的には駿河国内の知行地と看做して大過は無い。また、小浜氏の下吉田郷は大井川右岸、向井氏の西島郷は同左岸に位置しており、実効支配は比較的容易だったはずである。高天神城攻囲中の天正二年(一五七四)六月、小浜景隆が能満寺に「下吉田郷諸末山」を寄進したことも(41)、遠江国の知行地が実態を伴いつつあった証左となる。給付当初はともかく、対徳川氏戦争の進展とともに、遠江国内の知行地は実態を得ていったと考えるべきだろう。

次に海賊衆の知行地を複数のブロックに大別してみる。表を再度確認すると、知行地のほとんどは、駿河湾・遠州灘の河口部と何らかの形で連関している。具体的には、駿河国東部の狩野川・沼川・潤井川・富士川、同国中央部の巴川・安倍川、同国西部の瀬戸川・黒石川・木屋川・栃山川、遠江国東部の大井川・太田川の河口部をあげることができる。これらの河川大系によりつつ、武田氏の軍事戦略などを考慮すると、海賊衆の知行地は、①駿河国中央部、②西駿河・東遠江、③東駿河に大別することができる。

ところで、小和田哲男氏は武田氏海賊衆の根拠地として、小浜景隆の江尻城、向井正重の用宗城、土屋杢左衛門の久能山城、伊丹康直の小河湊、間宮信高の沼津城をあげている。著者もこれらが海上軍事拠点としての側面を備えていたことには同意するものの、各海賊に根拠地として割り当てられていたとは捉えていない。むしろ、根拠地も知行地と同じく、駿河国の東西に広がっていたと考えている。

①の駿河国中央部では、大規模な知行地は見られない。しかし、当該地域には、有力港湾の清水・江尻が巴川を挟んで存在し、小浜景隆・土屋杢左衛門は清水・江尻に屋敷を与えられ、とくに景隆は伊勢方面から清水に来航する船二艘の諸役免許を認められていた(42)。文書こそ確認できないものの、向井正重・政綱も清水・江尻に屋敷を有したと推

測される[43]。また、形成期の海賊衆が、まず久能城に在城し、次いで清水の「地利」に移ったことにも留意すべきである。つまり、当該地域にて、清水は海賊衆の軍事的・経済的な中枢として機能していたと考えられる。

鴨川達夫氏は、東駿河の知行地は対北条氏、西駿河の知行地は対徳川氏のために設定されたものと指摘するが、さらに駿河国中央部の知行地は、江尻城・久能城との関連性を見出せるだろう。すなわち、駿河国より一時撤退した時期すら、武田氏は横山(興津)・久能の両城によって、清水などの駿河国中央部を維持していたことを想起されたい。江尻城が成立した後は、海賊衆は清水湊を拠点の一つとして、江尻・久能両城を海上軍事面で支え、江尻・久能両城も、清水湊の海賊衆を陸上の攻勢から守衛し、緊急時には海賊衆を収容する連携体制が成立していたと考えられる。

②の西駿河・東遠江は、重要港湾と大規模知行地が併存した地域である。

同地域の中心的な港湾としては、黒石川・木屋川の河口部付近に位置する小河湊をあげることができる。この小河湊は、海賊衆の知行地が散在する瀬戸川流域の河口部とも近接しており、同流域で得られた森林資源の集積拠点としても適当であろう。さらに小河には小浜氏・向井氏の知行地が配され、近辺の田尻でも、土屋杢左衛門が江尻に次ぐ規模の知行地を得ていた。なお、田尻については、伊丹氏の屋敷が存在したとも伝えられる[44]。小河湊とその周辺が、駿河国中央部の清水湊に相当する海賊衆の拠点になっていた状況を想定できる。

また、西駿河・東遠江では、一〇〇貫文を超える規模の所領が少なくなく、とくに沿海地域においては、小浜氏の藤守と向井氏の島一色に着目したい。まず藤守は、駿河湾に面しており、藤守川の存在も海上軍事の拠点として有利に機能しえたはずである。次に島一色郷も、栃山川・成案寺川の中洲に位置し、これも海上軍事拠点に適していただろう。すなわち、小河湊は海賊衆共用の港湾、藤守・島一色は小浜氏・向井氏の独自の拠点であったと考えられる。

さらに内陸部の知行地は、最大の小浜氏知行地たる岡部(浅井三三五貫九〇〇文・松山一〇〇貫文)を中心に考察すべきである。同地は岡部川・朝比奈川の合流点周辺に位置しており、向井氏も若干の知行地を得ていた。加えて、岡部川・朝比奈川流域には、内谷に小浜氏・三輪氏、入野にも小浜氏の知行地が配置されていた。表でも明らかなように、岡部周辺や瀬戸川支流域は、海賊衆の有力な知行地群が存在していたのである。海上活動に要する森林資源を確保・集積して、瀬戸川河口部に輸送する拠点であったのだろう。

なお、西駿河における海賊衆の拠点としては、向井正重が戦没した用宗城の存在も考慮しなければならない。詳細は後述するが、著者は用宗城について、江尻・久能両城と同様に、海賊衆を有事に収容するとともに、その知行地などを陸上の攻勢から防護する役割も担っていたと理解している。

③の東駿河は、②と同じく有力な知行地と港湾が併存した事例に該当する。

この地域における大規模知行地は、狩野川流域で大岡庄（小浜氏四〇〇貫文）、潤井川流域で久爾郷（向井氏二六七貫八七〇文・小浜氏九六貫八五〇文）と横尾（小浜氏二八八貫九五〇文・向井氏四二貫三二〇文）を見出すことができる。また、港湾としては、狩野川河口部付近に沼津、潤井川河口部周辺に吉原が存在した。

①②の事例と比較した場合、大岡庄と久爾郷は藤守・島一色郷（海賊ごとの拠点）、横尾は岡部（森林資源の確保・集積拠点）、沼津・吉原は清水湊・小河湊（海賊衆共用の港湾）に相当すると考えられる。

但し、小浜氏の大岡庄については、鴨川達夫氏が実態を欠く知行地と位置付け、むしろ富士郡では向井氏の勢力が優勢であったと評価している。だが、天正八年以降の北条氏との海戦にて、小浜氏が主力として活動したことを考慮すると、鴨川氏の理解には疑問を感じる。少なくとも、天正七年に狩野川右岸の沼津に築城がなされた後は、同流域の大岡庄も小浜氏が掌握していたと見做すのが妥当であろう。

## 三　武田氏海賊衆の軍事活動

### 1　対徳川氏戦争における動向

武田氏海賊衆の軍事活動は、北条方との交戦がよく知られているものの、徳川方との交戦は、史料不足も相俟って十分に認知されていない。しかし、これは海賊衆が対徳川氏戦争に不関与であったことを意味するものではない。むしろ天正七年(一五七九)の用宗合戦まで、海賊衆は相応の役割を課されていたと考えられる。

対徳川氏戦争は、元亀三年(一五七二)から本格化するものの、すでに永禄十三年(一五七〇)には、土屋杢左衛門の田尻(木屋川・栃山川流域)、三輪与兵衛の八楠郷(瀬戸川・朝比奈川合流点西部)など、徳川氏領国に近接する地域に海賊衆知行地が設定されていた。武田氏の海上軍事は、当初から対徳川氏をある程度意識していたのであろう。

元亀三年に武田氏は徳川氏領国に大挙侵攻し、土屋貞綱も同年十月には遠江国白羽に進出している[45]。また、同年十一月頃には、武田方の海賊が三河国田原表に放火する状況となった[46]。但し、この田原表放火については、反徳川方の伊勢海賊が、武田氏の攻勢に呼応しての行動と解釈する余地もある。この場合は、服部左京助などと結び、しばしば尾張織田氏を海上から攻撃させた今川氏の戦略を、武田氏も採用していたことになる。なお、田原城は「舟蔵」を備える海城でもあり[47]、徳川方海上兵力の漸減を意図した行動と捉えることもできる。

この徳川氏領国侵攻の最中、小浜景隆は元亀三年十二月十九日付で三三五貫九〇〇文の知行を給付され、さらに大井川周辺でも知行地を与えることを約された[48]。徳川氏領国の崩壊を見通し、あるいはその促進をはかり、小浜景隆に戦功をたてるよう求めた処置であろう。元亀四年の信玄死去によって、対徳川氏戦争は一旦停滞したものの、同年十月に武田勝頼は小浜景隆に大井川周辺を含む知行三〇〇〇貫文の宛行状を発給した(49)。これも徳川氏領国侵攻の再開に向け、小浜氏の戦意を昂揚させるための処置と位置付けられる。

勝頼が積極攻勢を再開したのは天正二年正月以降であり、同年六月には遠江高天神城を攻囲した。同時期においては、小浜景隆が遠江能満寺後住の補任をおこなっており、遠江方面に出動していたことを確認できる(50)。次に述べる海上輸送による兵糧集積にも関わっていたと推測される。

『当代記』にあたると、高天神合戦の記事に先行して、「大船にして鉄放」を多数搭載した「兵粮船」が遠江国今切に出現したとする記事が確認される(51)。高天神城攻囲中には、伊豆国から「他国」に運搬されていた兵糧が、北条方の植松佐渡守(駿河国獅子浜の土豪)に押収される事件が起き、まもなく武田氏は北条氏に「駿州船之手験」を送付し、以後、駿河国から北条領国に渡海する船舶は「手験」の携行を義務付けられた(52)。高天神城攻囲にあたり、武田方は伊勢国・伊豆国などの各方面から海上輸送をおこない、兵糧の集積をはかったのであろう。

さて、天正三年五月の長篠合戦で武田勝頼が大敗すると、徳川方は遠江国で攻勢に出て、武田方は次々と要衝を喪失した。この徳川方の攻勢にあたり、小浜景隆・向井正重とその同心衆は、「在所」の危機に動揺せず、「在陣」「在城」を維持して、同年六月に勝頼から感状を受給した(53)。ほぼ同趣旨の文書は、三浦義鏡・依田駿河守なども受給しており(54)、小浜・向井と三浦・依田は同一の拠点を守衛していたと考えられる。

とくに三浦義鏡は向井正重と同じく、天正七年九月に用宗城で戦没しており(55)、天正三年に小浜景隆・向井正重などが在城したのも、用宗城であったと考えて大過無い。対徳川氏戦争における海賊衆の策源地は瀬戸川流域以西に存在したが、徳川方の攻勢に際しては、用宗城に退避して在城衆に加わっていたのであろう。

ともかく、長篠合戦以降、武田氏と徳川氏の戦争は、東遠江を主戦場として展開するようになった。この時期には徳川方が海上戦で武田方に敗退したとする記録も確認される。旗本中島与五郎家（近世は三河国大崎の船手）の伝承では、天正四年十月に相良浦で武田方の軍船と交戦したという[56]。同年八月に武田勝頼は小山まで進出しており[57]、何らかの関連性が想定される。また、『軍鑑』品第五十三によれば、同年には武田方が相良に築城したとも伝えられ、相良は海賊衆が遠州灘方面に出動する中継拠点として機能していたと考えることもできる。

天正五年五月、小浜景隆は勝頼から定書を受給し、①同心の訓練、②操船の鍛錬、③標識の統一を求められた[58]。同内容の定書は景隆のみならず、海賊衆の各自に頒布されていたのだろう。鴨川氏はこれについて、海賊衆の組織・錬度が不十分であった可能性を示唆する。ほぼ同時期に小笠原信興が高天神城から移封されたことを考慮すると[59]、武田氏は対徳川氏戦争の前線を整理しつつ、海賊衆に練熟を求めたと理解することもできる。この時期の武田氏海賊衆は西駿河・東遠江に展開して、徳川方との交戦や、高天神城の海上支援にあたっていたのであろう。

だが、武田氏の対徳川氏海上軍事は、天正七年九月の用宗合戦によって、重大な転機を迎えることになった。同合戦にて、向井正重が戦死するなど、海賊衆は甚大な損害を蒙ったのである[60]。用宗城は依然として武田方が維持したものの、以後の対徳川氏戦争にて、海賊衆の活動は確認できなくなる。陸戦で脆弱な海賊衆は、徳川方の攻勢が激しさを増すと、西駿河・東遠江方面に展開することが困難だったのである。また、武田氏の戦略も対北条氏戦争に傾斜しており、海賊衆は翌年から伊豆方面への出兵を繰り返すようになった。

しかし、武田方の戦略転換は、瀬戸川流域の海賊衆知行地、そして対徳川氏海上軍事の放棄を意味するものではなかった。天正八年以後、三浦義鏡に代わって、朝比奈信置が用宗城に在城するようになり、同年五月五日に徳川方と当目で交戦している[61]。当目は瀬戸川・朝比奈川合流点左岸から瀬戸川河口左岸に位置しており、前年九月にも、徳川方は当目坂を越えて用宗城を攻撃していた[62]。天正八年の合戦については、田中城を攻撃した徳川方が、懸川に撤収する「のき口」に生起しており、信置は徳川方の行動を用宗城攻撃、あるいは当目占拠と誤認して出撃したものと推測される。海賊衆知行地の多くが、瀬戸川以西や支流に存在したことを考慮すると、徳川方の当目占拠は、西駿河における武田氏の海上軍事の死命を制しうる事態であり、信置はそれを阻もうと出撃したとも考察できる。

また、朝比奈信置の用宗入城とほぼ同時期に、岡部元信が高天神城に入っていたことにも注目すべきである。(63) 朝比奈氏・岡部氏は海上交通にも関わった一族であり、信置・元信はその惣領職であった。朝比奈信置と岡部元信は、転進した海賊衆に代わり、駿河方面から高天神城に至る海上連絡の維持を期待されていたのであろう。

その一方で、徳川方は天正八年に高天神城攻囲陣の構築に着手している。『家忠日記』によると、三月から大坂・中村、六月から獅子ヶ鼻に砦を築き、(64)『三河物語』では、小笠・能ヶ坂にも砦を設置したとされる。(65) 小笠を除く四砦は、ほぼ菊川入江に沿って構築されており、高天神城と海上の連絡を絶ったものとみられる。(66) この時期になると、武田方海賊衆は駿遠国境の周辺から撤退しており、その空隙を衝いた築城と考えることもできる。

さらに天正九年三月に高天神城が陥落すると、徳川方は同年七月までに相良に砦を築いた。(67) もはや武田氏の海上軍事は東遠江では破綻し、徳川氏の西駿河侵攻が本格化すれば、同地域の海賊衆策源地の崩壊も不可逆な状況となっていたのである。

## 2　対北条氏戦争における動向

天正七年(一五七九)九月の用宗合戦の翌月、武田勝頼は向井正重の領知を遺児政綱に安堵し、早急なる戦力の再建を命じた。(68) すでに北条氏との戦争が再開されており、向井氏の海上活動が麻痺することを防ごうとしたのである。

駿豆方面における武田氏海賊衆の攻勢は、天正八年以降に始まるが、北条氏はすでに天正七年から同方面の海上軍事体制を整備していた。同年十一月には伊豆国長浜で「船掛庭」の普請を実施し、翌月から海賊衆の梶原景宗を長浜に駐留させていた(69)。武田方海賊衆への対抗を意識していたことは、明白である。

しかし、天正五年四月の段階では、北条方海賊の山本家次・正次は三浦方面に在陣しており、「手遠」を理由に、伊豆国内の知行を他所に替地として給付された(70)。また、梶原景宗も天正七年十一月に西浦に対する番銭無沙汰の解決を命じられており(71)、伊豆方面における海上軍事体制の弛緩を窺うことができる。元亀三年（一五七二）に武田・北条両氏の講和が成立し、さらに天正四年から婚姻関係も結び、駿豆境目の緊張は大幅に緩和されていたため、北条氏は同方面の海上軍事体制を再構築しなければならなかったのである。

一方の武田氏海賊衆も、天正七年には伊豆方面で行動を起こしていない。この段階では、海賊衆は西駿河方面に展開していたことに加え、東駿河方面の策源地が未整備だったことによるだろう。同年九月に武田氏が沼津城を築き(72)、小浜氏の大岡庄掌握が容易になったことなどから、ようやく伊豆方面への積極攻勢が可能になったと考えられる。

天正八年四月には、小浜景隆・向井政綱が伊豆方面に出兵し、迎撃に出た梶原景宗を退け、数ヶ所の郷村を襲撃した(73)。この海戦について、『軍鑑』品第五十五は浮島ヶ原近辺、『沼津市史』は千本松原近辺を戦場に比定する(74)。しかし、同海戦は武田方海賊が伊豆方面に出兵して、梶原景宗が邀撃したものであり、むしろ梶原景宗が駐留していた長浜近辺で生起したと看做すべきである。

梶原景宗の敗北は、北条方に少なからぬ衝撃を与えたと推測される。同年八月には、北条方は「さなき山」などの諸浦に狼煙を設置し、相互の連携によって、武田方の海上攻勢を退ける体制を構築しようとしていた(75)。しかし、同じく八月には、北条方の海上軍事体制はさらに深刻な事態に見舞われた。荒天のために、安宅船をはじめとする船舶多数が破損したのである。この被害について、武田勝頼は穴山信君に宛てた書状で、北条方海賊が行動不全に陥ると観測している。[76] 翌年における武田氏海賊衆の攻勢は、この混乱に乗じたものであろう。

また、天正八年十二月に、北条方は山本正次に不審な「伊勢船」は抑留して「上乗荷物以下」を検閲すべきこと、虎朱印状を欠く船を伊豆国田子浦から遠江方面に出船させないことなどを命じた。[77] いずれも武田氏との戦争に対応した措置であろう。この時期までに山本正次が伊豆方面に再度転進していたことも判明する。

天正九年三月にも、小浜景隆・小野田筑後守・向井政綱・伊丹康直は久料津に渡海し、迎撃した梶原景宗と交戦して敵船を撃沈・奪取した。[78] さらに五月には「駿州四海賊」が田子浦の山本正次屋敷を攻撃した。[79] この「駿州四海賊」は、小浜景隆・小野田筑後守・向井政綱・伊丹康直の四人であろう。山本正次は武田方海賊衆の襲撃を退けたものの、積極的に邀撃した梶原景宗に比して退勢は否めない。なお、久料津合戦にて小野田と向井・伊丹が受給した感状には「小浜令随逐」「小浜候同前」とあり、小浜氏が武田氏海賊衆の主力となっていたことも窺える。

また、同年六月にも、小浜景隆は伊豆国子浦などの郷村を襲撃して感状を受給した。[80] 梶原景宗・山本正次の敗退によって、武田方海賊衆の攻勢はさらに南方に及んだことが窺える。また、この六月の侵攻では、北条方海賊の邀撃も確認できない。相次ぐ敗戦から、伊豆方面における北条方の海上軍事は機能不全に陥っていたのであろう。

天正十年に武田氏は滅亡するが、同年に旧武田氏領国をめぐる動乱（天正壬午の乱）が展開し、徳川・北条両氏は駿豆方面でも対峙した。この動乱にて、徳川方は旧武田氏海賊衆の向井氏などを用い、伊豆方面で攻勢に出ており、[81] 道部などが戦火に見舞われた。[82] 武田氏の海上軍事は、対徳川氏では頽勢に陥っていたものの、対北条氏では相当の成果を収め、その海上優勢は、武田氏海賊衆を吸収した徳川氏のもとで継続していたのである。

# おわりに

武田氏の海上軍事体制は、永禄末年の駿河侵攻以降、北条氏・今川氏との戦争、そして徳川氏との緊張を前提として構築された。すなわち、対北条氏戦争が続く中で、「海賊之奉公以下」に堪えうる駿河国人を登用し、また徳川氏との緊張が高まると、従前の駿河・伊勢両国間の海上交流を利用して、伊勢海地域の海上勢力を誘致することで、海賊衆を編成・拡充させていったのである。その過程では、駿河岡部氏や駿河朝比奈氏による海上交通への関与や海上軍事力の蓄積が重要な意味を持った。

また、武田氏領国における海賊衆の知行地は駿河・遠江両国の東西に広がっており、①駿河国中央部、②西駿河・東遠江、③東駿河に大別することができる。これらの地域において、海賊衆は重要港湾（清水・小河・吉原・沼津など）を共用、また武田氏の支城（久能・江尻・用宗・沼津など）と連携しつつ、船舶の繋留・整備、あるいは森林資源の確保・集積に適した知行地を独自の海上軍事拠点として、②③を対徳川氏・対北条氏の策源地とし、武田氏の戦略を海上軍事面から支えることになった。なお、伊勢海地域の出身である小浜氏・向井氏については、知行高の大部分が遠江国内に偏在しており、その招致が多分に対徳川氏を想定したものだったことも窺える。

海賊衆の活動は、対徳川氏戦争において本格化し、とくに天正三年（一五七五）の長篠合戦を経て、東遠江が武田・徳川両氏の主戦場になると、海賊衆の重要性は高まり、さらなる練熟を要求された。しかし、天正七年（一五七九）の用宗合戦によって、海賊衆が西駿河・東遠江に展開することは困難となり、かつ武田氏の軍事戦略も対北条氏に傾斜したことから、海賊衆は対徳川氏戦争から姿を消し、東遠江で武田氏の海上軍事は破綻していった。

一方、対北条氏戦争では、天正八年から翌年にかけ、武田方海賊衆の攻勢が続いた。北条方の海賊衆は、天正八年八月に荒天で船舶多数が破損したこともあって劣勢に陥り、ついには武田方海賊衆の襲撃が伊豆半島南西部にまで及ぶ事態となった。また、天正十年に武田氏が滅亡すると、その海賊衆は徳川氏に接収され、天正壬午の乱でも、伊豆方面に出動して相当の戦果をあげた。

武田氏海賊衆のうち、とくに天正年間から主力を担い、また徳川氏にも重用されたのは、伊勢方面から渡海した小浜氏・向井氏であり、とくに十七世紀以降は、徳川将軍家の海上の爪牙となり、列島規模の海上活動を展開した。戦国期に駿河国を支配した今川氏・武田氏・徳川氏は、いずれも海賊衆を編成していたが、三氏とも伊勢海賊によって海上戦力を拡充したのである。三氏における海上軍事の連続性であり、伊勢海地域の海上勢力が高度の軍事的技量を蓄積していたことが窺える。さらには織豊政権による九鬼氏の重用と、相似性を見出すこともできるだろう。

なお、本章は武田氏海賊衆の全容を解明したものではない。知行地の構成などから、より精緻に海賊衆を特定していく作業は、今後の課題として残しておきたい。

註

（1）柴辻俊六「武田氏の海賊衆」（同『戦国大名領の研究』名著出版、一九八一年）。

（2）小和田哲男「武田水軍と駿河の海賊城」（佐藤八郎先生頌寿記念論文集刊行会『戦国大名武田氏』名著出版、一九九一年）。

（3）①鈴木かほる「戦国期武田水軍向井氏について―新出『清和源氏向系図』の紹介―」（『神奈川地域史研究』第一六号、一九九八年）、②同「戦国期向井水軍の足跡を辿って」（『三浦半島の文化』第八号、一九九八年）。

（4）鴨川達夫「武田氏の海賊衆小浜景隆」（萩原三男・笹本正治編『定本・武田信玄』高志書院、二〇〇二年）。以下、鴨川氏の見解は同論文による。
（5）永原慶二「伊勢・紀伊の海賊商人と戦国大名」（同『戦国期の政治経済構造』岩波書店、一九九七年）。
（6）綿貫友子「戦国期東国の太平洋海運」（同『中世東国の太平洋海運』東京大学出版会、一九九八年）。
（7）村井益男「水軍についての覚書」（『日本大学文学部研究年報』Ⅰ、一九五二年）。
（8）『甲陽軍鑑大成』第一巻本文篇上（汲古書院）。
（9）『寛永伝』間宮信高伝。
（10）『士林泝洄』（名古屋市教育委員会）間宮直綱・直信・信高条。
（11）『源敬様御代記録』（徳川林政史研究所所蔵）の寛永十六年此年条によると、間宮権大夫家は三〇梃立の小早船を尾張徳川氏に献上したことがあり、同家にも海上軍事に関する技能が伝わっていた証左となりうる。
（12）「小浜家文書」（『愛資12』八二二号）。
（13）長倉智恵雄「今川水軍序章考」（『駿河の今川氏』第二集、一九七七年）、酒井貞次「今川氏の水軍に関する覚書」（『駿河の今川氏』第五集、一九八〇年）、久保田昌希「戦国大名今川氏の海事支配」（『駿河の今川氏』第一〇集、一九八七年）、大石泰史「興津氏に関する基礎的考察」（所理喜夫編『戦国大名から将軍権力へ』吉川弘文館、二〇〇〇年）など。
（14）『本光国師日記』（続群書類従完成会）慶長十八年三月二十三日条所収三月十日付・江浄寺書状写。
（15）『本光国師日記』慶長十八年三月二十三日条所収三月二十一日付・実相寺書状写。
（16）本書第三章付論を参照のこと。

(17) 綿貫註(6)前掲論文。
(18) 『信長公記』(角川文庫ソフィア)、首巻(廿)(廿四)(卅三)。
(19) 「清和源氏向系図」(註(3)鈴木論文①)。
(20) 朝比奈五郎兵衛については、本書第三章付論で論じた。
(21) 「早稲田大学荻野研究室所蔵文書」(『戦武』一四九六号)。
(22) 「駿河国新風土記巻一九」(『戦武』一三九六号)、「森田家文書」(同一三九七号)。
(23) 「高山吉重氏所蔵文書」(『戦武』一五一五号)。
(24) 「平沢寺文書」(『戦武』一五一二号)。
(25) 「判物証文写附二」(『戦武』一三八〇号)。
(26) 「判物証文写武田」(『戦武』一六二五号)。
(27) 「判物証文写武田」(『戦武』一八六〇号)。
(28) 「小浜家文書」(『戦武』一七四八号)、「清和源氏向系図」(同一七八九号)。
(29) 『勢州軍記』(三重県郷土資料刊行会)第八「九鬼出世事」。
(30) 小和田哲男「盆地を出て行った甲州商人—駿府豪商友野・松木の場合—」(『地方史研究』第一七八号、一九八二年)。
(31) 「岡部長武氏所蔵文書」(『戦武』二三〇三号)、「岸和田藩志」(同二七一〇号)、「三浦文書」(『静岡県史』資料編8 中世四—一〇七八号)。
(32) 『寛永伝』土屋昌恒伝。
(33) 平山優「武田氏の知行役と軍制」(平山優・丸島和洋編『戦国大名武田氏の権力と支配』岩田書院、二〇〇八年)。

(34) 宇田川武久『瀬戸内水軍』（教育社、一九八一年）。
(35) 「小浜家文書」（『戦武』三三七二号）。
(36) 「小浜家文書」（『戦武』三七〇五号）、「清和源氏向系図」（同二八一四号）。
(37) 「小浜家文書」（『戦武』二一八四号）。
(38) 「伊勢国度会郡古文書一」（『戦武』三一七八号）。
(39) 本書第三章付論を参照のこと。
(40) 「小浜家文書」（『戦武』二八〇六号）。
(41) 「能満寺文書」（『戦武』二三九一号）。
(42) 「小浜家文書」（『戦武』三四五四号）。
(43) 本書第三章付論を参照のこと。
(44) 長倉註（13）前掲論文。
(45) 「白羽神社文書」（『戦武』一九七四号）。
(46) 「松平奥平家古文書写」（『戦武』一九九五号）。
(47) 「白根桃源美術館所蔵文書」（『愛資10』一六三五号）。
(48) 「小浜家文書」（『戦武』二〇〇四号）。
(49) 「小浜家文書」（註（37）前掲）。
(50) 「能満寺文書」（註（41）前掲）。
(51) 『当代記』天正二年条。

(52)「植松文書」（『戦北』一七〇八・一七一二号）。
(53) 註(36)前掲。
(54)「浅羽本系図」（『戦武』三七〇四号）、「河内領古文書」（同三七〇七号）。
(55)「須山渡辺家文書」（『戦武』三一八九号）。
(56)『寛永伝』中島某《（重次）》条。
(57)『当代記』天正四年八月条。
(58)「小浜家文書」（註(40)前掲）。
(59)「遠州高天神城実戦記」（『戦武』二八〇五号）。
(60)「伊勢国度会郡古文書一」（註(38)前掲）。
(61)『家忠日記』天正八年五月五日条。
(62)『家忠日記』天正七年九月十九日条。
(63)「土佐国蠹簡集残編七」（『戦武』三五四四号）。
(64)『家忠日記』天正八年三月十八日条、同月二十五日条、同年六月十一日条など。
(65)『三河物語』（『日本思想大系26』（岩波書店）所収）第三下。
(66) 高天神城攻囲と菊川入江の関連については、土屋比都司「高天神攻城戦と城郭―天正期徳川氏の付城を中心に―」（『中世城郭研究』第二三号、二〇〇九年）を参考にした。
(67)『家忠日記』天正九年七月一日条。
(68)「伊勢国度会郡古文書一」（註(38)前掲）。

(69)「木負村相磯家文書」(『戦北』二二一〇号)、「植松文書」(同二二一二号)。
(70)「越前史料所収山本文書」(『戦北』四七二一号)。
(71)「紀伊続風土記附録十」(『戦北』二二一五号)。
(72)「渡辺文書」(『戦北』二〇九九号)。
(73)「小浜家文書」(『戦武』三三二一号)、「伊勢国度会郡古文書一」(同三三三二号)。
(74)『沼津市史』通史編 原始・古代・中世(二〇〇五年)。
(75)「高田文書」(『戦北』二一八六号)。
(76)「武藤一郎氏所蔵文書」(『静岡県史』資料編8中世四―一三三六号)。
(77)「越前史料所収山本文書」(『戦北』四七三六)。
(78)「小浜家文書」(『戦武』三五三四号)、「中村林一氏所蔵文書」(同三五三五号)、「甲州古文書」(同三五三六号)。
(79)「越前史料所収山本文書」(『戦北』四一四四号)。
(80)「小浜家文書」(註(35)前掲)。
(81)「譜牒餘録三十三」(『静岡県史』資料編8中世四―一五六〇号)。
(82)「岩科区有文書」(『戦北』二五四四号)。

# 第三章　武田氏の駿河領国化と海賊衆

## はじめに

戦国大名武田氏の海賊衆は、駿河国侵攻の最中から編成が始まった。当初は駿河湾地域の諸勢力が起用され、さらに徳川氏との緊張が高まると、伊勢方面の海上勢力も招致し、徳川氏や北条氏との戦争に参加させた。この武田氏海賊衆の研究は、東国の諸大名が編成した海賊衆の中でも、北条氏と並んで関連文書が充実しており、数こそ多くはないが、半世紀以上に及ぶ研究史が積み重ねられている(1)。

こうした武田氏海賊衆の研究において、とくに基礎的な史料と位置付けられてきたのが「小浜家文書」である。村井益男氏の論考を嚆矢として、柴辻俊六氏・鴨川達夫氏などの先学が、小浜氏を海賊衆研究の中心に据えてきた。また、『甲陽軍鑑』の「信玄公御代惣人数事(2)」も、「小浜家文書」と同様に、海賊衆研究のあり方を長期間規定することになった。「惣人数事」は、信玄・勝頼時代の武田氏家臣団を一覧化したもので、「海賊衆」も立項されており、構成メンバーの持船数まで記載していることから、参考に供されたのである。

ところが、『静岡県史　資料編』『戦国遺文　武田氏編』の発刊によって、「小浜家文書」以外の関連文書も検出されていき、武田氏海賊衆のより広範な検証が可能となった。すでに鴨川達夫氏は、こうした成果に依拠して、『甲陽軍鑑』に記載されていない海賊衆の存在を指摘し、さらに海賊衆の知行地を子細に分析したうえで、「浜手」（船舶の繋留・整備拠点となる沿岸の平野地）と「山手」（船舶に必要な森林資源の供給地となる内陸の丘陵地）に大別するなど、海賊衆研究に新たな視点を導入した。また、著者も本書第二章で武田氏をめぐる政治動向との関連から、海賊衆の活動を整理し、地行地の分布に関しても、①駿河国中央部（清水・江尻と連環）、②西駿河・東遠江（対徳川氏を意識）、③東駿河（対北条氏を意識）に三分し、海賊衆は各地域の城郭・港湾を共用して、武田氏の海上軍事体制を支えたとする構図を提示した。

これらの先行研究は、『静岡県史』『戦国遺文　武田氏編』の刊行を挟みつつ、伊勢海賊の編入を重要視する論点はほぼ一致している。つまり、武田氏は駿河湾地域の諸勢力によって海賊衆を編成するのみならず、伊勢海地域（伊勢湾・三河湾の総称）からも小浜氏・向井氏などの海賊を招聘し、主力を形成させたとする議論である。なお、伊勢海賊が駿河湾地域に渡海した前提としては、永原慶二氏・綿貫友子氏などによって太平洋海運の発展が指摘されている(3)。

こうした研究状況を踏まえ、武田氏の海上軍事に新たな視点を導入するとすれば、武田氏以前に駿河国を支配した今川氏、その今川氏領国を武田氏と分割した徳川氏の海上軍事との関連付けではないかと考えている。

本章では、武田氏の海上軍事について、今川氏からの継承、徳川氏との対峙という状況を勘案しつつ論じたいと考えている。本来、内陸部の大名権力として存立してきた武田氏が、一五六〇年代末に駿河湾地域に進出し、同地域の水上交通といかに向き合ったかについて、軍事という最も尖鋭的な問題から考察しようとする研究でもある。

## 一　今川氏の海上軍事と太平洋海運

北条氏・武田氏には及ばないものの、今川氏においても、海上軍事をめぐる文書は少数ながら確認される。今川氏領国は永禄末年に崩壊しており、文書数が顕著に増大する元亀・天正年間を経験していないことも考慮すれば、北条氏・武田氏に比して、今川氏が海上軍事に消極的であったと評価するべきではない。

永禄年間の文書によると、今川氏が駿河・遠江・三河の「城々」で、「海賊船」を運用していたことが判明する。(4) 武田氏よりも広大な領域に海上軍事体制を構築していたのである。なお、海上軍事力に「海賊」の語を被せる東海地域の慣習は、今川氏段階から存在しており、武田氏の海上軍事体制でも踏襲されたものと考えられる。

今川氏の海賊衆としては、駿河国の土豪であった興津氏の存在が指摘されている。(5) また、慶長年間までに形成された駿河江浄寺の由緒によると、今川義元は北条氏と敵対していた時期（河東一乱か）に、伊勢方面から脇氏・相須氏・中西氏・浅沼氏の「海賊衆四人」を駿河国に招き、清水に配置したとされる。(6) 武田氏と同じく、今川氏も伊勢海地域の海上勢力によって海賊衆を増強しつつ、清水（及び江尻）を海上軍事体制の中心に据えていたことを示す伝承として理解できる。

さらに永禄三年（一五六〇）の桶狭間合戦でも、今川方は尾張国鯏浦の服部左京助と結び、大高城の海上補給や熱田湊の襲撃にあたらせた。(7) 武田氏が徳川氏と対峙する中で伊勢湾の海上勢力と提携した事例と相通じる事例である。

それでは、今川氏は伊勢海地域といかなる関係を形成していたのであろうか。今川義元が伊勢神宮宝前に捧げたという願文写によると、義元が「志摩国人」（＝志摩海賊）について、流通（「商旅」）や参宮（「参宮」）を妨げる存在であり、その「暴悪」を征討すべき対象と認識していたことを確認できる。(8) 今川氏領国と伊勢海地域の経済的・宗教的な交流に、伊勢海地域の海上軍事勢力が介在していたことを窺わせる表現であろう。但し、この願文に用いられた花押は、天文年間（一五三二〜五五）中期の義元花押を模写したものとされ、当該時期に今川氏が志摩国侵攻までを見据えていたのか、若干の疑問もある。あるいは、伊勢神宮が義元に仮託して作成した文書と捉えるべきかもしれない。

より確実な事例として、永禄十一年に駿府から紀伊国熊野に「御最花弐百拾貫文」を船で毎年届ける取決めがなされ、「新居渡并湊奉行中」が航海の保護などを要請されたことをあげるべきかもしれない。今川氏領国は同年に崩壊したものの、今川氏領国と伊勢湾周辺地域の間に相応の海上交流が形成されていた徴証となるだろう。また、天正年間（一五七三〜九二）には、伊勢国大湊の角屋七郎次郎が、今川氏真から茶器を預かっており、今川氏が伊勢湾最大の交易都市である大湊との関係を築いていたことも窺える。こうした今川氏と伊勢海地域の交渉は、太平洋海運を通じて形成・発展したはずである。

次いで今川氏領国の海上交通について確認すると、今川義元は永禄三年三月に中間藤次郎宛て判物において、領国の主要港湾として「清水湊・沼津・内浦・吉原・小河・石津湊・懸塚」の七ヶ所をあげている。また、この他にも、江尻・清見・蒲原に「船関」が設置されていたことも確認できる。

さらに遠江国内の浜名湖についても、明応七年（一四九八）の東海大地震と、これに伴って太平洋沿岸一帯に押し寄せた大津波のために海洋と繋がったとされ、山科言継（駿河国に下向）の日記によると、今切・新居から「海上一里余」で舞阪に至る「舟渡シ」がおこなわれるようになっていた。また、新居には関所も設置されており、中安氏がその運営に参加して、「関銭」の取得も認められていた。あるいは、中安氏も前述の「新居渡并湊奉行中」の一人であって、浜名湖周辺地域の土豪が伊勢湾方面との海上交通に介在した事例に該当するとも考えられる。

なお、今川氏領国が永禄末年に武田氏・徳川氏から挟撃されて崩壊していく最中にあって、今川氏真は遠江懸川城に退避して抗戦したが、今切で「関銭」を取得していた中安氏は今川方にとどまり、大沢氏・権太氏とともに、遠江堀江城に籠もって浜名湖で「海賊船」を運用していたことを確認できる。また、渡辺守綱（徳川方。後に尾張徳川氏重臣）の覚書によると、やはり懸川合戦に際し、今川方の「舟勢」が懸塚湊に着岸したとされる。今川方の「海賊船」

は、主家没落の間際にも浜名湖や遠州灘で活動し、氏真の懸川籠城を外部から支えていたことになる。

また、三河国渥美郡の赤羽根にも、田原戸田氏の時代から関所が設置されており[17]、永禄年間に岡崎松平氏（徳川氏）が田原城を攻撃すると、今川方は赤羽根まで物資を廻漕して、同所から田原城に搬入するルートを構築した模様であり、岡崎方はその切断を試みた[18]。今川氏が海事支配を基礎にして、海上軍事体制を運営した一例と考えられる。

## 二　武田氏の駿河支配と海上軍事

### 1　境目地域の海上軍事

永禄末年に今川氏が没落した後、その領国は武田氏・北条氏・徳川氏によって分割された。かつて義元があげた主要港湾七ヶ所のうち、東駿河の内浦（北条方）と遠江国内の懸塚（徳川方）を除き、駿河国内の五港湾は、武田方の支配下に組み込まれた。著者が想定する海賊衆知行地の三ブロックと照合させると、清水は①駿河国中央部、沼津・吉原は③駿河国東部、小河・石津は②駿河国西部に属す。また、領国各地の「城々」を海賊衆の活動拠点とする体制は、武田氏も踏襲し、より鮮明化しており、①では久能山城と江尻城、②では用宗城、③では沼津城が、海賊衆の拠点として機能した。但し、用宗城に関しては、対徳川氏を意識した②地域でも東部に隔たっており、遠江東南部に取り立てられた相良城・滝境城も海上軍事の拠点に含めるべきかもしれない。

但し、これらの城郭は、今川氏の海上軍事を支えた「城々」とかならずしも同義ではない[19]。久能山城については、武田氏海賊衆の形成が始まった永禄十二年（一五六九）から海賊土屋氏の在城を確認できるが、江尻城の成立は永禄十三年のことであり[20]、用宗城についても、武田氏の一次史料における初見は天正三年（一五七五）である[21]。沼津城に至っては、天正七年以降に成立したものである。今川氏の海上軍事における「城々」と、武田氏の海上軍事における「城々」は一致していないことになる。

とくに用宗城と沼津城は、武田氏特有の軍事的要請から、海上軍事の拠点として位置付けられたことが明確である。

【用宗城】天正七年に徳川方から攻撃され、駿河先方衆の三浦義鏡や海賊衆の向井正重が戦没したことで知られている。[22]時期を遡ってみると、天正三年の長篠合戦の後、徳川家康が遠江・駿河方面に侵攻した際、三浦義鏡や依田駿河守(信濃依田氏の一族か)とともに、海賊衆の小浜景隆・向井正重が用宗城に入城していたことを確認できる。[23]用宗城が取り立てられた西駿河には、今川氏時代から有力港湾と位置付けられていた小河・石津が存在しており、小浜・向井両氏も小河で知行地を得ていたが、[24]小河は徳川氏の攻勢に対処する拠点として不適当だった。そこで、武田氏は対徳川氏戦争に参加する海賊衆に小河湊を共用させつつ、徳川方が攻勢に出た場合は、用宗城に退避させる体制を採用していたと理解することもできる。また、用宗城は船溜(駿河湾に注ぐ小坂川を利用)を備えたとされ、[25]『家忠日記』も用宗を一貫して「持舟」「持船」などと表記する。[26]徳川方においても、用宗城は海上軍事の拠点として認識されていた模様である。

【沼津城】甲相同盟が破綻する天正七年以降に新たに取り立てられた城郭である。[27]沼津は今川氏時代から主要港湾の一つに数えられており、用宗城と比較して、より密接に城郭と重要港湾を結合させようと意識しての築城とみられる。天正八年以降、武田氏海賊衆は伊豆方面でたびたび北条方と交戦し、その攻撃は伊豆半島南部にまで及んだが、[28]これは清水・江尻から直接渡海したのではなく、沼津城を拠点としての軍事行動であろう。後の天正壬午の乱において、徳川氏が海賊衆に沼津城への「船入」を指示したように、[29]沼津城は船舶の収容機能を備えた城郭だったのである。但し、用宗城とは違い、海賊衆を積極的に敵勢力圏へ出撃させるための拠点と考えられる。

このように、用宗城は対徳川氏戦争、沼津城は対北条氏戦争を遂行するために整備された城郭であり、天正十年の武田氏滅亡に際し、用宗城は徳川氏、沼津城は北条氏によって攻略された。但し、その後も両拠点は徳川氏のもとで機能した。

用宗城については、城郭としての存続こそ確認できないものの、『家忠日記』によると、天正十六年の駿府城普請において、兵糧が相良から用宗に船で届けられた事例、材木が用宗から駿府に搬入された事例を確認できる(30)。徳川氏支配下の用宗は、水上交通の中継拠点として利用されていたのである。

また、沼津城の方は、北条氏から徳川氏に引き渡され、松井松平氏（忠次・康次父子）を城代とする河東地域の支配拠点となった(31)。天正壬午の乱に際して、徳川氏は海賊衆の間宮氏などに沼津入城を指示し、北条氏の海賊衆に対抗させており(32)、武田氏時代と同じく、沼津城は北条氏に対する海上軍事の拠点としても運用されていた。

徳川氏が遠江・駿河両国を領有するという状況から、用宗は水上交通の中継拠点となり、沼津は引き続き北条氏領国との境目を防衛する城郭として維持されたのである。

## 2　清水・江尻と久能山城

ここまで境目地域の海上軍事を検討してきたが、海事支配においては、むしろ駿河国中央部の清水・江尻こそがより重要であろう。海賊衆の小浜景隆・土屋杢左衛門は、清水・江尻に屋敷を与えられており(33)、とくに小浜景隆は、伊勢方面から清水に来航する船二艘の諸役を免除され、さらに陸上でも一ヶ月に馬三疋分の諸役免許を認められていた。

〔史料1〕天正八年十二月七日付・武田家朱印状（「小浜家文書」『戦武』三四五四号）

定

従勢州至清水浦着岸之船二艘、諸役被成御赦免之由、被　仰出者也、仍如件、

天正八年庚辰　　土屋右衛門尉（昌恒）

十二月七日（竜朱印）　　奉之

小浜伊勢守（景隆）殿

〔史料2〕元亀三年五月二十一日付・武田家朱印状（「小浜家文書」『戦武』一八九九号）

定

向後海上之奉公別而可相勤之由、言上候之間、一月ニ馬参疋、御分国中諸役御免許候者也、仍如件、

元亀三年壬申　　土屋右衛門尉（昌続）奉之

五月廿一日（竜朱印）

小浜民部左衛門尉（景隆）殿

史料1は、小浜景隆が「伊勢守」を称する初見文書であり、天正八年の一連の海戦で北条氏海賊衆を圧倒したことに対する恩賞として、受領名と海上交易上の特権を授与されたものと考えられる。これ以前は諸役を賦課されつつ、伊勢・駿河両国の間で廻船を運用していたのであろう。また、史料2は未だ「海上之奉公」を開始していない段階の文書であって、小浜景隆が駿河渡海の直後から商業活動を展開していたことが窺える。史料1・2の内容を整合させると、伊勢方面から清水に回漕した積荷を揚陸したうえで、武田氏分国の各地に流通させ、相応の収益をあげていた状況が想定される。

また、駿河先方衆の岡部正綱は、天正四年八月に「清水之船拾四艘」の役銭を免許されており[34]、清水で海賊衆や駿河国人が海上権益を取得していたことを確認できる。前述したように、慶長年間の伝承でも、今川氏は伊勢海地域から招いた海賊を清水に配置したとされ、今川氏・武田氏のもとで、清水(巴川対岸に位置する江尻も)は伊勢海地域との海上交通の要地として機能していたと考えられる。

但し、駿河国中央部にて、武田氏が海上軍事の中枢とした拠点は、清水・江尻に久能山城も含めるべきとも考えられる。永禄末年の段階から海賊衆として活動していた土屋杢左衛門は、清水・江尻に屋敷を有しながら、久能山城の在城衆に参加していたのである[35]。海賊衆の在城拠点としての成立は、用宗・沼津両城よりも先行していたことになる。

武田氏の第一次駿河国出兵は、今川氏を救援しようとする北条氏の参戦を招き、信玄は永禄十二年四月に駿河国から一時撤退したものの、久能山城・興津城を確保することで[36]、駿河国経略の維持をはかった。久能山・興津の両城によって、清水・江尻の両湊を挟み込む形となっており、劣勢にあっても、駿河湾海上交通の心臓部は掌握しておこうとする武田方の姿勢が窺える。その後、戦況が好転するとともに、武田氏は江尻城を築いて海賊衆の拠点としたが[37]、久能山城は依然として維持された。興津城に代わって江尻城を取り立て、久能山城と組み合わせることで、清水・江尻のより確実な支配をはかったものと考えられる。つまり、久能山・興津体制から久能山・江尻体制に移行するという展開であって、久能山を一貫して駿河国経略の最重要拠点と位置付けていたと評価することもできる。

平山優氏によると、武田氏の駿河国支配は、久能山城の今福長閑斎・虎孝父子が駿河郡司として、河東を除く駿河国全域の支配を主導する体制だったとされる[38]。『寛政重修諸家譜』によると、後述するように、徳川氏は武田氏滅亡時に久能山城の今福氏を攻撃するにあたり、武田方の海賊だった間宮信高の協力を得たと伝えられる[39]。間宮信高は三河国渥美郡の海賊と推測され、久能山城が三河方面の海上勢力とも関係を有していたことを示唆する伝承だろう。武田氏の海上軍事体制において、久能山城は西駿河の用宗城や東駿河の沼津城よりもさらに中軸に近い位置を占めていたのではないだろうか。

### 3　徳川方との対峙

ところで、武田氏領国と伊勢海域の交流について考える場合、三河・遠江両国を支配する徳川氏領国の存在が障害になるのではないかという疑問も浮上する。『当代記』によると、天正二年(一五七四)二月に鉄砲を多数搭載した大型の「兵糧船」が遠江国今切に出現し、徳川方が抑留のために繰り出した小船を撃破した後に姿を消すという事件が起きている(40)。今川氏の没落を経て、今切が徳川氏の支配下に置かれると、徳川氏も今川氏の海事支配をある程度踏襲して、今切に船関としての役割を付与していたことを確認できるとともに、徳川氏が駿河湾・伊勢湾両海域の海上交通を満足に妨害できていなかったことも窺える挿話である。瀬戸内地域と違い、東海地域においては、海上交通を扼する島嶼帯が存在せず、徳川方にとって駿河湾・伊勢湾の連絡を遮断することは困難だったのであろう。

さらに渥美半島西端には、畠村の間宮武兵衛・造酒丞のように、武田方に与同する海上勢力が存在し(41)、武田氏領国と伊勢海地域の連絡を中継・維持していたと考えられる。畠村は永禄年間まで田原戸田氏の所領と認識されており(42)、畠間宮氏も本来は田原戸田氏に従属していたはずである。田原戸田氏は天文年間に今川氏の三河国侵攻に屈し、勢力を縮小・分裂させており、徳川氏は三河国平定の過程で二連木戸田氏(康長など)・大津戸田氏(忠次など)を服属させていたが、畠間宮氏は武田氏と結んで徳川氏の渥美郡支配に抵抗したのであろう。元亀三年(一五七二)に武田氏が三河田原城を海賊に襲撃させる計画を立てたように(43)、渥美半島に武田方の海上勢力が存在したことは確実である。このように、領国外部の海上勢力とも結ぶ海上軍事のあり方は、今川氏が永禄三年の尾張国侵攻にあたって、河内郡で

「武者舟千艘」を擁した服部左京助と提携した事例とも共通している。[44]

なお、徳川氏は天正初年頃から大湊の角屋七郎次郎と友誼を結び、[45]天正六年頃に九鬼嘉隆（織田信長・北畠信雄父子のもとで志摩海賊を統括）と音信を重ねるなど、[46]伊勢海地域の海上勢力と相応の交流を有したものの、伊勢海賊の軍事編成は天正十年以降まで本格化しなかった。また、天正四年に相良沖海戦で武田方海賊衆に敗死した中島重次も、[47]尾張織田家中から徳川家中に出向した経緯があり、織田氏との同盟によって、ようやく小規模な海上軍事力を編成しえたものと考えられる。徳川氏も三河・遠江両国の諸港湾を支配下に組み込んでいたが、旧今川氏領国の主要港湾（清水など）は武田方に確保されており、伊勢海賊に対して、武田氏ほどの吸引力を持ちえなかったとも理解できる。

また、田原戸田氏が赤羽根関所で「道者」「順礼」にも関銭を課税したように、[48]太平洋海運の隆盛には、信仰活動によって牽引される側面も見出され、沿岸地域に相応の利潤を齎していた。とくに伊勢国が伊勢神宮、駿河国が富士山という巨大な信仰圏を擁しており、伊勢湾・駿河湾の双方向的な海上交通を活発化する方向に作用したであろうことも、徳川氏が両海域の連絡を遮断しえなかった一因として数えるべきではないだろうか。

徳川氏の海賊衆編成が軌道に乗るのは、武田氏滅亡によって旧今川氏領国を統合させた後であり、武田氏海賊衆の小浜氏・向井氏・間宮氏を重用して、小牧陣では伊勢湾に出動させるとともに、知多半島の千賀氏（大野佐治氏配下）を従属させるなど、伊勢海地域の海上勢力を誘致するのみならず、同地域に勢力を扶植していくことになる。[49]

## 三　駿河岡部一族の動向

### 1　海賊衆の編成と岡部一族

武田氏の招聘に応じて伊勢湾地域から駿河湾地域に渡海した海上勢力のうち、小浜景隆と向井正重については、交渉に関する文書を見出すことができる。

〔史料3〕元亀二年十一月二十日付・武田信玄判物（「小浜家文書」『戦武』一七四八号）

　定

為海賊之用所、自勢州可参之旨、申人所望之所、一々合点、就中知行方不可有相違候、同者急速ニ渡海候様、可申遣者也、仍如件、

　元亀二年辛未

　　十一月廿日　　信玄（武田）（花押）

　　　土屋豊前守（貞綱）殿

〔史料4〕元亀三年二月六日付・武田家朱印状写（「清和源氏向系図」『戦武』一七八九号）

　定

向（向井正重）助兵衛尉早々令参上ハ、被宛行知行等、海賊之儀可被仰付者也、仍如件、

元亀壬申（三年）　　山県三郎兵衛（昌景）奉之

二月六日　信玄朱印

朝比奈五郎兵衛殿（岡部元信カ）

小浜景隆の場合は土屋貞綱、向井正重の場合は朝比奈五郎兵衛と、両事例とも仲介者の存在が確認される。また、史料3は「小浜家文書」として現在に伝わり、史料4は「清和源氏向系図」に写が収録されており、いずれも仲介人（土屋貞綱・朝比奈五郎兵衛）から小浜景隆・向井正重に送付されたものと考えられる。

仲介人のうち、土屋貞綱は駿河岡部氏の一族であり、「信玄公御代惣人数事」によると、自身も武田氏海賊衆に加えられ、「土屋」の名字と「豊前守」の受領名を賜わった経緯がある。また、土屋昌続（信玄側近）の弟昌恒を養子としたように[50]、武田家中の権力中枢と親近な関係を構築していた。

次に朝比奈五郎兵衛については、史料4でしか確認できない人物である。過度の憶断は避けるべきだが、史料4が「向系図」に写として伝わっていることを考慮すると、向井氏による作為を経た可能性も想定できる。

そこで「五郎兵衛」という通称に着目すると、岡部元信が「五郎兵衛」を通称としていたことに気付かされる。つまり、「朝比奈五郎兵衛」＝岡部元信であり、江戸時代の向井氏は史料4を系図に収載するにあたって、「岡部五郎兵衛」の名字を「朝比奈」に改めたのではないだろうか。

「清和源氏向系図」は、天正三年（一五七五）に徳川氏との戦いで受給した武田勝頼感状について、対北条氏戦争の関連文書に比定したように、徳川氏との敵対関係を糊塗しようとする傾向が見受けられる[51]。武田氏滅亡の後、向井氏は徳川氏に仕えてその海賊衆に加わり、殊に十七世紀に入ると、徳川将軍家に直属する船手頭（海上軍事の統括者）として権勢を伸張させていった。向井氏はこのように徳川権力に密着する立場から、かつて武田氏の海賊衆として、元亀・天正年間に徳川方と交戦を重ねた経緯に問題を感じた模様である。岡部元信についても、武田氏から厚遇されて対徳川氏戦争の前線に立ち、天正九年に徳川方に攻囲された高天神城で討死しており、その元信に仲介されて、武田氏の海賊衆に参加した事実を否定しようとする意識が作用したものと推察される(52)。

このように、伊勢海賊の小浜景隆・向井正重が、ともに岡部一族から駿河国渡海を打診されたことは、武田氏の海上軍事体制において、岡部一族が大きな役割を果たしていた構図を浮彫りにさせる。岡部元信については、今川氏や武田氏の海賊衆ではなかったものの、天正二年七月に「船壱艘」と「船方六人」の諸役免許を受けたように(53)、海上交易に関わっており、貞綱などと同じく海賊衆編成に参与する条件を具備していたのであろう。

ところで、武田氏海賊衆のうち、伊丹康直も岡部久綱（正綱の父）の女婿であったと伝えられる(54)。伊丹康直は今川氏旧臣とされるが、今川氏海賊衆としての活動は一次史料で確認できず、武田氏時代から海賊衆に編入されたものと考えられる。駿河湾地域のどの勢力が海賊衆に起用されるかも、岡部一族との関係が少なからず作用していたのではないだろうか。なお、江戸初期の伊丹氏関連史料には、康直の履歴について、今川氏・徳川氏のもとで海賊衆に編入されたと記しつつ、武田氏との関係を否定したものもある（「金戒光明寺建塔記」(55)）。無論、これは一次史料から明らかに乖離した作為である。伊丹康直の子息康勝は、徳川秀忠から側近として重用されたが、向井氏と同じく、伊丹氏も徳川権力との親近性から、戦国期に徳川氏と敵対する陣営に属した事実の扱いに苦慮していたことが窺える。

## 2　武田氏の海上軍事と岡部元信

武田氏時代の岡部元信は、岡部一族惣領職の格式を得ており(56)、武田氏の海上軍事についても、向井正重の招致にとどまらず、より重要な位置を占めていたと考えられる。元信は天正年間に武田氏から駿河・遠江両国で約二〇〇〇貫文の知行を加増されたが(57)、今川氏時代にも、桶狭間合戦直後に刈谷水野氏を討滅した功績などで「駿・遠両国内知行勝間田并桐山・内田・北矢部内、被官給恩分等」を還付されており(58)、もともと駿河・遠江両国に所領を有していた模様である。還付地のうち、勝間田は最初にあげられており、武田氏時代にも勝間田地域の四郷（大沼・布施・麻生・三栗）で加増されたことから、元信にとっては、とくに重要な所領であったとみられる。この勝間田は、遠江国内陸部に位置するものの、勝間田川下流には河崎湊が存在し、小山城・滝堺城のほぼ中間に位置していた。

また、徳川氏奉行人の長谷川吉広は、天正二年（一五八四）に高天神城が武田方に帰順した直後に、徳川方から離反しており、以後は武田氏奉行人として活動するようになった。おそらくは駿河・遠江両国の地勢などに通暁した人物であり、徳川氏・武田氏はこうした存在を実務層に登用し、領国支配を展開していたものと考えられる。この長谷川吉広は、武田方帰属にあたって、勝間田で所領を与えられ、船一艘の諸役を免許されている[59]。勝間田地域は河崎湊を太平洋海運との結節点にしており、岡部元信や長谷川吉広は、勝間田・河崎ラインを拠点として、海上交易を営んでいたのであろう。

さらに岡部元信が武田氏のもとで小山城の守将に起用されたこと、さらに高天神城の守将に転じ、同城が徳川方の攻勢によって窮地に陥ると、徳川方に高天神・小山・滝堺の割譲を打診したことなど[60]は、岡部元信が勝間田・河崎ラインを中心として、東遠江沿岸部に大きな影響力を有していた証左とも理解できる。とくに高天神城については、菊川入江によって海上と通じていた可能性が指摘されており[61]、岡部元信の高天神入城は、海上交通や海賊衆編成に関わってきた経緯からも説明できるかもしれない。

なお、応安二年（一三六九）の「大方等大集月蔵経[62]」によると、助縁者の中に「遠州西島郷并河崎各衆」が確認され[63]、河崎は大井川下流の西島と密接な関係にあったという推測も提示しうる。この西島は向井氏の有力な知行地であり、向井氏の武田氏帰属を周旋した「朝比奈五郎兵衛」を岡部元信の意図的な誤写とする推測が正しければ、向井氏の西島拝領は、勝間田が岡部元信の重要拠点であったことと無関係ではないと考えられる。

また、岡部元信が駿河国内で取得していた知行地についても、北矢部・岡清水には海賊衆土屋杢左衛門の知行地が設定され(64)、石田にも、海賊衆三輪与兵衛の知行地が設定されていた(65)。北矢部・岡清水は駿河中央部の巴川流域、石田は東駿河の黄瀬川流域に位置するが、武田氏海賊衆の知行地は、①駿河国中央部、②西駿河・東遠江、③東駿河に三分しており、岡部元信の知行地も、この分類とある程度合致する。つまり、①の北矢部・岡清水、②の勝間田、③の石田である。岡部元信の所領は、勝間田・河崎ラインを中心としつつも、武田氏の海上軍事体制全体に関与しうる構造だったのである。岡部一族惣領職という格式も、武田氏の海上軍事において、相応の意味を帯びていたのかもしれない。

岡部元信が高天神城で討死した後、岡部一族で最有力の存在となったのは岡部正綱であり、武田氏滅亡後は徳川氏に帰順し、甲斐・信濃両国の経略に寄与した(66)。そして、天正十一年正月には、旧武田氏海賊衆の小浜景隆・間宮信高が、岡部正綱の「手先」に派遣され、ともに甲府の「留守」にあたるよう命じられている(67)。武田氏時代の岡部元信と同様に、岡部正綱も徳川氏から海上軍事の運営に関わるべき立場を付与されていた証左となりうるだろう。また、天正十二年の小牧陣にて、小浜景隆・間宮信高は海上戦で九鬼嘉隆(志摩海賊を統率)に対抗しうる存在として織田信雄から期待されたが(68)、系図上は正綱嫡子とされる岡部長盛も尾張国津島に在陣し、蟹江合戦(九鬼嘉隆が滝川一益と結んで尾張国南部に上陸するも、徳川方の反撃によって敗退)に参戦して九鬼勢の船舶を奪取したと伝えられる(70)。武田氏滅亡の後も、岡部氏と海賊衆の関係はある程度維持されていたことになる(71)。

## おわりに

本章は、武田氏の海上軍事について、先行して東海地域を支配した今川氏、及び今川氏領国を武田氏と分割した徳川氏の海上軍事との関連性から検証しようとしたものである。

今川氏は太平洋海運に依拠して、駿河・遠江・三河の三ヶ国に及ぶ海上軍事体制を構築し、伊勢海地域の海上勢力とも接触したが、今川氏が衰亡すると、その領国と同じく、諸港湾も武田氏・徳川氏によって分割された。

本来、内陸部で領国を形成してきた武田氏にとって、駿河国に海上軍事体制を創出することは困難な課題だったと思われるが、比較的短期間で海賊衆を編成している。一方の徳川氏は、対武田氏戦争の中で十分な海上軍事力を確保できず、武田氏滅亡の後、旧今川氏領国（駿河国・遠江国・三河国）を統合する段階に至って、ようやく海上軍事を本格的に運営できるようになった。東海地域で海上軍事の基盤となる太平洋海運は、伊勢神宮・富士山という二大信仰圏に依拠する一面を有しており、武田氏は富士山周辺を領国化し、かつ駿河湾の諸港湾を支配下に置いていたことから、海上勢力に対して、徳川氏よりも優勢な吸引力を持ちえたものと考えられる。

このように、武田氏の海上軍事は、駿河湾地域の支配、とくに清水・江尻の掌握に依拠するところが大きく、今川氏からの連続性もある程度見出せる。但し、こうした事象は、武田氏が今川氏の海上軍事を模倣したことを意味しない。今川氏と武田氏とでは、海上軍事を担う諸勢力の構成が異なっている。さらに武田氏の海上軍事における「城々」は、かならずしも今川氏時代から存在した拠点を接収・運用したものではなく、あくまで武田氏をめぐる軍事情勢から設定されていた。同じ駿河湾地域で海上軍事体制を構築しようとすると、相応に共通性が生じるということだろう。

また、武田氏の海賊衆編成は、①伊勢海賊（小浜景隆・向井正重など）の誘致、②駿河国人（土屋貞綱・伊丹康直など）の動員を二本の柱としており、その両面で駿河岡部一族に大きく依存した。岡部一族は今川家中の有力氏族であり、海上交通にも関わっていたが、今川氏時代に海上軍事の運営で重きをなしていたわけではない。武田氏の駿河領国化という状況の中で、武田氏から惣領職に引き立てられた元信を中心として海上軍事に参与するようになったのである。

戦国大名による征服地の領国化とは、対象地域に存在した諸状況に適応しつつ、その大名独自のシステムを構築していく過程だろう。武田氏の場合は、駿河湾地域に海上軍事を創出していくうえで、岡部氏を太平洋海運と接続（伊勢海賊との交渉など）する媒介に位置付けたことになる。

註

（1）村井益男「水軍についての覚書」（『日本大学文学部研究年報』Ⅰ、一九五二年）、柴辻俊六「武田氏の海賊衆」（同『戦国大名領の研究』名著出版、一九八一年）、小和田哲男「武田水軍と駿河の海賊城」（佐藤八郎先生頌寿記念論文集刊行会『戦国大名武田氏』名著出版、一九九一年）、鴨川達夫「武田氏の海賊衆小浜景隆」（萩原三男・笹本正治編『定本・武田信玄』高志書院、二〇〇二年）など。
（2）『甲陽軍鑑大成』第一巻本文篇上（汲古書院）。
（3）永原慶二「伊勢・紀伊の海賊商人と戦国大名」（同『戦国期の政治経済構造』岩波書店、一九九七年）、綿貫友子「戦国期東国の太平洋海運」（同『中世東国の太平洋海運』東京大学出版会、一九九八年）。
（4）「天宮神社文書」（『戦今』一八七一号）。
（5）大石泰史「興津氏に関する基礎的考察」（所理喜夫編『戦国大名から将軍権力へ』吉川弘文館、二〇〇〇年）。
（6）『本光国師日記』（続群書類従完成会）慶長十八年三月二十三日条所収三月十日付・江浄寺書状写。
（7）「信長公記　首巻」（『愛資11』六三号）。
（8）「神宮文庫所蔵文書」（『戦今』一五二七号）。
（9）「熊野夫須美神社文書」（『戦今』二一六九号）。

(10)「神宮徴古館所蔵文書」(『三重県史 資料編中世2別冊』角屋関係資料⑷六)。
(11)「寺尾文書」(『戦今』一五〇一号)。
(12)「旧浅間神社社家大井文書」(『戦今』二一八〇号)。
(13)『言継卿記』(続群書類従完成会)弘治二年九月二十日条。
(14)「中村文書」(『戦今』一九三一号)。
(15)「大沢文書」(『戦今』二一八七号)。
(16)「渡辺忠右衛門覚書」(蓬左文庫所蔵)。
(17)「東観音寺文書」(『戦今』五四九・五五〇号)。
(18)「譜牒餘録巻三三」(『愛資11』三七八号)。
(19)「早稲田大学荻野研究室所蔵文書」(『戦武』一四九六号)。
(20)「高山吉重氏所蔵文書」(『戦武』一五一五号)。
(21)「清和源氏向系図」(『戦武』二八一四号)、「浅羽本系図」(同三七〇四号)、「小浜家文書」(同三七〇五号)、「河内領古文書」(同三七〇七号)によって、用宗在城衆に対する感状の一斉頒布を確認できる。
(22)『家忠日記』天正七年九月十九日条、「伊勢国度会郡古文書一」(『戦武』三一七八号)、「須山渡辺家文書」(同三一八九号)。
(23)註(21)前掲。
(24)「小浜家文書」(『戦武』二一八四号)、「伊勢国度会郡古文書一」(註(22)前掲)。
(25)小和田註(1)前掲論文。

(26)『家忠日記』天正七年九月十九日条、同八年五月五日条、同十年二月二十一・二十三・二十七・二十九日条、同十六年三月二十・二十九日条。
(27)「渡辺文書」（『戦北』二〇九九号）。
(28)「小浜家文書」（『戦武』三三七二号）。
(29)「角屋文書」（『静岡県史　資料編8中世四』二二四三号）。
(30)『家忠日記』天正十六年三月二十・二十九日条。
(31)柴裕之「徳川氏の駿河河東二郡支配と松井忠次」（同『戦国織豊期大名徳川氏の領国支配』岩田書院、二〇一四年、初出二〇〇一・二〇〇三年）。
(32)「角屋文書」（註(29)前掲）。
(33)「早稲田大学荻野研究室所蔵文書」（註(19)前掲）、「小浜家文書」（『戦国遺文　武田氏編』二〇〇四号）。
(34)「岸和田藩志」（『戦武』二七一〇号）。
(35)「早稲田大学荻野研究室所蔵文書」（註(19)前掲）。
(36)「駿河国新風土記巻一九」（『戦武』一三九六号）、「森田家文書」（同一三九七号）。
(37)「高山吉重氏所蔵文書」（註(20)前掲）。
(38)平山優「戦国大名武田氏の駿河支配に関する一考察―久能城主今福長閑斎を中心として―」（磯貝正義先生追悼論文集刊行会編『戦国大名武田氏と甲斐の中世』岩田書院、二〇一一年）。
(39)『寛政譜』間宮信高譜。「二俣の城主今福浄閑」との誤記もあるが、「二俣」を「久能山」、「浄閑」（天正九年に死去）を「丹波守」（虎孝）に置換すれば、参考に足る記事であろう。

(40)『当代記』天正二年二月条。
(41) 武田氏海賊衆の間宮氏について、『甲陽軍鑑』は武兵衛・造酒丞の二人を記載する。『寛永諸家系図伝』では、造酒丞の実名を「信高」と記し、北条家中(玉縄衆)の間宮康俊の一子として設定しながら、武兵衛の存在は漏らしている。『士林泝洄』(名古屋市教育委員会)の間宮氏系図は、武兵衛(実名は「直信」)・造酒丞(実名は「信高」)を兄弟として記載するも、その父親は間宮康俊ではなく、今川氏に服属したという権大夫信盛に比定する。また、同系図によると、武兵衛・造酒丞の兄として権大夫直綱がいて、三河国渥美郡畠村に居住していたという(子孫は尾張徳川氏家臣)。この記事を信じるならば、武兵衛・造酒丞は「畠間宮氏」と称すべき一族に属したことになる。両人のうち、造酒丞は武田氏滅亡後に徳川氏海賊衆に参加し、その子孫は旗本として続いており、造酒丞のみが間宮康俊の家系と接続されたのであろう。三河国の出身でありながら、徳川氏ではなく武田氏に与した経緯を糊塗するための作為とも考えられる。
(42)「譜牒餘録巻四〇」(『愛資11』二一二号)。
(43)「松平奥平家古文書写」(『戦武』一九九五号)。
(44)「信長公記　首巻」(註(7)前掲)。
(45)「大湊古文書」(『三重県史資料編　中世2』八八—一三)。
(46)「九鬼文書」(中村孝也『新訂徳川家康文書の研究』日本学術振興会、上巻二四七頁)。
(47)『寛永伝』中島某(重次)伝。
(48)「東観音寺文書」(註(17)前掲)。
(49) 本書第四章・第五章を参照のこと。
(50)『寛永伝』土屋昌伝。

(51) 江戸時代の向井氏は、戦国期・江戸初期の文書を多数所蔵していたものの、徳川将軍家の求めに応じて提出した書上(『譜牒餘録』『記録御用所本古文書』)には、徳川氏から受給した文書のみを収載している。書上の作成にあたり、所蔵文書の取捨選択がなされたことが窺える。

(52) あるいは、岡部氏が朝比奈氏と同じく今川家中の大氏族だったことから、江戸時代の向井氏が名字を誤認した可能性も考えられる。

(53) 「岡部長武氏所蔵文書」(『戦武』二三〇三号)。

(54) 『寛政譜』伊丹康直譜。

(55) 「金戒光明寺文書」三六(『京都浄土宗寺院文書』同朋舎出版)。

(56) 「岡部長武氏所蔵文書」(『戦武』二二二二号)。

(57) 「土佐国蠧簡集残篇」(『戦武』二二七七・二七六六号)。

(58) 「岡部文書」(『戦今』一五四四号)。

(59) 「野村家文書」(『戦武』二三〇二号)。

(60) 「下総結城水野家文書」(『愛資11』一四二二号)。

(61) 土屋比都司「高天神攻城戦と城郭―天正期徳川氏の付城を中心に―」(『中世城郭研究』第二三号、二〇〇九年)。

(62) 「岩崎文庫」(『静岡県史　資料編8中世四付録1』一一一号)。

(63) 「伊勢国度会郡古文書一」(註(22)前掲)。

(64) 「早稲田大学荻野研究室所蔵文書」(註(19)前掲)。

(65) 「判物証文写武田」(『戦武』一六二五号)。

（66）柴裕之「岡部正綱の政治的位置」（『野田市史研究』第一四号、二〇〇三年）、平山優『天正壬午の乱』（学研パブリッシング、二〇一一年）。
（67）『記録御用所本古文書』（東京堂出版）一一〇三号。
（68）「小浜家文書」（『愛資12』八二二号）。
（69）近年の研究では、岡部正綱の正統な後継者は康綱であり、長盛は康綱夭折後に次郎右衛門家を継いだことが明らかとなっている。前田利久「今川義元関係系図集」（小和田哲男編『今川義元のすべて』新人物往来社、一九九四年）、同「今川家旧臣の再仕官」（静岡県地域史研究会編『戦国期静岡の研究』清文堂、二〇〇一年）、平野明夫「岡部氏の歴史―岡部氏関係史料集解題―」（『野田市史　資料編中世2』二〇〇二年）、大石泰史「岡部氏に関する基礎的考察―関東入部以前の岡部氏について―」『野田市史研究』一九九七年）、柴註（66）前掲論文などを参照のこと。
（70）『野田市史　資料編中世2』八三～一〇一号に関係史料がまとめられている。なお、岡部長盛は長久手合戦でも先陣に加わったとされるが、康綱・長盛を別人とすれば、小牧陣における長盛の戦歴とは、康綱・長盛両人の事績を複合させたもの（長久手合戦―康綱、蟹江合戦―長盛など）だったとも考えられる。
（71）岡部長盛については、五郎兵衛家（親綱・元信など）から次郎右衛門家（久綱・正綱など）に養子入りした可能性も指摘されている（大石註（69）前掲論文）。長盛が五郎兵衛家の出身だとすれば、対徳川氏戦争における元信と、対羽柴氏戦争における長盛が、ともに沿岸地域に配置されたことを説明する因子となりうる。

# 付論　武田氏海賊衆における向井氏の動向

## はじめに

武田氏海賊衆の向井氏は、もとは伊勢国田丸の出身と伝えられ、元亀・天正年間に武田氏の海賊衆として活動した。武田氏滅亡後は徳川氏の海賊衆に転じて、さらに江戸時代には徳川将軍家のもとで船手頭をつとめ、将軍家直轄の海上軍事力を統括したことでも知られる。

このように、向井氏は戦国時代から江戸時代にかけて、長期に亘って海上活動を展開した注目すべき海賊であり、すでに若干の論考が発表されている(1)。しかし、それらの研究においては、徳川氏海賊衆に転じて以降、とくに十七世紀以降の諸活動に関心が向けられ、武田氏時代の動向は、史料不足から十分に検証されてこなかった。江戸時代の旗本向井氏に伝わっていた文書は、「譜牒餘録」「記録御用所本 古文書」に相当数が収録されているものの、これらの編纂物は武田氏時代の文書を欠いており、武田氏海賊衆としての動向を検証することが困難だったのである。

武田氏海賊衆の関連文書としては、むしろ「小浜家文書」がよく知られており、武田氏海賊衆に関する研究も、多分に「小浜家文書」の存在に規定され、小浜氏を主たる対象として推移してきた(2)。しかし、近年は『静岡県史 資料編』『戦国遺文 武田氏編』が刊行され、「小浜家文書」以外にも、武田氏海賊衆に関する文書を多数確認できる状況にある。これにより、戦国期の向井氏についても、「清和源氏向系図」「伊勢国度会郡古文書」「甲州古文書」などに数点の文書が収録されていたことが判明している。

今後、武田氏海賊衆の研究を深化させるには、「小浜家文書」に限らず、武田氏海賊衆に関する文書を積極的に検証することが課題となるはずである。そして、向井氏は武田氏海賊衆にあって、小浜氏に次ぐ点数の文書が確認され、小浜氏以外の事例として検証に足る海賊衆であると考えられる。本論においては、武田氏時代の向井氏に関する試論をおこない、かつ向井氏の海上活動が徳川氏時代に一層の発展をみせる前提を探ることにしたい。

## 一　武田氏海賊衆への参入

### 1　駿河国渡海の前後

向井氏は伊勢国の出身とされ、その確実な事績は、元亀三年(一五七二)二月頃の武田氏との交渉が初見となる。武田氏は対北条氏戦争が続く中、永禄十二年(一五六九)から駿河国で海賊衆を編成しており、元亀二年以降は伊勢海賊を駿河国に招き、海上軍事力の増強をはかっていたのである。

武田氏による伊勢海賊の招聘は、伊勢国・志摩国が永禄末年から織田氏の領国に組み込まれつつあった状況と関連していた。すなわち、同時期の伊勢海地域では、九鬼嘉隆が織田氏と結んで台頭しており、志摩国衆の小浜景隆などは九鬼氏との抗争に敗れ、伊勢海地域から退去して武田氏海賊衆に参加したのである(3)。また、『甲陽軍鑑』品第十七の「法性院信玄公御代惣人数事」には未記載であるが、天正九年(一五八一)三月の久料津合戦で小浜景隆に「随逐」し、武田勝頼から感状を受給した小野田筑後守も、九鬼嘉隆と抗争した志摩国衆の一人であった(4)。小浜氏・向井氏とほぼ同時期に武田氏の招聘に応じたとみるべきである。

もっとも、向井氏については伊勢在国時代の動向が明らかでなく、小浜氏・小野田氏のように、九鬼氏に逐われた海賊であったかは若干の疑問が残る。むしろ、武田氏帰属後になって、はじめて海上軍事活動をおこなうようになったのであろう。但し、これは伊勢時代の向井氏が海上活動と無縁だったという意味ではない。次に述べる脇氏の存在を鑑みるに、海賊衆になりうる技能を伊勢海地域で蓄積してきたものと考えられる。

元来、伊勢海賊の招致は武田氏のみの方策ではなく、今川氏もまた伊勢方面から海賊を募り、脇氏・相須氏・中西氏・浅沼氏を駿河国清水に駐留させたという(5)。『寛永諸家系図伝』は、向井氏の同心として脇源左衛門の名前を記しており、さらに脇氏を向井氏支流と位置付けている(6)。また、「清和源氏向系図」でも、配下として脇久助の名前が見出される(7)。過度の憶説は避けるべきだが、旧今川氏海賊衆の脇氏が、武田氏海賊衆にも加わり、親族たる向井氏に同心として附属されたと推測することもできる。さらに向井氏の駿河国渡海も、先行して伊勢国から招かれた親族の存在を前提に実現したのではないだろうか。無論、脇氏に関しても、伊勢海時代から海上軍事に関わってきたかは定かでない。あるいは、向井氏も脇氏も、交易などの海上活動を経験しており、そのノウハウが軍事に転用されたとみるべきかもしれない。少なくとも、今川氏・武田氏の海賊衆において、伊勢海域の海上勢力が重要な位置を占めただろうことは首肯できる。

ともかく、武田氏の向井氏招聘は、当初から海賊衆としての活動を想定したものだった。

〔史料1〕元亀三年二月六日付・武田家朱印状写（「清和源氏向系図」『戦武』一七八九号）

定

向助兵衛尉（向井正重）早々令参上ハ、被宛行知行等、海賊之儀可被仰付者也、仍如件、

元亀（三年）壬申　山県三郎兵衛（昌景）奉之

二月六日　信玄朱印

朝比奈五郎兵衛殿

このように、武田氏は朝比奈五郎兵衛を介して向井正重に出仕を求め、「海賊之儀」にあたらせようとした。同じく伊勢海地域の志摩国から渡海した小浜景隆も、元亀二年十一月に岡部(土屋)貞綱を通じて、武田氏から「海賊之用所」のために駿河渡海を求められていた(8)。武田氏は駿河朝比奈氏や駿河岡部氏を媒介として、伊勢方面の海上勢力に働きかけ、海賊衆の陣容を充実させていったのである。

なお、朝比奈五郎兵衛については、他に所見を欠くものの、岡部貞綱は武田氏海賊衆の一人であり、駿河岡部氏と同じく、駿河朝比奈氏においても、武田氏から海賊衆として用いられる一族が存在したと考えることもできる(9)。武田氏はまず駿河国内で「海賊之儀」「海賊之用所」にあたりうる諸氏によって海賊衆を編成し、こうした諸氏が培ってきた海上交流を用いて、駿河国外の海上勢力も海上軍事体制に組み込んだのであろう。

向井正重の駿河渡海は元亀三年中に実現し、同年九月には次の朱印状を受給した。

〔史料2〕元亀三年九月二日付・武田家朱印状写(「甲州古文書」『戦武』一九四四号)

定

一朝比奈谷(益頭郡)　　一葉梨谷(志太郡)

一瀬戸谷(志太郡)　　一大津伊目谷(志太郡)

一大井河　　一三輪之森(志太郡)

一高柳之森(志太郡)　　一花沢山(益頭郡)

以上

於右郷中、今度一往林藪相当ニ可剪竹木、不可有強儀候旨、被仰出候者也、仍如件、

元亀三年壬申　　　　　山県三郎（昌景）左（ママ）兵衛尉

九月二日◯（竜朱印）　　　　　奉之

向伊賀守殿（向井正重）

駿河国内の八ヶ所で竹木伐採を認可した文書であり、軍用船の建造・艤装に関する資材を向井氏に確保させるために発給したものだろう。向井氏は武田氏の招致に応じるとともに、「海賊之儀」をつとめる体制の構築を求められたのである。また、この八ヶ所はいずれも駿河国西部に位置しており、後述する瀬戸川・大井川周辺の知行地との関連性が想定される。対徳川氏戦争が迫る状況にあって、武田氏海賊衆が遠江方面に出動するための軍事拠点を設定した処置であったと考えられる。

なお、同文書によって、向井正重が武田氏海賊衆に参加して以後、「助兵衛」の通称から「伊賀守」の受領名に改めていたことが確認できる。近世成立の諸系図において、向井氏は伊賀守護仁木氏の後裔を自認していたが、自らのルーツを伊賀国に求める意識は元亀年間から存在していたことになる。

ところで、史料1・2は、いずれも駿河江尻城代の山県昌景を奉者としていた。江尻・清水には海賊衆の屋敷も設置されており[10]、元亀年間の昌景は、江尻城代という立場から、海賊衆の編成にも関わっていたと考えられる。

## 2　向井氏の知行地

向井正重は、後述する天正七年（一五七九）の用宗合戦で討死し、嫡子政綱はその遺領一〇〇〇貫文を武田勝頼から安堵された。小浜景隆の事例を確認すると、元亀三年（一五七二）五月頃に武田氏海賊衆に加わり[11]、同年十二月に三三

五貫九〇〇文、元亀四年十月には三〇〇〇貫文の知行を武田氏から給付されていた。[12] 同じく伊勢海地域から招かれた向井正重も、駿河国渡海からまもなく、武田氏から所領を給付されたと考えるべきだろう。

〔史料3〕天正七年十月十六日付・武田勝頼宛行状写（「伊勢国度会郡古文書一」『戦武』三一七八号）

定

一 駿州（益頭郡カ）島一色郷　百八貫六百廿文

一 同（志太郡）平島郷増分　四拾七貫三百文

一 同（安倍郡）浅服内　三十貫百文

一 同（富士郡）久爾之郷内　二百六十七貫八百七十文

一 同（富士郡）横尾内　四十二貫三百廿文

一 同 徳願寺領　□津内 境津内　三貫百五十文

一 同（小）（益頭郡）北河内　源左衛門屋敷　十五貫文

一 同（志太郡）岡部内　浅羽給　十貫九百文

一 同（庵原郡）高橋内　彦三郎分　八貫二百十文

一 同（安倍郡）足洗内　東光寺分　九貫百文

一 同（有度郡）宇藤内　御厨分　十八貫文

一 同（富士郡）一色内　富士常陸分　二十貫文

一 同（益頭郡）中根内　三貫九百文

一 同 徳願寺領　十三貫四百廿文

一　同（有度郡）大屋内　　　　十五貫文
一　遠州（榛原郡）西島郷新田共　長谷川右近分　四百十二貫八百文
一　同（山名郡カ）大原内　　　百五十四貫二百文

已上

父伊賀守（向井正重）今度於于用宗之城戦死、誠忠信無比類次第者、右拘来領知、速相計集武勇之輩、海上之奉公不可有疎略、猶依戦功、可令会重恩者也、依如件、

天正七年己卯十月十六日　勝頼（武田）御判

向（向井政綱）兵庫殿

史料3で確認される向井氏の知行地は、駿河国内で一五ヶ所、遠江国内で二ヶ所、合わせて一七ヶ所に及ぶ。このうち、遠江国（西島郷・大原）における給分は五六七貫文に達しており、知行高の過半は遠江国に配されていた。なお、小浜景隆が元亀四年十月に給与された三〇〇〇貫文も、遠江国内（下吉田郷・藤守・鳥羽野）に一五〇〇貫文が配されていた[13]。小浜氏・向井氏とも、知行地の大部分は遠江国内に存在したことになる。

但し、小浜氏・向井氏が遠江国内で得た知行地について、永原慶二氏と鴨川達夫氏は、実体を伴わないものと評価している[14]。史料2で指定された竹木伐採地も、大井川周辺では具体的な場所を記しておらず、徳川氏領国との境目周辺に設定された知行地・竹木伐採地の把握は困難だったことが窺われる。西島郷に関しては検討の余地があるものの、遠江国内の知行地とは、基本的に対徳川氏戦争の進展によって確保すべきものであり、小浜氏・向井氏の戦意を高揚させるべく給与されたのであろう。

また、西島郷・大原を除く向井氏の知行一五ヶ所は、駿河国内でも志太・益頭・富士・有度・庵原・安倍の六郡に

分布しており、一〇〇貫文を超える知行地は、久爾郷(二六七貫八七〇文)と島一色郷(一〇八貫六二〇文)の二ヶ所であった。この久爾郷と島一色郷が、向井氏知行地の核として機能していたと考えられる。

まず、久爾郷は富士郡潤井川流域に位置しており、北条氏に備えて給与されたものだろう。武田・北条両氏は元亀二年十二月に和睦したが、未だ緊張が解けない状況にあって、向井氏は東駿河にも所領を配されたのである。

次いで島一色郷に関しては、鴨川達夫氏が「河原一色」とも称された益頭郡の一色(瀬戸川河口から大井川河口に続く氾濫原の一部)と比定している。島一色＝益頭郡一色とすれば、知行地中最大の遠江国西島郷(四一二貫八〇〇文)との関連性が想定される。つまり、大井川河口の東側に所在する西島郷は、島一色郷とともに、瀬戸川河口と大井川河口をつなぐ拠点たることを期待されていたとも考えられる。史料2でも、向井氏は志太・益頭両郡内と大井川周辺の八ヶ所で竹木の伐採を認められており、瀬戸川・大井川の周辺が、対徳川氏戦争の策源地として設定されていたことは首肯できる。また、鴨川達夫氏が指摘する小浜氏知行地における瀬戸川流域の位置付けとも合致する。

鴨川氏の論考では、①小浜氏・向井氏とも志太・益頭郡と富士郡にまとまった貫高の知行地が分布すること、②小浜氏は志太・益頭郡、向井氏は富士郡の比重が高いことが指摘されている。但し、②によって、向井氏の知行地構成が対北条氏を主眼にしたものだったと理解すべきではない。遠江国内の知行地のうち、西島郷(大井川東部)は比較的把握が容易であり、少なくとも武田方が徳川方を圧倒していた時期は、向井氏の実効支配下にあったはずである。西島郷の貫高も加えれば、向井氏知行地の分布も、小浜氏と同じく武田氏領国西方の比重が高くなる。また、同郷は大井川周辺で伐採した森林資源の集積拠点にもなりえただろう。

このように、向井氏の知行地は、対北条氏も意識して潤井川流域に拠点を設けつつ、対徳川氏に主眼を置き、瀬戸川・大井川周辺を西進の策源地とすべく構成されたのである。

なお、武田氏海賊衆のうち、小浜景隆や土屋杢左衛門は、江尻・清水に屋敷を有していたが[15]、向井政綱が受給した安堵状には、屋敷地に関する記載はみられない。但し、正重が与えられ、政綱が安堵された一〇〇〇貫文は、「武勇之輩」に給付すべき分も含んでおり、やはり「武勇之輩」の給付分を含む小浜氏の三〇〇〇貫文と同種の所領であった。小浜氏は「江尻屋敷」を含む知行と、「武勇之輩」にも給付する知行、という二つの宛行状を受給したのである。小浜景隆・土屋杢左衛門と同じく、向井正重・政綱父子も写こそ伝わらないものの、江尻・清水の屋敷分を記載した宛行状を得ていたと考えるべきだろう。

### 3　駿河国渡海後の人的関係

海賊衆としての向井氏は、武田氏のもとで「同心衆」を形成して活動した（史料4）。前述したように、史料3の知行一〇〇〇貫文は「武勇之輩」に給付すべき分も含んでおり、武田氏は同心給をある程度一括して向井氏に与えていたと考えられる。

戦国期の与力・同心概念について、下村效氏は、寄親への従属度・隷属度が強い「恩顧の与力（同心）」と、大名から寄親に一時的に附属された「当座の与力（同心）」の二類型に大別しており[16]、また平山優氏も、寄親を通じて知行宛行を実施する「恩顧の与力」と、大名が直接知行を給与する「当座の与力」に整理している[17]。向井氏が一〇〇〇貫文の知行で集めた「武勇之輩」は、「恩顧の与力」に該当するものだろう。

しかし、向井氏の同心衆が、すべて「恩顧の与力」だったと理解すべきではない。前述した旧今川氏海賊の脇氏などは、「当座の与力」として向井氏に附属されたはずである。また、「清和源氏向系図」は、天正七年（一五七九）九月の用宗合戦で戦没した「同心遠藤飛騨」や「大時孫右衛門・渡辺勉角之助・脇久助・原庄右衛門・脇原三左衛門・大野三蔵」などについて、いずれも「信玄・勝頼も御存知之者」だったとする。[18]旗本向井氏の家系を潤色する作為とも解せるが、これらの配下が「当座の与力」だったことを示唆する伝承と捉えることもできる。

また、『軍鑑』「惣人数之事」の海賊衆の項目には、向井正重とその長子政綱ではなく、政勝（正重養子）の名前が記載されている。正重の後継者が、本来は政綱ではなく、政勝に定められていたことによると考えられる。

この政勝は長谷川氏の出身とされる。政勝の実父にあたる長谷川長久の来歴は、向井氏以上に不分明であり、『寛永諸家系図伝』は大和国の出身と記し、『寛政重修諸家譜』は駿河国に居住したと記して一定しない。[19]『寛政譜』の記述を重視するならば、向井正重が武田氏海賊衆に参入した後、駿河国内の瀬戸川流域・潤井川流域の周辺で所領を給与されたこととの関連性が想定される。つまり、向井正重はこれらの所領を確実に支配しつつ、駿河国で海上活動を展開すべく、従前から駿河国に居住してきた長谷川氏との提携関係を形成させたものと考えられる。その一環として、実子の政綱ではなく、長谷川氏から養子に迎えた政勝を後継者に据えたのであろう。用宗合戦により、正重と政勝がともに戦没したため、向井氏の名跡は政綱が継承することになったが、その政綱も長谷川氏から室（政勝の妹）を迎えた。[20]政綱も父と同じく長谷川氏との提携をはかったのである。

なお、長谷川氏は武田氏滅亡後、向井氏と同じく徳川氏に仕え、徳川氏の関東大名時代になると、長綱（政勝の弟）が代官として相模国浦賀に陣屋を置き、関東内海西岸の支配にあたり、また相模国三崎に移った向井氏らとともに、三浦半島周辺の防衛にあたったとされる。[21]向井氏・長谷川氏の関係は、ただ婚姻を重ねるにとどまらず、相互の活動を補い合っていたのである。

ところで、一次史料では確認できないものの、向井氏は武田氏重臣の土屋昌続・昌恒兄弟とも、何らかの関係を形成していたと推測される。天正三年五月の長篠合戦では、土屋昌続と海賊衆の土屋（岡部）貞綱が討死したため、昌続・

貞綱の遺領・同心は、貞綱の養子となっていた昌恒に引き継がれることになったが、『寛永諸家系図伝』にあたると、昌恒に附属された士卒として、関主水・脇善兵衛とともに、向井正重の名前が見出される。[22] 江戸時代の譜代大名土屋氏は、向井氏を旧配下と認識していたのである。

昌続・昌恒と海賊衆の関係に注目すると、海賊衆の土屋貞綱と縁組を結び、また小浜景隆宛て朱印状の奏者をしばしばつとめており、[23] 両人とも海賊衆の取次役であったと考えられる。近世の土屋氏は、こうした昌続・昌恒の事績に潤色を加え、海賊衆の向井氏をかつての配下と位置付けたのであろう。

## 二　対徳川氏・北条氏戦争における活動

武田氏海賊衆でも、駿河国出身の土屋貞綱などは、すでに元亀三年（一五七二）から対徳川氏戦争に参加していたが、伊勢国から渡海した向井氏・小浜氏の海上軍事活動は、天正三年（一五七五）から明瞭に確認されるようになる。伊勢国の本領から離れて、新たに得た根拠地で海上戦力を構築するには、両氏とも相応の期間を要したのである。

〔史料4〕（天正三年ヵ）六月七日付・武田勝頼感状写（「清和源氏向系図」『戦武』二八一四号）

急度染一筆候、抑今度敵其表相探候処ニ、在所之是非妻子ニ不閊着、応下知其地在城、忠節不浅次第候、必一恩謝忠功、身上可引立候、弥可被働忠信儀専一候、委細令附与落合大蔵少輔口上候之条、不能具候、恐々謹言、

（天正三年ヵ）六月七日　　（武田）勝頼　御在判

（向井正重）向伊賀守殿

同　同心衆

右に掲げた武田勝頼の感状は、向井正重とその同心衆が敵方の攻勢に動揺せず、在城を維持したことの褒賞として発給されたものである。小浜景隆とその同心衆も、同日付でほぼ同文言の感状を受給しており、[24] 向井正重と小浜景隆は、同一の拠点を守衛していたと考えられる。江戸時代の向井氏系図は、天正五年に北条方との合戦にて受給した感状とするが、[25] 武田氏・北条氏の甲相同盟は、天正七年前半まで維持されており、およそ事実とは認めがたい。徳川方との交戦記録を最小限にとどめようとする江戸時代の作為と看做すべきである。

著者は史料4の年次を天正三年に比定する。同年五月の長篠合戦に大勝すると、徳川方は遠江国で攻勢に出て、同月下旬に駿豆国境にまで侵攻した。[26] また、史料4と同日付でほぼ同文言の武田勝頼書状（依田駿河守宛て）には「帰陣之砌可謝忠功候」とあり、[27] 長篠合戦で大敗した後、勝頼が六月二日に甲府に帰還した事実とほぼ合致している。[28]

これ以前の天正元年五月にも、徳川方は武田信玄の病死に乗じ、駿河方面へ出兵して久能・駿府などを攻撃したことがある。[29] 小浜景隆や向井正重が勝頼から受給した感状は、この天正元年五月の侵攻に対応したものと考える余地もあるが、同年の武田氏は、勝頼が六月上旬に甲府に「帰陣」するような軍事行動をおこなってはいない。現段階にあっては、天正三年五月の可能性がより高いと判断される。

さらに向井正重が、天正七年九月に駿河用宗城で徳川方の攻撃によって討死したことも勘案すると、向井氏・小浜氏などは長篠合戦以前から用宗城に在城し、対徳川氏警戒態勢に参加していたものと考えられる。

用宗城については、小坂川を経て駿河湾に通じる船溜を有した海賊城とする評価もなされている。[30]『家忠日記』では「持船之城」「持舟城」などと称されており、徳川方からも船舶を収容する拠点として認識されていた模様である。[31] 向井氏や小浜氏が対徳川氏戦争の策源地としていた瀬戸川流域からみると、用宗城は東寄りの拠点であり、瀬戸川流域が徳川氏の攻勢にさらされた場合に退避すべき詰城として機能していたとも考えられる。

この用宗合戦によって、徳川方は武田氏海賊衆に損害を与えたものの、高天神城（東遠江）の攻略以前において、駿河国内の用宗城を占領・維持することは至難であり、武田方は滅亡直前まで用宗城を維持した。しかし、用宗合戦の顛末は、向井氏や武田氏海賊衆の動向に少なからぬ影響を与えることになった。

用宗合戦の翌月、武田勝頼は向井政綱に亡父の領知を安堵し、「武勇之輩」を集めて「海上之奉公」に励むよう命じた（史料3）。政綱は正重の実子であるが、用宗合戦以前の位置付けは詳らかではない。前述したように、政綱は向井氏の本来の後継者ではなかったが、勝頼は向井氏の海上活動に著しい空白が生じることを避けたのであろう。

向井氏は政綱のもとで速やかに戦力を再建し、翌年には海上活動を再開させることになったが、以後、向井氏などの武田氏海賊衆が対徳川氏戦争の最前線に立つことはなかった。徳川方の攻勢が西駿河にまで及び、用宗合戦にて海賊衆の陸戦における脆弱さが露呈したことによると考えられる。これは瀬戸川流域の放棄と同義ではないものの、海賊衆が駿遠国境の周辺で軍事活動を継続することは困難な状況となっていたのである。

さらに天正七年九月以降、武田氏は徳川氏に加えて北条氏とも戦端を開いており、武田氏海賊衆も伊豆方面の北条氏海賊衆と対峙するようになった。

〔史料5〕（天正八年）卯月二十五日付・武田勝頼感状写（「伊勢国度会郡古文書一」『戦武』三三二一号）

今度至伊豆浦及行之砌、梶原（景宗）馳向之処、挑戦得勝利、郷村数ヶ所撃砕、殊敵船奪捕之、誠戦功之至感入候、向後
弥被励忠勤者也、
（天正八年）卯月廿五日　　（武田）勝頼公御判
向井（政綱）兵庫助殿

天正八年四月、向井政綱は伊豆方面への海上攻撃に参加して北条方の梶原景宗と戦い、郷村数ヶ所を襲って敵船を

奪取した。この海戦は『甲陽軍鑑』品第五十五にも記載があり、武田方海賊衆が劣勢に陥ったところ、向井政綱が奮戦して盛り返したとする。但し、小浜景隆も同日付でほぼ同文の感状を受給しており(32)、向井氏のみの戦功を強調すべきではない。十七世紀以降の向井氏は、将軍家船手頭の筆頭格となっており、その権勢に配慮した記事と考えられる。

また、天正九年三月にも、向井政綱は伊豆国久料津で梶原景宗と戦い、伊丹康直と連名で感状を受給した。

〔史料6〕（天正九年）卯月八日付・武田勝頼感状写（「甲州古文書」『戦武』三五三六号）

今度至豆州久竜（料）津、小浜（景隆）候同前ニ候、渡海之刻、梶原（景宗）馳向之処、抽戦功之由神妙候、向後殊可相可美儀為肝要者也、謹言、

（天正九年）卯月八日　　勝頼御判

向井兵庫助（政綱）殿

伊丹権太夫（康直）殿

同合戦では、小浜景隆と小野田筑後守も、それぞれ四月九日付で感状を発給された(33)。後者の感状にも「小浜令随逐」との文言が見られ、武田氏海賊衆が小浜景隆を中心に活動していた状況が窺える。

さらに同年五月には、北条方海賊の山本正次が田子浦屋敷を「駿州四海賊」によって攻撃された(34)。この「駿州四海賊」は、久料津合戦で感状を受給した小浜景隆・小野田筑後守・向井政綱・伊丹康直と同一人であろう。小浜氏には及ばないものの、向井氏もまた武田氏海賊衆にあって、主要な存在として内外から認識されていたと考えられる。

『軍鑑』「惣人数事」を確認すると、向井氏は船五艘持の海賊衆として記載されている。「惣人数事」における海賊衆は、間宮氏・小浜氏・向井氏・伊丹氏・岡部氏（土屋氏）の五氏六人で構成されており、いずれも五艘から一六艘の船を有していた。

『軍鑑』に記載された海賊衆としては、向井氏の持船は下限の五艘であり、安宅船一艘・小船一五艘という最大戦力を有した小浜氏との格差は歴然としている。向井政綱が武田氏から一〇〇〇貫文の知行を与えられたことに対し、小浜景隆は三〇〇〇貫文の知行を得ており、『軍鑑』編者の認識は、現実の勢力と極端に矛盾したものではない。だが、向井氏は武田氏海賊衆に加わって、はじめて「海賊之儀」に携わったと考えられ、武田氏権力のもとで海上活動能力を高めていき、やがて「駿州四海賊」に数えられるほどに成長したのである。このように、「海賊之儀」にあたる家臣を創出した武田氏の積極性は、天正壬午の乱以降、旧武田氏海賊衆を吸収した徳川氏にも引き継がれることになったと評価することもできる。

## おわりに

武田氏海賊衆としての向井氏は、対徳川氏戦争が迫る中で伊勢国から招聘され、まず徳川氏、次いで北条氏との戦争で海上軍事（「海賊之儀」「海上之奉公」）にあたった。しかし、向井氏の海上軍事活動は、系図史料によっても、元亀年間以前に遡らせることは難しい。むしろ武田氏権力と結び付くことで、はじめて小浜氏などと伍しうる能力を持つに至ったとも考えられる。

このような向井氏のあり方から、戦国大名武田氏における海賊衆とは何かを定義するならば、戦時に海上軍事力を提供して奉公する家臣を指すだろう。武田氏は海賊衆増強の過程で、海上軍事にあたる家臣を創出したのである。

もっとも、武田氏海賊衆にあっては、小浜氏が主軸となって活動しており、向井氏は「小浜候同前」という立場にとどまった。大名権力のもとで海上軍事をつとめるには、海上活動に関して相応の技量（操船や造船など）を要する。

然るに、向井氏が蓄積してきた技量は相対的に乏しく、小浜氏ほどの地歩を占めるには至らなかったのである。また、このような向井氏の動向は、大名権力への依存性をより強くしたとも考えられる。武田氏が滅亡した後、向井氏は早期から徳川氏の海賊衆に転じており、武田氏に代わって徳川氏に依存することで、海上活動を維持しようとはかったのであろう。

さらに江戸時代に入ると、向井氏は徳川将軍家の船手頭をつとめ、将軍権力の海上における爪牙として、広範にわたる海上活動をおこなった。小浜氏も天正年間後半から徳川氏海賊衆に加わったものの、徳川将軍家の海上軍事体制では、向井氏に次ぐ立場にとどまった。徳川氏は旧武田氏海賊衆を吸収するとともに、海上軍事にあたる家臣を創出した積極性も引き継ぎ、向井氏を重用してより直轄的な海上軍事体制を構築したのである。

**註**

（1）安池尋幸「近世前期の三崎・走水番所について」（『三浦古文化』第二九号、一九八一年）、鈴木かほる「戦国期武田水軍向井氏について―新出『清和源氏向系図』の紹介―」（『神奈川地域史研究』第一六号、一九九八年）、同「戦国期向井水軍の足跡を辿って」（『三浦半島の文化』第八号、一九九八年）、横須賀市教育委員会編「向井正方夫妻墓調査報告」（『横須賀市文化財調査報告書』第四一集、二〇〇五）など。

（2）村井益男「水軍についての覚書」（『日本大学文学部研究年報』Ⅰ、一九五二年）、柴辻俊六「武田氏の海賊衆」（同『戦国大名領の研究』名著出版、一九八一年）、永原慶二「伊勢・紀伊の海賊商人と戦国大名」（同『戦国期の政治経済構造』岩波書店、一九九七年）、鴨川達夫「武田氏の海賊衆小浜景隆」（萩原三男・笹本正治編『定本・武田信玄』高志書院、二〇〇二年）など。

(3)『勢州軍記』(三重県郷土資料刊行会)第八「九鬼出世事」。
(4)同右。
(5)『本光国師日記』慶長十八年三月二十三日条所収三月十日付・崇伝宛て江浄寺書状。
(6)『寛永伝』向井正重伝。
(7)「清和源氏向系図」(鈴木註(1)前掲論文所収)。
(8)「小浜家文書」(『戦武』一七四八号)。
(9)但し、朝比奈五郎兵衛については、本書第三章のように、岡部元信と同一人物とする理解も成り立つ。
(10)「早稲田大学荻野研究室所蔵文書」(『戦武』一九四六号)、「小浜家文書」(同二〇〇四号)。
(11)「小浜家文書」(『戦武』一八九九号)。
(12)「小浜家文書」(『戦武』二〇〇四・二一八四号)。
(13)「小浜家文書」(『戦武』二一八四号)。
(14)永原・鴨川註(2)前掲論文。
(15)註(10)前掲。
(16)下村效「『今川氏仮名目録』よりみた寄親寄子制」(『日本歴史』第二五五号、一九六九年)。
(17)平山優「武田氏の知行役と軍制」(平山優・丸島和洋編『戦国大名武田氏の権力と支配』岩田書院、二〇〇八年)。
(18)「清和源氏向系図」(鈴木註(1)前掲論文所収)。
(19)『寛永伝』長谷川長久伝、『寛政譜』長谷川長久譜。
(20)『寛政譜』向井正綱譜。

(21)　鈴木註(1)前掲論文、斉藤司「長谷川長綱の支配領域について」(『戦国史研究』第三七号、一九九九年)など。
(22)　『寛永伝』土屋昌恒伝。
(23)　「小浜家文書」(『戦武』一八九九・二八〇六・三四五四号)。
(24)　「小浜家文書」(『戦武』三七〇五号)。
(25)　『寛永伝』向井正重伝、「清和源氏向系図」(鈴木註(1)前掲論文)。
(26)　「謙信公御書集」(『上越市史』別編1(上杉氏文書集一)一二五五号)。
(27)　「河内領古文書」(『戦国遺文　武田氏編』三七〇七号)。
(28)　武田氏研究会編『武田氏年表　信虎・信玄・勝頼』(高志書院、二〇一〇年)二〇〇頁。
(29)　「赤見文書」(『上越市史』別編1(上杉氏文書集一)一一六一号)。
(30)　小和田哲男「武田水軍と駿河の海賊城」(佐藤八郎先生頌寿記念論文集刊行会『戦国大名武田氏』名著出版、一九九一年)。
(31)　『家忠日記』天正七年九月十九日条、天正十年三月二十一日・二十三日・二十七日・二十九日条。
(32)　「小浜家文書」(『戦武』三三二一号)。
(33)　「小浜家文書」(『戦武』三五三四号)、「中村林一氏所蔵文書」(同三五三五号)。
(34)　「越前史料所収山本文書」(『戦北』四一四四号)。

# 第四章　尾張織田氏の海上軍事と九鬼嘉隆

## はじめに

戦国時代の伊勢海地域（伊勢湾・知多湾・三河湾・渥美湾など）では、少なからぬ海上勢力が戦国大名などと結び付き、その海上軍事力を形成することになった。とくに尾張織田氏については、藤田達生氏が伊勢海地域を経済的・軍事的基盤と想定し、一例として、九鬼嘉隆などの伊勢海賊により、海上軍事力を編成したことを指摘している(1)。

但し、伊勢海地域の海上勢力を軍事編成する志向性は、織田氏のみから見出される傾向ではない。織田氏と同じく伊勢海地域を領国形成の出発点とした三河徳川氏、より東方の駿河今川氏・甲斐武田氏・相模北条氏も、伊勢海地域やその周辺の海上勢力によって、海上軍事力を構築・強化したのである。研究史においても、武田氏海賊衆の小浜氏や、北条氏海賊衆の梶原氏など、むしろ東国大名に招聘された海賊の動向が取り上げられる傾向を見出せる(2)。

このように、東国大名の海上軍事と伊勢海地域の関連について研究が進捗する一方で、同地域の過半を領国とした織田氏の海上軍事については、「鉄船」の建造や木津川口海戦に関心が集中しており(3)、伊勢海地域の海上勢力をめぐる研究は、小島廣次氏によって織田氏の大湊支配が論じられたことはあるものの(4)、以後は目立った進展をみせていない。むしろ瀬戸内海上勢力（塩飽衆など）との関係を論じた橋詰茂氏の研究が(5)、注目すべき成果としてあげられるほどである。当然ながら、九鬼嘉隆の位置付けも、不分明な状態に陥っていた。

織田政権期の九鬼氏を研究の俎上に載せる場合、直面する問題は、豊臣政権期に比して一次史料が少ないことである。伊勢海地域における活動が窺い知れる文書はさらに乏しい。

但し、近年においては、自治体史編纂の進展に伴い、九鬼嘉隆関連文書が相次いで紹介されており、殊に鳥羽市教育委員会によって、図録『九鬼嘉隆―戦国最強の水軍大将―』が刊行され、史料・研究が整理された(6)。また、黒嶋敏氏も「鉄ノ船」について論文を発表し、九鬼嘉隆の動向を伊勢北畠氏との関係から理解しようとする視点を提示した(7)。九鬼氏に関する本格的検証を進行させる時期が来たことを感じさせる状況である。

本章では、伊勢海地域の政治動向に留意することで、一次史料の不足を補完しつつ、尾張織田氏の海上軍事との関連から、九鬼嘉隆の動向を論じることにする。なお、「鉄船」をめぐる技術的な議論はあえて捨象する。これは海上軍事体制の運営に議論を集中させる意図によるものである。

## 一　織田氏の伊勢支配と九鬼嘉隆

### 1　織田氏による北畠氏領国の掌握

『寛永諸家系図伝』によると、九鬼氏は紀伊国熊野八庄司の一家として同国九鬼に居住し、隆良の代から志摩国波切に拠点を移したと伝えられ、泰隆(嘉隆祖父)は田城に築城しつつ北畠氏(伊勢国司)と結び、伊勢国山田(伊勢外宮門前町)との抗争に協力したという(8)。しかし、浄隆(嘉隆兄)の代には、「七嶋」と称された志摩国の勢力(浦・相差・国府・甲賀・和具・越賀・浜島)が伊勢北畠氏の後援を得て、九鬼氏に攻勢をかけ、さらに浄隆の死後、その遺児澄隆は田城から没落することになった。戦国大名としての北畠氏は、南伊勢を中心に周辺諸国に勢力を広げており、志摩国でも、北畠氏との関係如何が、在地勢力の浮沈に大きな影響を与えたことを窺わせる所伝であろう。

志摩国退去に追い込まれた後、九鬼氏が織田氏の海上軍事に参加した経緯は詳らかでない。『寛永諸家系図伝』(9)や『勢州軍記』(10)は、嘉隆（澄隆叔父）が滝川一益（織田氏家臣）の仲介により、織田信長に接近したとする。尾張織田氏は永禄十年（一五六七）頃から北伊勢に進出しており、永禄十二年には信長本人が大軍を投じて南伊勢に侵攻し、大河内城に籠もる北畠具教・具房父子を屈従させたうえで、次男の茶筅（信雄）を養嗣子に迎えさせた。このように、伊勢国の政治情勢が大きく変動しようとする中で、九鬼氏は織田氏と結び、本領復帰をはかったものと考えられる。

『勢州軍記』によると、永禄十二年の大河内合戦に際し、九鬼嘉隆は志摩国に入り、「志摩七人衆」などの諸勢力と抗争を繰り広げ、志摩一国を平定したという(11)。ほぼ同時期に、甲斐武田氏は駿河国侵攻を進めており、永禄十二年頃から海賊衆編成に着手し、とくに元亀二年（一五七一）以降、伊勢方面の海賊を招聘して、小浜景隆などを駿河国に渡海させた(12)。『勢州軍記』にも、小浜景隆は反九鬼氏勢力の一人として登場しており(13)、その駿河国渡海は九鬼氏に敗退した結果と考えられる。また、「七島」についても、小野田筑後守（浜島）が武田氏海賊衆に参加していたことを確認できる(14)。志摩国の動乱は、元亀二年までに九鬼氏優勢のうちに収束しつつあり、なおも織田氏―九鬼氏ラインに服さない勢力は、かつての九鬼嘉隆と同じく、志摩国外で捲土重来を期したのであろう。

但し、九鬼嘉隆が元亀年間に志摩国統一を達成し、志摩国衆との主従関係を確立させたとする理解は早計である。とくに織田・北畠両氏の影響を軽視すべきではない。

〔史料1〕霜月二十七日・九鬼嘉隆書状写（「米山文書」『三重県史　資料編近世1』第一章一九一号）

①先度者早々御懸合無御別義通、本望之至候処、三助殿様（北畠信雄）へ申上候、定可有御礼候、②弥五助（九鬼澄隆）条々子細候得共、むけ

なき事と思召候半与迷惑仕候、③各向後弥御入魂候通、何様共御存□（念カ）次第可仕候間、拙者悪事候ハ、我として不存候間、不御心置御異見奉頼候、恐々謹言、

霜月廿七日　　九鬼右馬允
　　　　　　　　嘉隆　判

越賀弥六郎殿

猶以早々御懇し、殊一郎此方被居候而本望候、以上、

傍線部①によると、越賀弥六郎（「七嶋」の一氏）の戦功は、九鬼嘉隆から北畠信雄[15]に披露され、信雄が弥六郎に「御礼」を賜うという手続きがとられていたことを確認できる。九鬼嘉隆と志摩国衆は、排他的な主従関係を形成させるには至らず、志摩国衆は依然として北畠氏を主筋と仰いでおり、九鬼氏が志摩国衆を統制するには、その戦功に北畠信雄の「御礼」を得ることが不可欠であったと考えられる。

また、傍線部②において、九鬼嘉隆は甥の澄隆の身上に関し、越賀弥六郎に釈明しており、澄隆・嘉隆の関係に何らかの問題が生じていたことが窺える。元来、嘉隆は澄隆を後見する立場にあったとされる[16]ものの、九鬼氏の志摩国復帰を実現させた後は、織田氏の勢威を背景として、九鬼家中の主導権を掌握するようになり、澄隆は宗家の地位を脅かされたのではないだろうか。そこで、傍線部③を確認すると、嘉隆は越賀弥六郎に「御入魂」や「御異見」を依頼している。北畠信雄の「御礼」を仲介することで志摩国衆を統率しつつ、その志摩国衆から支持を確保して、澄隆との緊張状態を優位に克服しようとはかったと理解することができる。

さて、ここまで志摩国衆としての九鬼氏の動向を考察してきたが、天正年間に入ると、織田氏は九鬼氏などの志摩国衆を海上軍事力として動員するようになる。小浜氏が武田氏のもとで海賊衆の主軸と位置付けられたように、志摩

国衆は海上活動に関して高い技量を備えていたのである。

天正元年（一五七三）十月、織田氏が長島一向一揆を攻撃するにあたり、伊勢大湊から船二艘が徴発され、桑名まで廻航したうえで、「九鬼」と「下野」に引き渡された[17]。「下野」は不詳ながら、「九鬼」は志摩九鬼氏のことであろう。

この大湊は、北畠氏領内の港湾都市であり、軍事動員にあたって、織田氏は大湊に信長朱印状を発給するとともに、北畠氏にも動員を督促させた[18]。さらに大湊を出動した「要害船」二艘が楠浦で停滞すると、山室房兼（北畠具房側近）は大湊衆に対し、桑名の「九鬼」と連絡して、桑名参陣を急がせるよう指示した[19]。織田・北畠権力によって、九鬼氏の海上兵力が有事に増強される一方で、九鬼氏も織田・北畠両氏のもとで海上軍事の執行（大湊船の動員）を支えていたのである。また、同じ伊勢海地域の海上勢力として、大湊衆と九鬼氏の間に交流が存在したことも窺われる。

さらに天正二年の長島合戦では、九鬼嘉隆・滝川一益・伊藤三丞・水野守隆が「あたけ《安宅》舟」、島田秀満・林秀貞も「囲舟」を用意して参戦した[20]。また、尾張・伊勢両国の十数ヶ所から船舶が動員され、尾張国からは「百艘」、伊勢国からは「数百艘」に及ぶ海上兵力が長島方面に結集したという[21]。伊勢海地域において、織田氏の海上軍事力を構成した勢力、あるいは安宅船などの大船を運用しえた勢力は、九鬼氏のみではなかったことが判明する。九鬼嘉隆と志摩国衆は、織田氏にとって重要な海上軍事力ではあっても、唯一の海上軍事力ではなかったのである。

## ２　北畠氏領国の内戦と反織田氏勢力

『勢州軍記』によると、北畠信雄は家督相続後の天正四年（一五七六）から紀伊国熊野の攻略を企図し、加藤甚五郎を伊勢国度会郡の長島城に入れ、熊野新宮の堀内氏善と交戦させている[22]。この熊野出兵については、信雄の功名心や、織田氏の領土拡大という文脈によってのみ理解すべきではない。

信雄は天正三年六月に北畠氏の家督を相続したが、その直後に「伊勢国司」（具教または具房）の大和国亡命が取沙汰されるなど、北畠氏分国は安定を欠いていった[23]。さらに天正四年に信雄が具教などの北畠一門を粛清すると、反信雄派は北畠具親（具教弟）・坂内亀千代（具教外孫）などを擁立し、将軍足利義昭を中心とする反織田氏勢力とも結び、信雄に対する抵抗活動を展開するようになった[24]。こうした反信雄派の拠点こそが、北畠氏領国の周縁地域（大和国・伊賀国など）であり、『勢州軍記』では、熊野も信雄包囲網の一角と位置付けられている。つまり、新宮堀内氏の討伐は、抵抗勢力を打破していく過程で採用された戦略と考えられる。

但し、同じく『勢州軍記』は、加藤甚五郎・堀内氏善の交戦時期を天正四年夏以降とするが、信雄が北畠一門を粛清したのは天正四年十一月頃であり[25]、『勢州軍記』の記事が錯誤でなければ、北畠領国の内戦が激化する以前から、堀内氏善は信雄と敵対関係にあったことになる。そこで想起すべきは、将軍足利義昭の反織田氏活動である[26]。

足利義昭は天正元年七月に織田信長に敗れて京都を退去すると、同年十一月から紀伊国由良に拠点を据え、翌年二月には熊野衆に京都復帰への尽力を求めていた。新宮堀内氏はまず将軍義昭の檄に応じて反織田方となり、さらに北畠一門の粛清を経て、信雄包囲網にも参加したのではないだろうか。

加藤甚五郎の熊野出兵は、まず紀伊三鬼城を堀内氏善から奪取することから始まったとされるが[27]、『寛永諸家系図伝』『紀伊国続風土記』によると、九鬼嘉隆も三鬼氏と結んで堀内氏善に対抗したものの、嘉隆が志摩国に引き上げると、堀内方がその隙に三鬼城を奪取したという[28]。とくに『寛永伝』は、織田時代における嘉隆の戦歴として、長島一揆討伐に言及せず、まず三鬼城攻防戦をあげ、「七島」を率いて出陣したと記す。江戸時代の九鬼氏では、きわめて重要な戦役と認識されていたのである。史料1も、三鬼氏救援に関わる文書、天正二・三年頃のものと考えられる。

加藤甚五郎の熊野出兵を天正四年夏以降とするならば、①当初は、九鬼氏・三鬼氏が新宮堀内氏の東進に対処しており、②三鬼城の失陥をうけ、信雄が加藤甚五郎に熊野攻略を指示するという、二段階を想定すべきかもしれない。

なお、加藤甚五郎は三鬼城を一旦奪回したものの、堀内方の反撃に敗れ、拠点の伊勢長島城（度会郡）まで失って没落したという[29]。志摩国の九鬼嘉隆は、堀内氏善の攻勢に単独で相対せねばならない状況に陥ったことになる。

ところが、天正六年になると、九鬼嘉隆は織田信長の命令で大船六艘を建造し、同年六月二十六日には、熊野浦経由で大坂方面に向かっている[30]。その途次には、和泉国淡輪で紀伊雑賀衆（反織田方）の襲撃を退けたが、熊野浦通過に際して、堀内氏善と交戦した形跡は確認できない。

堀内氏善は天正五年三月に将軍義昭を擁立する安芸毛利氏から雑賀衆への加勢を要請されており[31]、この段階では、反織田方に留まっていたはずである。しかし、天正五年後半になると、北畠氏領国の内戦は、信雄方優勢のうちに終息していき、堀内氏善の東進も、継続困難になったと考えられる。堀内氏善の室は、九鬼嘉隆の養女とされるが[32]、堀内氏は反織田陣営からの離脱をはかり、まず九鬼氏と和睦して、熊野浦通過も容認したのではないだろうか。天正九年二月に織田信長が堀内氏善に新宮領を安堵したことは[33]、九鬼・堀内両氏の和約を追認した結果とも理解できる。

ところで、『勢州軍記』によると、九鬼嘉隆の大坂湾出動にあたって、志摩国の「諸侍」に加え、「矢野衆・江波中・工藤祐助・智積寺九右衛門等」も北畠信雄の命令で従軍したという[34]。このうち、江波と智積寺に関しては、天正元年の長島合戦にて、「用害船」の出動をめぐる北畠氏と大湊の折衝に参加しており[35]、北畠家中で海上軍事に携わる立場（あるいは海賊衆か）にあったと考えられる。また、天正八年の摂津花熊合戦において、北畠信雄は九鬼嘉隆を経て「祐助・智積寺」の戦功に賞詞を伝えており[36]、『勢州軍記』の記事は相応の信頼性が認められる。九鬼嘉隆は信雄から北畠氏の海上軍事力を委ねられ、伊勢海から大坂湾に出動したことになる。

但し、伊勢方面から大坂湾に派遣されたのは、九鬼嘉隆やその指揮下の伊勢衆・志摩国衆のみではない。滝川一益も「白舟」の大船一艘を建造し、犬飼助三・渡辺佐内・伊藤孫大夫を「上乗」として嘉隆の大坂出動に同行させている(37)。当時、滝川一益は織田政権の北伊勢支配を担うとともに、北畠氏領国を監察すべき立場にあった(38)。九鬼氏の志摩国復帰も、滝川一益を取次として、織田信長の承認を得たことで成就していた。こうした経緯から、滝川一益も「白舟」を大坂湾に派遣して、九鬼嘉隆などを支援・監察したのであろう。

なお、九鬼嘉隆の大坂湾出動については、遠江浜松城の徳川家康も、少なからぬ関心を抱いていた模様である。

〔史料2〕(天正六年)九月晦日付・徳川家康書状(「九鬼文書」『新訂徳川家康文書の研究』上巻二四七頁)

急度令申候、仍今刻為御加勢渡海、即至其津著岸之由大儀候、然者此表之様子、敵以之外迷惑之体相究候条、敗北不可有程候間、速可討留事案之内候、時云可御心安候、委曲本多甚次郎可申候、恐々謹言、

(天正六年)九月晦日　(徳川)家康(花押)

九鬼右馬允(嘉隆)殿

史料2にて、徳川家康は九鬼嘉隆の大坂湾出動を労いつつ、東海方面の戦況が優位に進行する見込みを伝達している。徳川氏と九鬼氏の間で、ある程度の交流が存在したことが窺える内容である。徳川氏と当時対戦していた武田氏は、志摩国から小浜景隆などを招いて海賊衆の主軸に据えていたが、伊勢海地域には、同地域を拠点としつつ武田氏と気脈を通じる海上勢力も存在しており、しばしば武田方として活動していた(39)。徳川氏がこうした武田方海上勢力の蠢動を抑制するには、九鬼氏との友好が重要であったと考えられる。

## 二　大坂湾の海上優勢をめぐる動向

### 1　第二次木津川口海戦以前

九鬼嘉隆の大船建造・大坂湾出動は、天正四年（一五七六）七月の木津川口海戦に対応した措置であったとされる。

同年五月、織田信長は天王寺合戦で大坂本願寺の反攻を挫き、住吉に要害を築き、真鍋氏・沼間氏などを配置して、大坂本願寺に対する海上封鎖の拠点とした(40)。この時期、将軍足利義昭が備後国鞆に動座して安芸毛利氏と提携したことから、本願寺教団などの義昭派（反織田氏陣営）は再度活性化しており、毛利方海上兵力も東進の動きを示していた。住吉要害は、大坂本願寺と毛利氏の海上連絡を阻止すべく構築されたのである。但し、織田方の認識において、住吉要害は最終防衛線であり、毛利氏の海上攻勢を退ける前線としては、より西方の淡路国を想定していた。

当時の淡路国では安宅氏が大きな勢力を保持しており、五月二十三日には、信長から「関船」によって毛利方の「船手」を撃破するよう命じられた(41)。また、毛利氏も淡路衆調略に着手しており(42)、六月までに淡路国岩屋を拠点として確保し、「警固百艘計」を進出させた(43)。この段階では、安宅氏が織田方の立場を堅持したこともあり(44)、毛利氏は十分な戦力を岩屋に結集しえず(45)、その海上攻勢は一旦停滞した。本来、信長は大坂湾周辺の海上勢力を動員して、大坂本願寺への海上支援を途絶させる構想を有しており、短期間ながら毛利方の行動を遅滞させたのである。

しかし、七月に入ると、岩屋の毛利方海上兵力はさらに増強され、和泉国貝塚に渡海して紀伊雑賀衆と合流した。そして、同月十三日から十五日にかけ、木津川口にて海戦が展開され、毛利方は織田方の海上封鎖を打破したのである(46)。さらに天正五年に入ると、安宅氏も織田方から離反し(47)、淡路島は反織田陣営の勢力圏となった。天正四年当時の織田氏は、淡路安宅氏や和泉国衆の真鍋氏・淡輪氏・沼間氏などを用い、大坂周辺の海上防衛網を構築していたが、毛利方の海上攻勢によって、戦線は脆くも瓦解したのである。そこで、内戦を克服した北畠氏領国から、九鬼嘉隆を中心とする海上戦力が投入されることになったと理解すべきである。

九鬼嘉隆などの「勢州警固」は、天正六年七月十四日に和泉国淡輪に到着し[48]、その前後に淡輪沖で雑賀衆の小船多数を撃破した[49]。なお、「勢州警固」の大坂湾進出は、その直後に安土城の織田信長に報告されている。

〔史料3〕(天正六年)七月十八日付・織田信長黒印状(「佐藤信行氏所蔵文書」『新訂織田信長文書の研究』下巻七七三号)

猶々彼船定不日其元へ可罷付候間、別而取はやし令馳走、用所共候ハ、調可然候、何も様躰可申越候也、勢州大船、一昨日十四至淡輪相付候由、尤以可然候、早々注進悦入候、淡輪両人(徹斎・大和守)・沼間任世即申越候、尤候間、能々可申由候、弥様子重而注進待入候也、

(天正六年)七月十八日　信長(織田)(黒印)

宮内卿法印(松井友閑)

史料3によると、信長に「勢州大船」の淡輪到着を報告したのは、淡輪氏と沼間氏であり、とくに淡輪氏は和泉国淡輪の領主であった。両氏とも天正四年の木津川口海戦で敗退しながら、以後も海上活動を継続し、淡輪で九鬼嘉隆と合流して、その大坂湾進出に協力したのであろう。

また、史料3において、和泉堺代官の松井友閑は、「勢州大船」の到着に備えるよう命じられている[50]。「勢州警固」「勢州大船」の大坂湾における策源地は、同海域でも有数の港湾都市であった堺に定められていたことになる。

九鬼嘉隆は堺に着岸すると、直後から「大坂表」の「塞々」に船を配置し、大坂本願寺の海上封鎖を開始したが[51]、九月三十日には、信長の見物に供すべく、堺で船行列を執行している[52]。九鬼嘉隆とその指揮下の伊勢衆・志摩国衆は

全兵力を大坂方面に常時展開させたのではなく、堺を根拠地としつつ、大坂本願寺の海上封鎖にあたったのであろう。

なお、この船行列においては、九鬼嘉隆の大船に加えて、「湊々浦々の武者舟」が集められた。織田方は九鬼氏の大船を主力に据えつつ、大坂湾の海上勢力を再度結集し、反織田方の海上兵力に対抗しようとしたのである。

さて、九鬼嘉隆の参戦後、まもなく第二次木津川口海戦が生起した。天正六年十月に荒木村重（摂津有岡城主）が織田方から離反すると、毛利方は「西国舟六百余艘」と称される海上兵力を出動させ、十一月十六日に木津川口で九鬼嘉隆と交戦させた。『信長公記』は同海戦について、織田方は大船六艘の「大鉄炮余多」で毛利方の「大将軍と覚しき」船を撃破し、「数百艘」を木津川口から退けたと記している。(53) 従来、この織田方の戦勝が、大坂の海上封鎖を進捗させたと理解されてきたが、(54) 毛利方も同海戦を戦勝と認識しており、(55) 本願寺の屈服はさらに一年以上を要した。元来、第二次木津川口海戦は、荒木村重の織田方離脱を起因としており、海戦以降も、荒木氏支配下の尼崎・花熊などは、大坂湾における反織田陣営の拠点として健在であった。毛利方海上兵力が大坂湾に進出しうる状況は続いており、『信長公記』の記事によって、海戦の結果を過大評価すべきではない。

また、九鬼嘉隆が大坂湾にて対峙する敵手は、淡路国を前進拠点とする毛利方海上兵力だけではなかった。

〔史料4〕九月二日付・佐久間定盛等書状写（「日根野文書」『新修泉佐野市史』第六巻六〇号）

佐野浦、雑賀警固相動候由候、而九鬼（嘉隆）舟申下可進候、案内として精入被相動尤候、陸之儀者此方へ頼遣候、彼表儀様子、自身可相動候、何も不可有由断候、恐々謹言、

九月二日　佐甚九（佐久間）定栄（信栄）
佐右（佐久間）

定盛（信盛）

真豊（真鍋豊後守）

御宿所

史料4は、雑賀衆の海上兵力（「警固」）が和泉国佐野浦に進出した事態に対処すべく、九鬼嘉隆の持船を派遣することを真鍋豊後守に報知し、その案内を命じた佐久間信盛・信栄父子（大坂本願寺攻囲を総括）の書状である。[56] 淡輪海戦の勝利も、雑賀衆の海上活動を封殺するには至らず、九鬼嘉隆が大坂本願寺の海上封鎖のみに専従しえない状況に陥っていたのである。なお、真鍋氏は和泉国の国衆であり、天正四年から大坂本願寺の海上封鎖に加わり、第一次木津川口海戦で大打撃を蒙っている。[57] 九鬼嘉隆の海上活動が、和泉衆によって支えられたことが窺える。

## 2　第二次木津川口海戦以後

天正七年（一五七九）正月、九鬼嘉隆は年頭の礼を言上するために安土城（信長居城）に出頭し、本領への一時帰還を許された。[58] 第二次木津川口海戦を過大評価すべきではないが、織田方に相応の余裕を齎したことは是認できる。だが、大坂本願寺の海上封鎖は以後も継続しており、しかも九鬼嘉隆は少なからず苦境に立たされていた。

〔史料5〕（天正七年ヵ）六月十日付・織田信長書状（「宮部文書」『新訂織田信長文書の研究』下巻七七一号）

九鬼（嘉隆）兵粮無之由候、最前如申出、宮内卿法印（松井友閑）より一ヶ月之間十五日宛可出之候、只今平野之公物□□引替候て可出候、来納之時分可遂算用、九鬼（嘉隆）不事欠候様可馳走候也、

六月十日（天正七年ヵ）　信長（織田）（朱印）

蜂屋兵庫助（頼隆）殿

史料5によると、九鬼嘉隆は大坂湾において兵糧不足に陥っており、松井友閑と蜂屋頼隆が、それぞれ半月分の兵糧を支給するよう命じられている[59]。その財源として、蜂屋頼隆は「平野之公物」を指定されたが、もう一方の松井友閑は堺の代官であり、堺からも兵糧が支出されたと考えられる。つまり、九鬼嘉隆は補給を自弁できず、堺・平野から兵糧を得るようになったのである。史料4で確認したように、紀伊雑賀衆は淡輪海戦以降も海上軍事力を維持しており、九鬼嘉隆は大坂湾に進出したものの、伊勢・志摩両国から紀淡海峡経由で補給を受けることは困難な状況となっていたのだろう。

また、『信長公記』によると、天正八年当時ですら、「雑賀・淡路島の者共」がしばしば封鎖を突破し、大坂本願寺の籠城を支えており[60]、第二次木津川口海戦を境に、織田方の海上封鎖が成就していたと理解するのは早計である。

〔史料6〕（天正七年ヵ）十月十三日付・織田信長感状（「大阪城天守閣所蔵文書」『新訂織田信長文書の研究』下巻七八四号）

昨日於木津首二討取之由、尤以神妙候、猶々可馳走事専一候、次海老一折到来候、懇情喜入候、猶堀久太郎（秀政）可申候也、

（天正七年ヵ）十月十三日　信長（織田）（黒印）

九鬼右馬允（嘉隆）殿

史料6から、十月十二日にも木津川口で戦闘が生起していたことを確認できる。「首二」程度の戦果から、第二次木津川口海戦のような大規模会戦ではないだろう。天正六年の発給文書（第二次木津川口海戦前）という可能性もあるが、『信長公記』の記事を勘案すると、毛利勢や淡路衆・雑賀衆が戦術を海上封鎖の撃破から浸透に転換させ、木津川口などで小規模な戦闘が繰り返されていた状況を想定することもできる。このように、大坂本願寺に対する海上支援は、困難を増しつつも継続していたとみられる。本願寺教団の屈服については、荒木村重の勢力が衰え、羽柴秀吉

が播磨国を平定するなど、[61] 反織田陣営の敗色が濃厚になった結果として理解すべきである。

織田氏と本願寺教団の間では、天正七年十二月から和平交渉が進展し、天正八年閏三月に合意が成立した。その結果、教団の大坂退去が政治的日程に上り、織田方は九鬼嘉隆に海上封鎖の解除と警戒態勢の継続を求めている。

〔史料7〕（天正八年）閏三月十一日付・織田信長書状写（「南行雑録」『新訂織田信長文書の研究』下巻八六一号）

大坂之儀令赦免候、仍至彼寺内、海上往還之事、無異儀様二《(可脱カ)》申付候、落船共通路可直之、若押妨之輩者、可為曲事候、滝川《(一益)》船へも此旨能々可申聞候、猶宮内卿法印《(松井友閑)》可申候也、

閏三月十一日《(天正八年)》　信長《(織田)》

九鬼右馬允《(嘉隆)》とのへ

史料7は、本願寺教団の大坂退去に伴う混乱を抑止すべく、九鬼嘉隆に「海上往還」の保障や「落船共通路」の取締りを命じた文書である。和平の成立により、嘉隆の任務は、「海上往還」の封鎖から監察に移行したのである。なお、「滝川《(一益)》船」への連絡も指示されており、滝川一益が「白舟」による支援と監視を続けていたことも判明する。

ところが、本願寺側では、門主顕如が四月に大坂退去を履行したものの、籠城を支えてきた「雑賀・淡路島の者共」は同調せず、「新門跡」教如を擁立したうえで、反織田氏闘争を継続しようとした。[62] さらに八月二日には、雑賀・淡路から「数百艘の迎船」が派遣され、大坂に残留していた兵力を収容しており、この混乱の中で、大坂本願寺は焼失してしまった。[63] 九鬼嘉隆は「海上往還」の監察に失敗したのである。

この後、大坂から退去した牢人衆は、十一月に紀伊・淡路両国の反織田氏勢力とともに阿波勝瑞城を占拠し、土佐長宗我部氏（親織田派）によって勝瑞城から駆逐されていた三好存保と提携した。[64] そのため、織田信長は阿波三好氏を反織田陣営から離脱させるべく、長宗我部氏と三好氏の調停を試みたものの、かえって長宗我部氏を反発させ、反織

田陣営に参加させる結果を招いた。近年の研究では、こうした四国情勢の変転から、長宗我部氏との外交を担ってきた明智光秀は、織田政権における地位の保全を危ぶみ、本能寺の変に奔ったと論じられている。[65]結果的には、本願寺教団の大坂退去が画龍点睛を欠いたために、織田政権は倒壊することになったのである。

また、こうした失態は、淡路国を反織田陣営に確保されるなど、織田方の海上優勢が、堺・大坂周辺に限定されたことに起因しており、淡路国を平定して、大坂湾全域の海上優勢を掌握することも大きな課題となった。そして、天正九年十一月には、羽柴秀吉・池田恒興が淡路国に出兵し、天正四年から毛利方の拠点となっていた岩屋城を攻略した。[66]なお、これ以前に淡路安宅氏は織田方に再度転向しており、前月に小西行長（羽柴秀吉配下）と連携して、毛利方の「警固船二百艘計」を淡路国室津から播磨国家島まで敗走させていた。[67]この海戦で淡路国北部の海上優勢は織田方に帰し、岩屋城攻略が可能となったのであろう。天正四年段階で織田信長が構想したように、大坂湾の海上軍事において、安宅氏の動向は、九鬼氏の参戦以上に重要な意味を持ったのである。

ところで、本願寺教団の大坂退去問題が紛糾していた最中、九鬼嘉隆は大坂の「河口」から摂津花熊城（荒木村重の属城）の攻撃に参加し、北畠信雄から感状を発給された。

〔史料8〕（天正八年）七月六日付・北畠信雄感状写（「九鬼文書」『三重県史　資料編近世1』第一章二〇〇号）

花熊落城之由尤珍重候、其節従河口罷越、首十三捕之、生捕在之由神妙之至候、寔不始于今候、祐助（工藤）・智積寺（九右衛門）毎度粉骨無比類候、能々此旨可申聞候、定而大坂退散不可有程候、弥心懸簡要候也、

（天正八年）七月六日　　　信雄（北畠）書判

九鬼右馬允（嘉隆）殿

史料8は、九鬼嘉隆が花熊城攻撃であげた戦果を評価しつつ、「祐助（工藤）・智積寺（九郎右衛門）」にも、信雄の賞詞を伝達するよう

依頼する内容となっている。両人とも北畠氏の被官であり[68]、大坂湾において、北畠氏の海上戦力が嘉隆に統括されていたことを窺わせる。その前提としては、北畠氏と九鬼氏の主従関係が想定される。

こうした動向の一方で、九鬼嘉隆とその配下は、大坂湾で織田信長との関係も緊密化させた。天正六年九月に大船見物を済ませた後、信長は住吉の宿所に九鬼嘉隆を召喚し、配下の千人に「御扶持」を給付することを通知している[69]。九鬼嘉隆の指揮下にある戦力は、九鬼氏の親族・被官、「七島」などの志摩国衆、信雄から附属された北畠氏被官によって構成されており、給付の対象がいずれであったのかは判然としない。甲斐武田氏の海賊衆では、小浜氏・向井氏などの指揮下に属しつつ、武田氏と主従関係を結ぶ「同心衆」が存在しており[70]、信長も「御扶持」給付によって「同心衆」を創出し、直轄的な海上軍事体制を構築しようとしたものと考えられる。また、天正六年の大船見物や天正七年の年頭御礼、あるいは史料6・7で確認されるように、大坂湾における海上軍事を通じ、織田信長と九鬼嘉隆の間には、北畠信雄を介さない、より直接的な主従関係が形成されていった。その結果、北畠信雄との主従関係は相対化され、次節で論じる九鬼嘉隆の動向に少なからぬ影響を与えたともみられる。

## 三　織田政権の解体と九鬼嘉隆

天正十年（一五八二）の本能寺の変により、織田信長は横死したが、同年の清洲会議の結果、三法師（信長嫡孫）が家督を継承して、織田政権の土崩瓦解という事態は一旦回避された。しかし、まもなく政局の主導権をめぐる内訌が激化し、羽柴秀吉などは織田信雄（以後は「織田」名字で統一する）を新当主に擁立して、天正十一年に織田信孝（信長三男。三法師後見）や柴田勝家を打倒した[71]。さらに信雄・秀吉の関係も悪化していき、天正十二年三月には、両者の軍事衝突(小牧陣)に至り、九鬼嘉隆は秀吉方に加担することになった。

織田信雄は天正十年以前から織田氏一門・北畠氏当主という二重性格を担わされていたが、その両立は困難であった。信雄は天正四年に織田氏から附属されていた重臣津田一安を粛清し、以後は木造氏(北畠一門)を与党として、かつ滝川雄利(木造氏庶流)を重用することで北畠領国を掌握したものの[72]、こうした姿勢は、織田家中では信雄の家督としての正当性を損ね、また北畠家中でも木造氏を除く勢力の反発を招いたと考えられる。つまり、織田家中・北畠家中のいずれからも、十全な支持を得難い立場に置かれていたのである。

こうした状況から、天正十一年の賤ヶ岳合戦以降、羽柴秀吉が織田家臣に対して知行宛行を独自に執行し、あるいは京都の支配権を掌握するなど、織田信雄は織田氏当主としての実権を急速に失っていき、同年中に近江安土城(織田政権の政庁)から伊勢長島城に退去した[73]。また、北畠氏領国においても、天正十一年から織田政権の混乱に乗じて、大和宇陀一揆(北畠氏旧臣)を中心に反信雄勢力が再度結集されていた[74]。天正十二年正月には、大河内城(旧北畠氏本城)が反信雄派に攻撃される事態となり[75]、同年の小牧陣でも、反信雄派勢力は秀吉方に加担した[76]。

このように、織田信雄は織田氏当主としても、北畠氏当主としても、小牧陣以前から深刻な危機に陥っており、九鬼嘉隆を自派に繋ぎ止めうる状況ではなかったと考えられる。

さて、小牧陣当時の織田信雄は尾張・伊勢両国を版図としており、羽柴秀吉は尾張国で信雄やその与党の徳川家康と対戦しつつ、伊勢国攻略も進行させた。そして、伊勢方面で両陣営の攻防の焦点となったのが松ヶ島城だった。

松ヶ島城は信雄が北畠家督継承後に築いた居城であり、信雄が安土城・長島城に移った後も、南伊勢支配の中枢として機能していた[77]。秀吉方は三月から松ヶ島城を攻囲しており、九鬼嘉隆は田丸直息とともに海上から「柵もがり」を設置し、信雄方の脱出経路を封鎖している[78]。船舶の積載能力が、工兵作戦に活用された事例にあたる。なお、田丸氏は北畠氏の一族であり、天正二年にも、信雄に従う「武者大将」の一人として、長島一揆の海上封鎖に参加していた。[79] 九鬼氏との共同作戦を可能とする程度の海上兵力を有したのであろう。

結局、松ヶ島城は四月初旬に開城が決定し、[80] 織田信雄による南伊勢の支配体制は瓦解することになった。その前後から、秀吉方は徳川家康（信雄方の最大勢力）に対する衝背作戦として、三河国（徳川氏本国）への侵攻を目論み、九鬼嘉隆も海上から三河国へ侵攻するよう命じられた。[81]

四月十七日頃には渥美半島の吉胡・和地などが九鬼嘉隆によって襲撃されたものの、[82] この海上攻勢は一過性の作戦で終わった。その理由の一半は、四月九日の長久手合戦で三好信吉（豊臣秀次）・池田恒興などが徳川家康に大敗し、秀吉方の三河国侵攻作戦が頓挫したことにあろう。[83] もう一半は、五月初旬頃に徳川氏海賊衆の小浜景隆・間宮信高が南伊勢の生津・村松を攻撃したことにあり、その結果、九鬼嘉隆は後背を脅かされ、再度の海上攻勢も中止されたものと考えられる。

なお、小浜景隆・間宮信高の南伊勢襲撃は、九鬼氏本領の志摩国への侵攻を射程に入れた行動だったとみられる。

〔史料9〕（天正十二年）四月四日付・織田信雄宛行状（「小浜文書」『愛資12』八二二号）

九鬼（嘉隆）跡職手懸次第可申付候、無油断可致相働者也、仍状如件、

（天正十二年）四月四日　（織田）信雄（花押）

（景隆）小浜殿

（信高）真宮殿

史料9は、織田信雄が小浜景隆・間宮信高に九鬼氏の「跡職」宛行を約した文書である。九鬼嘉隆の離反により、代替となる海上軍事力として、徳川氏の海賊衆を伊勢海地域に引き入れたのであり、信雄の認識では、戦役直前まで

北畠氏・九鬼氏の主従関係は継続していたことも窺われる。

なお、小浜景隆はかつて九鬼嘉隆に敗れて志摩国から退去したとされ、甲斐武田氏の招聘に応じて駿河国に渡海しその海賊衆に参加したが、武田氏滅亡後は徳川氏に帰順していた。織田信雄と九鬼嘉隆の訣別は、本領を回復するとともに、九鬼氏を打倒する絶好の機会となったのである。

もう一方の間宮信高は三河国渥美郡の畠間宮氏の一族であり[84]、『甲陽軍鑑』の「信玄公御代惣人数事」において、武田氏海賊衆として記載されている[85]。三河国には奥平氏・菅沼氏などのように、武田氏の「先方衆」として、徳川氏と対峙していた国衆が存在しており、間宮氏もこうした「三河先方衆」の一員であったとみられる[86]。小浜景隆と同じく、武田氏滅亡後は徳川氏海賊衆に転じており、向井政綱(徳川氏海賊衆)の回想によると、角屋七郎次郎(伊勢大湊会合衆)が小牧陣に際して徳川方に提供した持船「八幡新造」は、間宮信高の指揮下に置かれたとされる[87]。大胡・和地が九鬼嘉隆の襲撃を蒙ったように、渥美半島は志摩国と海を隔てて近接しており、間宮信高は同地域の海上勢力として、対九鬼氏の先鋒と位置付けられたのであろう。

このように、伊勢海地域では、秀吉方の九鬼嘉隆などと、信雄・家康方の小浜景隆・間宮信高などが対峙する形勢となり、蟹江合戦においては、両陣営の海上戦が生起した。これは秀吉方による再度の衝背作戦であり、滝川一益(秀吉方)が六月中旬に尾張蟹江城などを制圧したことを発端とする。当時、織田信雄は伊勢長島城、徳川家康は尾張清洲城に在城しており、秀吉方は尾張国西南部の蟹江城を奪取することで、信雄・家康の連携に楔を打ち込もうとしたのである。滝川一益は六月十六日に蟹江城に入ったとされるが、九鬼嘉隆の協力も得ており、両者は船団によって伊勢国から蟹江方面に渡海したという[88]。永禄末年以来の提携関係が、この時期まで継続していたのである。

ところが、信雄・家康方の対応は迅速であり、滝川一益の蟹江入城直後から反攻に出て、十九日には下市場城を陥落させ、蟹江城の滝川一益を孤立に追い込んだ。なお、九鬼嘉隆は下市場城に入っており、海上に脱出したものの、「大舟」で指揮を執る信雄に追撃されて甚大な損害を蒙った。[89]『勢州軍記』によると、九鬼嘉隆は乗船に肉迫した間宮信高を射殺し、辛うじて危地を脱したとあり、信雄の海上軍事力が徳川氏海賊衆に大きく依存し、かつ間宮信高が強烈な戦意を持っていたことが窺える。畠間宮氏にとっては、渥美半島を襲撃した九鬼嘉隆に対する報復という意義もあったのであろう。

また、下市場城は蟹江城の南方、蟹江川と佐屋川によって形成される中洲に位置しており、『家忠日記』では「下嶋城」と表記されている。九鬼嘉隆が同城から船で脱出したことから、船舶の収容拠点としての性格を有していたとも考えられる。この下市場城陥落によって、滝川一益は「馬しるし」を喪失しており、[90]同城に滝川勢の軍装が搬入されていたことを確認できる。滝川一益は蟹江入城にあたり、まず物資の大半を下市場城に揚陸させ、蟹江川を溯上して蟹江城に移送する計画だったのではないだろうか。ところが、下市場城が陥落し、九鬼嘉隆も敗走したことから、蟹江城は補給の手立てを失い、籠城が至難になったとみられる。結局、滝川一益は七月三日に降伏し、[91]船に乗って伊勢国楠まで撤退している。[92]

こうして秀吉方の衝背作戦は二度に亘って頓挫したが、信雄・家康方も南伊勢の失地を奪回するには至らず、小牧陣は同年十一月に織田信雄が羽柴秀吉に屈服することで終結した。その結果、織田政権の解体と豊臣政権の成立がほぼ確定し、信雄の勢力も南伊勢から後退したのである。

しかし、羽柴秀吉が北畠氏領国の支配権を北畠具親（反信雄派盟主）に認めることもなく、戦役中に蒲生氏郷（近江日野城主）が松ヶ島城に入部した。秀吉が発給した知行目録によると、北畠一門の田丸氏・長野氏、北畠具親を支えてきた宇陀一揆（沢氏・秋山氏・芳野氏）、そして九鬼嘉隆などは蒲生氏与力として知行を給付されている。[93]つまり、北畠氏領国は新領主蒲生氏郷のもとで解体・再編されたのである。

但し、九鬼嘉隆については、氏郷与力分と指定されたのは伊勢国渡会郡で取得していた一万石のみで、本領の志摩国は対象外となっていた。蒲生氏郷の会津転封後も、九鬼嘉隆は志摩国に残留しており、織田（北畠）信雄に比し、蒲生氏郷との関係はかなり限定的であったと考えられる。織田政権の解体に伴い、九鬼氏と志摩国衆の織田氏・北畠氏に対する両属も解消され、従属対象は羽柴氏（豊臣氏）に一本化されたということだろう。

## おわりに

元来、九鬼氏は志摩国の一海上勢力であり、九鬼氏などの志摩国衆は、伊勢国司北畠氏に従属しながらも、不安定な関係のもとで消長を繰り返していたとみられる。ところが、織田信長が次男信雄を北畠氏の養嗣子として、北畠氏領国（伊勢国南部・志摩国など）を支配下に組み入れたことは、九鬼氏庶流の嘉隆を俄に台頭させた。九鬼嘉隆は織田信長の南伊勢侵攻に乗じて、志摩国内の動乱を制すとともに、その後は志摩国衆の活動を北畠信雄に伝達し、信雄から「御礼」を引き出すことで、志摩国衆に対する軍事的主導権を確立したのである。そして、志摩国衆の支持を背景とすることで、九鬼氏宗家にあたる澄隆との緊張関係を乗り越え、やがて事実上の簒奪に成功した。

このように、九鬼嘉隆は九鬼氏と志摩国衆を掌握するうえで、織田信長・北畠信雄父子という上位権力を不可欠としており、信長が斃れ、信雄も織田・北畠両家中の支持を得られなかったために、羽柴（豊臣）秀吉という新たな上位権力と結合したのである。ところが、こうした姿勢から、天正年間前半の九鬼嘉隆は、排他的な家中運営・領域支配を展開するには至らず、織田氏も嘉隆配下に「御扶持」を直接給付するなど、九鬼氏被官と志摩国衆を海上直轄軍として把握し、九鬼嘉隆の立場を軍事指揮官に留めようとしていた。つまり、織田氏は志摩国衆を海上軍事に動員するうえで、九鬼嘉隆を統括者に起用したのであって、志摩国に織田大名（領域権力）を創出することは意図していなかったのである。

但し、嘉隆以前の九鬼氏は、伊勢海地域の数多ある海上勢力の一つでしかなく、北畠氏領国を併合した織田氏の家中に参入し、台頭の機会を得たことも認めなければならない。九鬼氏と対立していた小浜氏は、甲斐武田氏に招かれて駿河湾地域に渡海し、武田氏海賊衆の主力と位置付けられたが、これは伊勢海地域で培った海上活動に関する力量が、志摩国外に退去しながら、武田氏権力のもとで維持・拡大された事例である。九鬼嘉隆については、織田信長・北畠信雄父子という上位権力を背景として、志摩国衆に対する軍事的主導権を掌握し、小浜氏以上に大規模な海上軍事活動を展開していったのである。

とくに第一次木津川口海戦で、織田氏が大坂湾で劣勢に陥ると、九鬼嘉隆と志摩国衆は天正六年（一五七八）から大坂湾に出動し、和泉国衆の真鍋氏・淡輪氏などに支援されつつ、海上で毛利勢や淡路衆・雑賀衆に対抗した。九鬼嘉隆の参戦によって、織田方が確保しえた海上優勢は、堺・大坂を中心とする限定的な海域にとどまり、戦況に与えた影響を過大評価すべきではないが、一旦は崩壊しかけた織田方の海上戦略を再建したことは是認すべきである。

また、本拠地から隔てられた大坂湾で、数年に亘って軍事行動をともにした経験は、織田信長との関係を緊密化させるのみならず、九鬼嘉隆と志摩国衆の紐帯を強めたとも考えられる。本能寺の変以後、上位権力たる織田政権が動揺を繰り返し、小牧陣では織田（北畠）信雄と敵対する事態となりながら、九鬼嘉隆が勢力を維持しえた一因であろう。そして、小牧陣によって織田政権が解体し、織田氏・北畠氏との両属関係を清算したことから、九鬼嘉隆は本格的な家中運営・領域支配に着手し、大名家を形成していったと見込まれる。

なお、豊臣政権期の九鬼嘉隆と志摩国衆は、織田政権期よりもさらに広範囲にわたる海域を転戦しており、やがて朝鮮半島への軍事侵攻にも従軍した。本章では検証できなかったが、過酷な軍事動員が繰り返される中で、志摩国衆はその存立を維持すべく、九鬼嘉隆の指導力向上を承認したのであろう。

小浜氏は国外退去後に武田氏海賊衆として海上活動を継続し、やがて徳川将軍家の海上軍事官僚（船手頭）となったが、九鬼嘉隆は織田時代に志摩国衆の軍事動員を担い、豊臣時代に領域権力（大名家）へと成長したのである。

註

（1）藤田達生「織田政権と尾張」（『織豊期研究』第一号、一九九九年）、同『本能寺の変の群像』（雄山閣、二〇〇一年）、同『信長革命』（角川選書、二〇一〇年）。

（2）小浜氏の研究は、村井益男「水軍についての覚書」（『日本大学文学部研究年報』I、一九五二年）、柴辻俊六「武田氏の海賊衆」（同『戦国大名領の研究』名著出版、一九八一年）、鴨川達夫「武田氏の海賊衆小浜景隆」（萩原三男・笹本正治編『定本・武田信玄』高志書院、二〇〇二年）など。梶原氏の研究は、宇田川武久「北条水軍梶原景宗について」（『国史学』第八一号、一九七〇年）、佐藤和夫『日本中世水軍の研究』（錦正社、一九九三年）、盛本昌広「北条氏海賊の動向」（佐藤博信編『中世房総と東国社会』岩田書院、二〇一二年）など。

（3）藤本正行『信長の戦国軍事学』（洋泉社、一九九三年）、鈴木眞哉『鉄砲と日本人』（洋泉社、一九九七年）など。

（4）小島廣次「伊勢大湊と織田政権」（『日本歴史』第三七二号、一九七九年）。

（5）橋詰茂『瀬戸内海地域社会と織田権力』（思文閣出版、二〇〇七年）。

（6）『九鬼嘉隆―戦国最強の水軍大将―』（鳥羽市教育委員会、二〇一一年）。

（7）黒嶋敏「「鉄ノ船」の真相―海から見た信長政権」（金子拓編『『信長記』と信長・秀吉の時代』勉誠出版、二〇一二年）。
（8）『寛永伝』九鬼氏系図。嘉隆以前の九鬼氏に関する研究としては、西村正彦「志摩の豪族九鬼氏の研究」（『皇学』第六巻第三号、一九三九年）と稲本紀昭「九鬼氏について」（『三重県史研究』創刊号、一九八五年）があり、九鬼氏が室町時代初期から志摩国に進出し、「嶋衆」と称される地域連合体に加わり、志摩国で「海上警固」をめぐる権益を取得していったことが指摘されている。
（9）『寛永伝』九鬼嘉隆伝。
（10）『勢州軍記』（三重県郷土資料刊行会）「九鬼出世事」。同書は軍記物語であるが、十七世紀前半の成立であり、相対的には文飾が少ないと判断し、本稿では必要に応じて引用した。
（11）『勢州軍記』「九鬼出世事」。同書は、九鬼氏と相差伊藤氏・国府三浦氏・甲賀武田氏・和具青山氏・越賀佐治氏・浜島小野田氏を「志摩七人衆」と称している。
（12）「小浜家文書」（『戦武』一七四八号・一七八九号）。
（13）『勢州軍記』「九鬼出世事」。
（14）「中村林一氏所蔵文書」（『戦国遺文　武田氏編』三五三五号）。
（15）信雄は天正元年（一五七三）に元服して「具豊」と称し、さらに「信意」「信勝」「信雄」の順に改名したが、混乱を避けるために「信雄」で統一する。
（16）『勢州軍記』「九鬼出世事」。
（17）「太田家古文書」二〇五号（『三重県史　資料編中世1下』）。

(18) 拙稿「織田権力と北畠信雄」（戦国史研究会編『織田権力の領域支配』岩田書院、二〇一一年）。
(19) 「太田家古文書」一一三号（『三重県史　資料編中世1下』）。
(20) 『信長公記』（角川文庫ソフィア）巻七（九）。
(21) 尾張国内の蟹江・荒子・熱田・大高・木田・寺本・大野・常滑・野間・内海、伊勢国内の桑名・白子・平尾・高松・阿野津・楠・細頸から船舶が供出された（註(20)参照）。
(22) 『勢州軍記』「長嶋籠城事」。
(23) 『多聞院日記』（臨川書店）天正三年六月二十四日条。
(24) 拙稿「織田権力と北畠信雄」（註(18)前掲）。
(25) 「坂内文書」（『三重県史　資料編近世1』第一章一一一号）。
(26) 以下、足利義昭の基本的な動向については、奥野高廣『足利義昭』（吉川弘文館、一九六〇年）によった。
(27) 『勢州軍記』「長嶋籠城事」。
(28) 『寛永伝』九鬼嘉隆条、『紀伊国続風土記』（和歌山県神職取締所）巻之九十「三木浦」（三鬼城蹟）。
(29) 『勢州軍記』「長嶋籠城事」。
(30) 『信長公記』巻十一（九）。
(31) 播磨良紀「紀伊堀内氏と那智―戦国・織豊期の紀南支配を通じて―」（『和歌山地方史研究』第四一号、二〇〇一年）。
(32) 『寛政譜』堀内氏善条。
(33) 「堀内文書」（奥野高廣『増訂織田信長文書の研究』吉川弘文館、下巻五八一頁）。
(34) 『勢州軍記』「毛利出張事」。

(35)「太田家古文書」二二五号(『三重県史　資料編中世1下』)。
(36)「九鬼文書」(『三重県史　資料編近世1』第一章二〇〇号)。
(37)『信長公記』巻十一(九)(十一)。
(38)拙稿「織田権力と北畠信雄」(註(18)前掲)。
(39)元亀三年には、武田信玄の徳川領国侵攻に呼応して、海賊が三河国田原表を襲撃する手筈が整えられ(「松平奥平家古文書写」『戦武』一九九五号)、天正二年にも、伊勢方面から渡来したと思しき「兵粮船」が遠江国今切に出現して、鉄砲多数で徳川方の封鎖を突破した(『当代記』天正二年二月条)。
(40)『信長公記』巻九(四)。
(41)「萩原文書」(『戦瀬』四五〇号)。
(42)「釈文書」(『戦瀬』四五二号)。
(43)「佐藤行信氏所蔵文書」(『戦瀬』四五一号)。
(44)「細川家文書」(『戦瀬』四五四号)。
(45)註(42)(44)前掲参照。
(46)「毛利家文書」(『戦瀬』四六〇号)。『信長公記』巻九(五)も参照のこと。
(47)「船越文書」七号(『兵庫県史　史料編中世九　県外所在文書V』)。
(48)「淡輪文書」(奥野高廣『新訂織田信長文書の研究』(吉川弘文館)下巻七七二号)。
(49)『信長公記』巻十一(九)。
(50)『信長公記』巻十一(九)によると、九鬼嘉隆の堺着岸は天正六年七月十七日であり、史料3の発給はその翌日にあたる。安土城の織田信長が、九鬼嘉隆の堺着岸を知る前に史料3を発給したか、あるいは太田牛一(『公記』記主)の事実誤認であろう。記して後考を俟ちたい。

(51)『信長公記』巻十一(九)。

(52)『信長公記』巻十一(十一)。

(53)『信長公記』巻十一(十三)。

(54)谷口克広『織田信長合戦全録』(中公新書、二〇〇二年)など。

(55)「毛利家文書」(『戦瀬』五九八号)。

(56)佐久間信盛・信栄父子は、本願寺が大坂から退去した後、天正八年八月に失脚しており、史料4の発給年次は、天正六年か同七年に比定される。

(57)藤田達生「渡り歩く武士―和泉真鍋氏の場合―」(『泉佐野市史研究』第六号、二〇〇〇年)。

(58)『信長公記』巻十二(冒頭)。

(59)奥野高廣氏は史料5の発給年次を天正六年に比定するが、同年六月に九鬼嘉隆は未だ大坂湾に進出していない。また、谷口克広氏は天正九年の発給と推測している(同氏『織田信長家臣人名辞典【第二版】』)ものの、前年八月に本願寺教団は織田方と講話して大坂から退去しており、それ以降に九鬼嘉隆が深刻な補給不足に陥る状況は想定し難い。むしろ、天正七年か、あるいは同八年に比定すべきであろう。

(60)『信長公記』巻十三(六)。

(61)荒木村重は天正七年九月に摂津有岡城から尼崎城に後退し、翌年三月に尼崎城も放棄した。また、羽柴秀吉は天正八年正月に播磨三木城の別所長治を討滅し、播磨国における織田方の優勢を確定させた。

(62)『信長公記』巻十三(六)。
(63)『信長公記』巻十三(九)。
(64)「吉田文書」(藤田達生『証言本能寺の変』(八木書店、二〇一〇年)第一章史料編参考二号)。
(65)藤田達生『証言本能寺の変』(註(64)前掲)、桐野作人『織田信長』(新人物往来社、二〇一一年)など。
(66)『信長公記』巻十四(十四)。
(67)「蜂須賀文書」(『戦瀬』六一九号)。
(68)「太田家古文書」(註(35)前掲)。
(69)『信長公記』巻十一(十一)。
(70)鴨川註(2)前掲論文。本書第二章・第三章付論も参照のこと。
(71)尾下成敏「清洲会議後の政治過程―豊臣政権の始期をめぐって―」(『愛知県史研究』第一〇号、二〇〇六年)、堀新『天下統一から鎖国へ』(吉川弘文館、二〇一〇年)など。
(72)拙稿「織田権力と北畠信雄」(註(18)前掲)
(73)尾下註(71)前掲論文。
(74)『多聞院日記』天正十一年四月二十四日条。
(75)「古文書鑑」一二号、利根川淳子「古文書鑑について」(『松代』第一六号、二〇〇二年)。
(76)「加越能古文叢」(『愛資12』七九五号)。
(77)拙稿「織田権力と北畠信雄」(註(18)前掲)。
(78)「寸金雑録」(『愛資12』八〇五号)。

(79)『信長公記』巻七(九)。
(80)「榊原文書」(『愛資12』三七〇号)。
(81)「山本正之助氏所蔵文書」(『愛資12』三七三号)。
(82)「常光寺年代記」(『愛資12』四二五号)。
(83)「譜牒餘録後編巻一二」(『愛資12』八四五号)。
(84)『士林泝洄』(名古屋市教育委員会)間宮直綱・直信・信高条。
(85)『甲陽軍鑑大成』(汲古書院)第一巻本文篇上。
(86)元亀三年(一五七二)に三河田原城を襲撃しようとした武田方海賊とは、畠間宮氏のことではないかと推測される(註(39)参照)。
(87)「角屋文書」(『三重県史　資料編中世2別冊』角屋関係資料(4)「東京大学史料編纂所影写本」一三号)。
(88)『勢州軍記』「蟹江城攻事」。
(89)『家忠日記』(臨川書店)天正十二年六月十六日条・同十九日条。
(90)『家忠日記』天正十二年六月十九日条。
(91)『家忠日記』天正十二年七月三日条。
(92)「池田文書」「備藩国臣古証文」「新編会津風土記」(『愛資12』八六七〜八六九号)。
(93)「松坂権輿雑集第一」(『愛資12』七七一号)。

# 第二部　徳川権力の海上軍事と伊勢海地域・瀬戸内地域

# 第五章　徳川権力の海上軍事と知多千賀氏

## はじめに

戦国時代に大名権力のもとで編成された海上軍事力（海賊衆など）のうち、徳川氏の海上軍事力は、同氏の政権掌握とともに、その大部分が徳川将軍家の海上直轄軍団にスライドした。そして、十七世紀前半には、将軍権力の海上における爪牙として、海上活動を規模・領域ともに拡大させていった。

こうした徳川氏の海上軍事に関する検証では、従来は徳川将軍家の船手頭（海上軍事力を統括）、とくに小浜氏・向井氏が取り上げられてきた(1)。しかし、戦国時代に徳川氏の海上軍事力を構成したのは、江戸時代に船手頭を襲職した諸氏のみではない。徳川将軍家の海上軍事体制を完成型とし、そこから遡及的に戦国時代の状況を論じることは避けねばならない。

本章で取り上げる知多千賀氏は、知多半島の南端、伊勢湾・三河湾の結節点に所領を形成し、戦国時代に徳川氏の海上軍事体制に組み込まれながら、十七世紀以降は将軍家の海上直轄軍団に加わらず、尾張徳川氏に附属され、同氏の船奉行を世襲した。徳川氏海上軍事力の研究を進展させるには、千賀氏のような事例も取り上げなければならない。

知多千賀氏に関しては、すでに河岡武春氏・吹抜秀雄氏・永原慶二氏・林順子氏などの論考がある(2)。また、山下清氏も「千賀系図」を翻刻し、千賀氏歴代の事績を紹介している(3)。これらの諸研究は、江戸時代の千賀氏が知多半島南端で相当の在地性を維持しつつ、尾張徳川氏の権力機構の中で、海上活動の統括を担ったことなどを指摘したものの、戦国時代の動向については、吹抜氏・林氏は系図などの記述に依拠するにとどまり、河岡氏・永原氏は事実関係を十分に整理できていない。

千賀氏研究の現状は、とくに戦国時代の動向に関して、基礎的作業を集積すべき段階にあると言えよう。本章においては徳川氏の海上軍事における千賀氏の位置付けを検証することで、千賀氏研究の進展をはかることにしたい。

また、伊勢海地域（伊勢湾・三河湾の総称）の海上勢力は、しばしば戦国大名の海上軍事に参加しており、とくに武田・徳川両氏の海賊衆となった小浜氏・向井氏、織豊政権下で台頭した九鬼氏の事例はよく知られている(4)。しかし、小浜氏・向井氏については、武田氏に招聘されて駿河国に渡海し、次いで徳川氏の関東国替によって相模国に移るなど、その活動海域は東遷を重ね、とくに慶長年間以降は江戸周辺が主要拠点となり、伊勢海地域に復帰することはなかった。さらに九鬼氏の場合は、織田氏・豊臣氏・徳川氏のもとで列島規模の海上軍事活動を展開したものの、大名権力を確立する過程で伊勢海地域を離れ、海上軍事活動から撤退した(5)。

然るに、知多千賀氏は一五九〇年代の断絶期を除き、一貫して伊勢海地域で活動し、同地域で徳川将軍や尾張徳川氏の海上軍事を支えていった。伊勢海地域における海上勢力の動向、とくに戦国大名（本章では徳川氏）の海上軍事との関係を考察するうえで、好個のサンプルになりうると見込まれる。

## 一　伊勢海地域における活動

### 1　千賀与五兵衛の動向

千賀一族の本貫地は志摩国千賀とされ、その勢力分布は伊勢海地域の数国に及んだ。相応の海上活動能力を有し、各地に勢力を扶植していったことが窺われる。知多千賀氏も、十七世紀以降に「志摩守」の受領名を称しており、そのルーツを志摩国に求めていたことは首肯できる。

しかし、徳川氏との関係については、知多千賀氏は天正年間後半まで同時代史料における所見を欠いており、むしろ渥美半島を拠点とする千賀与五兵衛が先行していた。

〔史料1〕三月十九日付・松平家康判物（「江崎祐八氏所蔵文書」『愛資11』四一三号）

彼書立之御人数十八人之分へ、為改替以新地如前々員数可出之筈、大肥（大原資良）与申合候上者、聊不可有相違、如此候也、
仍如件、

（永禄八年）三月十九（日脱ヵ）　松蔵（松平）
家康（花押）

牟呂兵庫助殿
千賀与五兵衛殿
同衆中

史料1は、松平家康が三河吉田城の大原資良（今川方）と開城交渉を成立させたうえで、牟呂兵庫助・千賀与五兵衛

に配下一八人の所領改替・新地給与を通知したものである。牟呂・千賀とその「衆中」の身上保障が、吉田城の開城条件の一つだったこと、つまり両人とも今川方から松平方(徳川方)に帰順したことを看取できる。

また、千賀与五兵衛とともに判物を受給した牟呂兵庫助に関しては、中村孝也氏が渥美郡牟呂の領主と推定している(6)。これに従えば、千賀与五兵衛は永禄年間までに渥美半島に進出し、今川氏のもとで牟呂兵庫助と結んで「衆中」を形成したことになる。牟呂は渥美湾の奥に位置する海浜であり、千賀与五兵衛と牟呂兵庫助は海上活動を通して提携したものと考えられる。

なお、千賀与五兵衛の所領は伊勢国内にも存在し、「織田信雄分限帳」によると、天正十二年(一五八四)頃まで、三重郡楠領でも一七〇貫文の所領を確認できる(7)。天正二年の長島合戦では、楠からも船が動員されており(8)、千賀与五兵衛は楠を拠点にして、伊勢方面でも一定の海上活動能力を形成していたと考えられる。三河国・伊勢国などの数ヶ国に跨る所領を形成し、海上活動によって散在する所領を結合させていたのであろう。

ところで、今川氏時代の千賀与五兵衛は、永禄五年(一五六二)四月の富永合戦・堂山合戦・八幡合戦で戦功を立て、今川氏真から感状を受給しており(9)、永原慶二氏は今川氏海賊衆としての参戦と位置付けている(10)。しかし、これは江戸時代における知多千賀氏の動向を所与の前提として、千賀与五兵衛の動向も論じようとする理解である(11)。

この時期の今川氏は、たしかに「駿・遠・三城々」で「海賊船」を運用していたものの、富永・堂山・八幡などの諸合戦は内陸部で展開しており、海上軍事との関わりを想定することは困難である。戦国大名のもとで、海上の軍役をつとめるのが海賊衆であって、千賀与五兵衛を今川氏の海賊衆と看做すことには慎重であるべきだろう。

さらに「織田信雄分限帳」への記載は、天正年間の千賀与五兵衛が、織田氏・徳川氏に両属していたことを示唆するものの、それは千賀与五兵衛が織田・徳川両氏の海賊衆であったことと同義ではない。織田氏・徳川氏とも、伊勢海地域の海上勢力をしばしば軍事動員したものの、千賀与五兵衛の動向は不明である。海上活動能力を有したことと、戦国大名の海上軍事に参加することとは別問題として扱わねばならない。

## 2　知多千賀氏の成立

知多千賀氏のうち、はじめて確実な所見（後掲史料3）を得られるのは孫兵衛重親であり、その先代は八郎兵衛為親とされるが、「為」は大野佐治氏の通字である。[12]大野佐治氏については瀧田英二氏などの研究があり、戦国期に近江国甲賀から尾張国大野に入部、知多半島西南部に勢力を形成していき、やがて尾張織田氏に従属したとされる。[13]

大野佐治氏と知多千賀氏の関係については諸説があり、佐治氏の一族が為親から「千賀」を称したとも、[14]重親が佐治氏から千賀氏に養子入りしたともされて一定しない。[15]だが、佐治氏没落の後、織田氏が千賀氏所領も接収の対象とした経緯から、両氏が密接な関係にあったことは確実である。

戦国時代の知多千賀氏について、系図類は幡頭崎城主と記すが、[16]これは江戸時代以降の潤色と考えられる。天文八年（一五三九）の羽豆社遷宮に関する記録では、幡頭崎の「郡代」「城主」は「佐治八郎次郎為安」であり、[17]むしろ幡頭崎は大野佐治氏の勢力下にあった。系図類の記事をある程度是認するとしても、大野佐治氏の幡頭崎支配に参加したのが実情であろう。慶長年間の認識では、知多千賀氏の本領は「篠島・日間賀・方名・須佐・乙方」の五ヶ所であり、[18]具体的な経緯は詳らかにしえないが、志摩千賀氏の一族が大野佐治氏に従属して姻戚関係を結び、これらの所領を形成させたと理解すべきである。

なお、大野佐治氏の動向からは、海上活動を少なからず確認することができる。天正二年（一五七四）六月、織田信長は佐治為平に命じ、知多郡内の商売船を動員させた。[19]武田軍に攻囲された遠江高天神城を後詰するにあたり、兵糧を海路運搬するためである。同年七月の長島合戦でも、大野から船舶が出動したが[20]、これは前月に佐治氏が動員した船舶を転用したものであろう。佐治氏は知多半島の海上勢力に相当の支配力を及ぼしており、知多千賀氏も佐治氏家中として幡豆崎支配に参加しつつ、同氏の海上活動を支えるべき立場にあったと考えられる。

ところで、江戸時代成立の系図は、前述の千賀与五兵衛について、知多千賀氏の出身（為親の弟）であり、実名を「親久」とするが[21]、これは知多千賀氏を千賀一族の嫡流と位置付けようとする作為だろう。元来、伊勢海地域で数国に跨る活動を展開していたのは千賀与五兵衛であり、知多千賀氏は大野佐治氏のもとで知多半島南端に勢力を形成したに過ぎない。海上勢力としては、むしろ与五兵衛が優越していたと評価すべきである。

## 二　徳川氏の海上軍事への参加

### 1　大野佐治氏の没落

江戸時代の編纂史料では、知多千賀氏は天正十二年（一五八四）の小牧陣にて、徳川方海賊衆とともに伊勢湾を転戦したと伝えられる[22]。一五九〇年代以降の状況から遡及して形成された伝承とみる余地もあるが、同時期の大野佐治氏没落に伴い、知多千賀氏が徳川氏との主従関係を形成していったことは首肯できる。

瀧田英二氏は大野佐治氏の没落について、天正十一年まで大野で健在だったものの、①小牧陣で戸田忠次（徳川方）が大野に進駐して大野衆を指揮したとする近世史料（『戸田三郎左衛門覚書』『岡崎物語』など）があり、②「織田信雄分限帳」にて大野衆が織田長益の配下となっていることなどから、小牧陣で秀吉方に加担して没落したと指摘する[23]。最近では、福田千鶴氏も瀧田氏とほぼ同じ見解を提示している[24]。

但し、「岩屋寺文書」には、天正十二年八月の佐治氏発給文書が伝わっており[25]、瀧田氏の所説に従うと、佐治氏は大野領の回復をはかりながら、果たせぬうちに小牧陣が終結して、その没落を決定的にしたということになる。

次に掲げる史料2は、瀧田氏・福田氏とも言及していないものの、大野佐治氏が信雄に背いて没落したと考えると、その内容を容易に理解することができる。

〔史料2〕九月十一日付・本多正純等書状写（「千賀家文書」『江戸幕府代官頭文書集成』一二三六号）

返々久々持被来候本領ニ付て、此以前も右之仕合ニ御座候間、何様ニも御談合被成、其筋目違不申候様ニかん用ニ存候、以上、

急度申入候、仍千賀孫兵衛（重親）殿本領篠島・日間賀・方名・須佐・乙方之所ハ、此以前尾州俸之割、有楽（織田長益）御知行被成候時も高木筑後（広次）以被仰理被下候、其御恩賞忝とて関東へ御国替ニも被参、其意趣を以本知返し被下候、今度知多郡中将（松平忠吉）様へ参候ニも千賀与八郎（信親）差添被遣候間、いつものことく被仰付尤ニ存候、其通被仰上可為尤候、恐々謹言、

板倉伊賀（勝重）
大（大久保長安）石見
安（安藤直次）彦兵衛
村（村越直吉）茂助
本（本多正純）上野

（慶長十一年）九月十一日

奥津文右衛門殿
寺西（昌吉）藤左衛門殿
原田（守次）右衛門殿

まいる

史料2は、慶長十一年(一六〇六)の千賀氏所領問題について、家康年寄衆が松平忠吉重臣に善処を求めた書状である。その根拠となった由緒では、「尾州俸之割」により、千賀氏本領の「篠島・日間賀・方名・須佐・乙方」は、織田長益の所領に編入されることになったが、徳川方の要望で中止された経緯から、千賀重親は徳川氏の関東国替に従ったとされる。

この「尾州俸之割」について、「千賀系図」などは天正二年に比定するが[26]、同年に織田長益が千賀氏本領を取得しうる理由は見当らない。むしろ、小牧陣以降に織田信雄が実施した領国再編を意味すると考えられる。佐治氏没落の後、織田長益は大野衆を配下としており[27]、大野佐治氏の勢力は、長益のもとで再編されたとみられる。史料2が伝える由緒は、知多千賀氏が佐治氏没落に連座し、本来ならば、所領を長益の「御知行」に組み込まれるべきところ、徳川方が介入して奉行人高木広次の周旋で安堵されたということだろう。

千賀重親が徳川氏の庇護を得られたのは、形原松平家広の四女を妻とするなど[28]、佐治家中に属しつつ、徳川家中とも少なからぬパイプを築いていたことによると考えられる。また、小牧陣では、徳川方の戸田忠次が大野に進駐して、大野衆は忠次の指揮下に置かれたともされる[29]。秀吉との講和後、信雄・長益が遅滞無く大野領を接収するには、家康の意向を尊重する必要があったのであろう。但し、織田長益の被官として千賀又蔵の名も伝わっており[30]、千賀氏の中には、大野衆として長益の家臣団に加わった一族も存在したとみるべきである。

なお、この本領安堵に尽力した高木広次(徳川氏奉行人)は、徳川家中で織田信雄との外交を担い、天正十二年十一月には信雄から尾張国常滑で五〇〇貫文を給与され、船一艘の諸役を免許されていた[31]。また、同年三月には緒川先方衆・常滑先方衆が徳川氏に「帰参」した[32]。小牧陣を通じて、徳川氏が知多地域に少なからぬ影響力を得たことも、知多千賀氏が本領安堵のために徳川氏を頼った前提として理解できる。

ところで、小牧陣は千賀与五兵衛の海上活動にも深刻な影響を与えることになった。同陣の結果、織田信雄の北伊勢支配は再編成され、与五兵衛は三重郡楠領の替地として、朝明郡海老原で一一三貫二〇〇文を給与された(33)。これにより、与五兵衛は伊勢方面における海上活動の拠点を喪失し、勢力を著しく減衰させたと考えられ、同時代史料による所見も途絶える。伊勢海地域の海上勢力としては没落したのであろう。

## 2　三崎衆としての海上活動

天正十八年(一五九〇)に徳川氏が関東に移封されると、千賀重親は知多半島を離れ、相模国三浦郡の三崎・向ヶ崎・松輪・森崎・和田・大津・津久井の七郷で一〇〇〇石を給与されたという(34)。史料2では、本領安堵の恩義によって、千賀氏は徳川氏の関東国替に従ったとされる。但し、実情は織田信雄の改易、徳川家康の国替により、豊臣権力のもとで本領を維持しうる見込みが無かったためだろう。

さて、徳川氏の関東国替が進行する最中、千賀重親被官の国松五左衛門は、伊勢国河崎湊にて今一色平三の船を雇って、五二二九束の「家康様御妻木」を伊豆国下田まで輸送させた。この時期の知多千賀氏は、徳川氏が伊勢海地域の廻船商人に働きかける媒介の一つとなっていたのである。

〔史料3〕天正十八年十二月三日付・国松五左衛門送状写(「千賀家譜」『徳水』三六号)

送申御妻木

合而五千二百廿九束

右家康様御妻木也、船者今一色平三ノ船也、ちん賃ハ於川さき相済候也、慥ニ如送状御請取可被成候、送状右如

件、

いせ川さき二て
千賀孫兵衛内

天正十八年十二月三日　　国松五左衛門　判

伊豆下田
戸田三郎右衛門殿（忠次）
高木九介殿（広次）
千賀孫兵衛殿（重親）
参

伊豆下田地下
参

伊豆国下田で「家康様御妻木」を受領したのは、戸田忠次・高木広次・千賀重親と下田地下衆だった。関東国替の進行中は、戸田・高木・千賀が下田で地下衆の協力を得つつ、海路搬送される物資を検閲していたのであろう。

戸田忠次は関東国替後の下田領主であり、三河時代は渥美郡大津を所領としていた。元来は田原戸田氏の一族であったとされる(35)。田原戸田氏の勢力は知多半島の河和・師崎まで及んでおり(36)、田原城の陥落後も、河和戸田氏は緒川水野氏と結び付き、江戸時代には尾張徳川氏のもとでも存続した(37)。小牧陣において、忠次は大野進駐にあたっており、同族を介して知多半島に少なからぬ影響力を有していたとも考えられる。

また、高木広次は常滑で五〇〇貫文の知行を有しており、大野佐治氏没落後の千賀氏処遇問題では、織田方との折衝にあたった。知多半島に知行を有したことから、同地域の担当取次をつとめ、かつ関東国替時は、戸田忠次・千賀重親とともに、下田で海上輸送の検閲にあたったと理解することもできる。

但し、徳川氏の関東大名時代に入ると、千賀重親と戸田忠次・高木広次の接点は確認できなくなる。この時期の千賀重親は、むしろ向井氏などの徳川氏海賊衆と行動をともにしていた。

〔史料4〕文禄四年正月十七日付・小浜光隆等留書写（「千賀家譜」『徳水』四六号）

去午年（文禄三年）従宇久須大坂へ廻候御兵糧、

一、千俵　三崎衆

一、四千俵　かつさ衆

合五千俵

文禄四未年

正月十七日

小（小浜光隆）久太郎　判

向（向井政綱）兵庫　判

千（千賀重親）孫兵衛　判

間（間宮高則）虎之助　判

松（松平家信）又七　判

小（小笠原信元）安芸　判

同（小笠原広勝）新九　判

彦（彦坂元正）小刑部殿

参人々

史料4は、文禄三年（一五九四）に関東から大坂に向け、「三崎衆」「かつさ衆」が兵糧五〇〇〇俵を廻漕した一件に関する留書である。この三崎衆・上総衆とは、留書の発給者たる小浜光隆・向井政綱・千賀重親・間宮高則・松平（形原）家信・小笠原（幡豆）信元・同広勝の七人のことであろう。

関東時代の形原松平氏・幡豆小笠原氏は、上総国で所領を与えられ、徳川氏の軍事体制に参加するようになっていた。(38)この両氏が上総衆であって、三崎衆としては、小浜・向井・間宮・千賀の四氏が該当すると判断すべきである。

三崎衆のうち、向井氏は天正壬午の乱で徳川氏の海賊衆として活動し、(39)小浜氏・間宮氏も小牧陣で九鬼嘉隆（秀吉方）と海上で対抗しており、(40)いずれも五ヶ国時代から徳川氏の海上軍事力を構成していた。三崎衆に組み込まれた知多千賀氏は、向井氏・小浜氏・間宮氏に伍しての海上活動を要求されたことになる。

この三崎衆の成立は、豊臣政権の朝鮮出兵と密接な関係にあったと考えられ、文禄の役では、千賀重親も徳川家康に従って肥前国名護屋まで出陣したとされる。(41)

〔史料5〕天正二十一年正月二十八日付・西浦名主請文写（「千賀家譜」『徳水』四二号）

今度御陣之漕手ニ被仰付取申候船方之儀、郷中ニてあらため上せ置申候、もし御用ニも立候ハぬ者、かけおちなと仕候者、其身之事ハ不及申、郷中之名主十るゐまても御せいはい可被成候、為其一札指上申候、以上、

しけ寺之郷

天正廿一年（文禄二年）

弥六郎　判

正月廿八日

小右衛門　判

孫右衛門　判

向井兵庫殿（政綱）

こうミの郷

千賀孫兵衛（重親）殿　　八郎左衛門　判

参　長浜　治部左衛門　判

おもす之郷
　　磯部　判

ミとの郷
　　図書　判
　　隼人　判

ゐなし之郷
　　かけゆ　判
　　うねめ　判

史料5の請文は、伊豆国重寺・小海・長浜・重須・三津・江梨の六郷が、向井政綱・千賀重親から文禄二年正月に「御陣之漕手」を賦課されたことに対応している。これらの郷村は代官の彦坂元正の支配下にあり[42]、向井政綱・千賀重親は、名護屋陣中にあって、徳川氏の直轄領から水夫を徴発する権限を行使したことになる。この時期から、知多千賀氏などの三崎衆は、給付された知行に応じて海上軍事力を編成・提供するだけではなく、徳川権力のもとで海上軍事を統括するようになっていたのである。

なお、千賀重親の養嗣子信親は、文禄初年にはじめて家康に「御目見」したとされ[43]、同時期に養子縁組が成立したものと考えられる。信親の実父は林茂右衛門であり、かつての織田氏重臣林秀貞の一子とされる[44]。秀貞失脚の後、具体的経緯は不明ながら、茂右衛門は徳川家中に召し抱えられていたのである。

文禄元年六月、徳川家康は名護屋在陣中に秀吉から大船建造を命じられると、林茂右衛門に「入精」を指示し、詳細は小浜政精に説明させた(45)。政精は三崎衆小浜氏の一族と思われ、自身も「舟大将」の立場にあった(46)。翌年二月には関東在国の大身家臣にも、「つくし大舟」の装甲として一万石につき一五〇〇枚の鉄板供出が賦課されており(47)、徳川氏は総力をあげて「大船」の建造を進めていた。林茂右衛門はこの大船建造に「入精」すべき立場にあったのである。

林茂右衛門の実父秀貞は、天正二年に「囲船」を拵えて長島一向一揆の海上封鎖に参加しており(48)、織田家中で少なからぬ海上活動能力、とくに造船に関するノウハウを蓄積していたとみられる。茂右衛門もそのノウハウをある程度継承しており、徳川氏の海上軍事に参加していたのだろう。

文禄年間の徳川氏海上軍事は、朝鮮出兵という未曾有の対外戦争に対応すべく、傘下の海上勢力に兵力を提供させる段階から、家中全体で海上兵力を編成する段階に移行しており、三崎衆はその統括者と位置付けられたのである。千賀氏の養子縁組は、こうした動向を前提として、海上軍事体制の内部で人的結合を強めたものと考えられる。

## 三　知多郡復帰後の動向

### 1　所領と海上権益の拡大

慶長五年(一六〇〇)の関ヶ原合戦にて、徳川氏は西軍の九鬼嘉隆などに対抗すべく、海上兵力(「船手」)を伊勢湾に出動させた(49)。千賀重親も形原松平氏・幡豆小笠原氏とともに知多半島南端の師崎を守衛し、九鬼嘉隆・堀内氏善の攻勢を阻んだと伝えられる(50)。千賀氏の旧領周辺が、徳川方海上戦力の橋頭堡として活用されたということであろう。

関ヶ原合戦の後、三河国・尾張国・北伊勢には徳川氏の一門・家臣が入り、伊勢海地域は徳川氏によって掌握されていった。千賀重親も知多半島の本領に復帰すると、師崎に番所を構えており[51]、徳川氏が当該地域を支配する一翼を担うようになったと考えられる。

「松平忠吉分限帳」では、千賀氏は慶長十二年の段階で一四八〇石の知行を得ている[52]。元和六年（一六二〇）の知行目録によると、その具体的な構成は、師崎村（三三六石二斗二升三合）・須佐村（六九七石六斗八升）・方名村（一九二石九斗八升）・乙方村（二〇八石三斗）・篠島村（三六石五斗）・日間賀島村（一五石）の六ヶ所であった[53]。但し、史料2で見られるように、千賀氏本領は「篠島・日間賀・方名・須佐・乙方」の五ヶ所であり、師崎村の知行地は、知多郡復帰後に海上警衛の拠点として加増されたと判断すべきである。

なお、知多郡は関ヶ原合戦後も家康の直轄下にあり、慶長十一年から松平忠吉（家康四男。尾張清洲城主）の領国に加えられた。千賀氏の忠吉附属も同年以降に実現したのである。

この前年には、家康から秀忠に将軍位が移譲されたものの、豊臣秀頼は家康の上洛要請を拒み、徳川・豊臣両氏の緊張が懸念される事態に直面していた。千賀氏の忠吉附属は、豊臣方との緊張再発（及び軍事衝突への移行）に備え、忠吉にも領国相応の海上軍事力を編成させるための処置と捉えることもできる。しかし、千賀氏の忠吉附属について、家康・忠吉の認識には少なからぬ齟齬が存在した模様である。

〔史料6〕八月二十六日付・原田守次書状写（「千賀家譜」『徳水』六二号）

返々千孫兵衛殿（千賀重親）へも右之分可被仰遣候、貴様御知行之義ハ御朱印ニ而渡可申候、以上、

一書申入候、篠島・ひまか・乙方・かたな、右四村我々代官ニ被仰付候間、夏成秋成御取候事、并百姓御遣被成候事、御無用ニ可被成候、貴様御知行替之義ハ御朱印ニ而渡申候間、其御心得可被成候、何様懸御目候ハヽ、可申承候、恐惶謹言、

（慶長十一年）八月廿六日　　　　原田右衛門（守次）
（千賀信親）与八郎様

史料6は、原田守次（松平忠吉重臣）から千賀信親（重親養子）に対し、篠島・日間賀島・乙方・方名の四ヶ村の支配停止と知行替を通知した文書である。

但し、千賀氏所領のうち、松平忠吉が収公を意図したのは篠島・日間賀島・乙方・方名であって、師崎・須佐は対象外としていた。師崎は海上警衛の拠点、須佐は最有力の知行地であったために除外されたのであろう。忠吉とその周辺も、知多千賀氏の海上活動能力を解体することは避けたのである。千賀氏の附属をめぐり、家康・忠吉の間に認識の齟齬があったとしても、極端な相違ではなく、当該問題は史料2で家康が撤回を求め、忠吉が直ちに了承して解決したのである[54]。

なお、知多千賀氏が本領を維持できたことは、海上軍事における重要性に加え、千賀重親の政治的立場に起因していたとも考えられる。「松平忠吉分限帳」を再度確認すると、「尾張組」として「千四百八拾石」を知行したのは千賀信親である[55]。養父の重親については、尾張国には在国していなかったと推測される。

〔史料7〕七月十九日付・千賀重親書状（『大工頭　中井家文書』一五四号）

猶々ひるハあつく候間、夜舟ニも御下候ハヽ、舟之儀御存分次第ニ無由断申付馳走可申候、以上、

一書申入候、仍御大工中井大和殿（正清）江戸へ御てんのさしつニ為御諚御下候、白子より其地迄りくしにて御越候、其地より吉田迄我等小早舟にて送可申候、人多にて彼船壱艘ニ成不申候者、地下之舟を壱艘荷船ニ申付送可申候、其元ニ而御用候ハヽ、御馳走可申候、為其申入候、恐々謹言、

（千賀）千孫兵

（慶長十一年ヵ）
七月十九日　　　　重親

「（ウワ書）
千与八郎（千賀信親）殿　　　　伏見ゟ

伊奈彦左衛門との

参　」

史料7は、中井正清の江戸下向にあたり、「小早舟」や「地下之舟」を提供して、正清を三河国吉田まで渡海させるよう、千賀重親が伏見から信親に指示を出した書状である。中井正清の大和守任官について、『中井家系譜』は慶長十一年七月十三日とするが(56)、同時期には家康の伏見在城を確認できる(57)。発給年次を上限の慶長十一年に比定するならば、家康の意向によって発給した文書となるだろう。すなわち、知多郡復帰の前後から、重親は信親に家督を譲って自身は家康に近侍し、家康周辺と知多千賀氏の意思伝達を担うようになっており、その立場によって、千賀氏の本領安堵を求める裁定を家康から引き出すことができたと考えられる。たとえ慶長十二年以降の発給としても、重親が伏見から本領に各種の指示をおこない、畿内方面と江戸・駿府の連絡を海上から支える役割を担っていた証左となる。

また、本領復帰後の知多千賀氏は、伊勢湾・大坂湾の両海域間の海上交易に関する権益を拡大させることになった。

〔史料8〕慶長十年卯月六日付・浅野幸長書状写（「千賀家文書」『徳水』五九号）

以上

於紀伊国浦々、千賀孫兵衛殿（重親）御船壱艘、最前小笠原越中殿（正吉）如御朱印船、不相違諸役有之間敷候、可被成其意候也、

紀伊守（浅野）

慶長十年　　　　幸長（花押）

卯月六日
　播磨屋

史料8にて、紀伊国主の浅野幸長は、千賀重親の持船について、「小笠原越中殿（正吉）」の「御朱印船」と同様に諸役を免許するよう指示している。小笠原正吉は三河国幡豆郡沿岸部で所領を有しつつ、淀川の船奉行として活動しており、その持船は三河湾から伊勢湾・紀伊半島を経て大坂河口に至る水上ルートを往来し、家康から諸役免許の特権を付与されていたと推測される。[58]その「御朱印船」に準拠した特権が、千賀重親の持船にも適用されたのであろう。

また、紀伊国内における諸役免許は、知多千賀氏の持船がしばしば東瀬戸内方面に渡航していたことを意味する。つまり、知多千賀氏はある時期から伊勢湾—大坂湾の海上交易に参入するようになっており、さらに徳川権力から諸役免許の特権を付与されたのである。

## 2　大坂冬陣と知多千賀氏

慶長十九年（一六一四）の大坂冬陣にて、千賀氏は徳川方の水上部隊に加わり、河口部の攻略・封鎖にあたった。[59]とくに十一月二十九日には、徳川方の「船大将衆」が福島を攻略し、豊臣方の番船数艘と小船多数を奪取した。

〔史料9〕霜月二十九日付・本多正信等書状写（『譜牒餘録後篇』『新修大坂市史　史料編第五巻大坂城編』四五二頁）

貴札報令拝見候、仍今卯ノ刻ニ福嶋者御追破、其上首・生捕等、一ツ書之通、具披露仕候処、不成大形御感ニ思召、各御使者へ御時服被下候、其元之様子、千賀孫兵（重親）被申上候、弥無油断被入御情之儀専一ニ御座候、恐々謹言、
（慶長十九年）霜月廿九日　土井大炊助（利勝）
安藤対馬守（重信）

酒井（忠世）雅楽頭
本多（正信）佐渡守

九鬼（守隆）長門守殿
向井（忠勝）将監殿
小浜（光隆）民部殿
千賀（信親）與八郎殿
千賀勝次郎殿
小浜（守隆）弥十郎殿御報

史料9によると、福島攻略の戦果について、千賀信親・同勝次郎は九鬼守隆・向井忠勝・小浜光隆・同守隆と「一ツ書」を作成・提出し、それぞれが使者を秀忠本陣に出頭させている。指揮系統では、千賀氏は将軍秀忠に直属していたのである。また、傍線部によると、千賀重親も戦況を秀忠年寄に言上しており、重親が秀忠本営に加わって従軍し、秀忠周辺と水上部隊の意思疎通を担っていたことも確認できる。

秀忠本営における千賀重親の位置付けについては、森甚五兵衛（蜂須賀氏船奉行）に宛てた書状が参考になる。

〔史料10〕（慶長十九年）霜月十九日付・千賀重親書状写（「森文書」『新修大坂市史　史料編第五巻大坂城編』四五一頁）

猶々夕部御かし被成ちやうちん、此者進候、御返し奉頼候、②昨日御船かり申候てんほ口（伝法）へ遣し候者未参候、
てんほ之様子可被成御聞候間、船を被成御出し、彼者共早々参候様被仰付可被下候、具口上ニ申含候、以上、
①昨日者為御使ト罷越候処ニ、種々御馳走之段喜悦之至候、御貴殿様其元被入御情、きす口（木津）ゟ之船口者、一切相留
申候由申上候処ニ、御機嫌能御座候条、可御心安候、御貴殿様へ具申上候間、御心得奉頼候、恐惶謹言、

千賀孫兵衛（重親）
書判

（慶長十九年）霜月十九日

森甚五兵様
人々御中

傍線部①では、千賀重親が使者として蜂須賀至鎮の陣所に赴き、木津口の水上封鎖を視察して徳川秀忠に言上したこと、傍線部②では、蜂須賀氏から船舶を借用して伝法口（向井忠勝・千賀信親などが布陣）[60]に出向した使者の送迎を急ぐよう指示したことが判明する。秀忠の本営は、物見などの水上移動において、しばしば蜂須賀氏などに船舶を供出させ、その指示を千賀重親から伝達させたのであろう。すなわち、千賀重親は秀忠本営にあって、海上面で秀忠の指揮・判断を補佐すべき立場にもあったのである。

なお、豊臣方は福島を喪失すると、十一月三十日に天満・仙波も放棄し、翌日までに徳川方が当該区域に進出した[61]。

〔史料11〕三月二十一日付・阿倍正之書状写〈抄〉（「千賀家文書」『徳水』二〇九号）

一石主殿（石川忠総）々五分一ゟ押込、其夜も仙波と城（堀カ）一重隔、打ちあひ被申候時分、御手前ゟ番之舟御出シ置候由、度々主殿々物語ニて候、

〔史料12〕（慶長十九年）極月二日付・近藤秀用書状写（「清和源氏向系図」『徳水』一二一〇号）

尚々九兵（高木正次）ゟも申入候とも、少遠候間、先我等ゟ申入候、其元之様子御報を承度存候、以上、

一昨日者船被仰付、其上天王寺下迄此方江早々参候而、一段忝存候、昨夜鉄炮事外なり申候間、無御心元存候、仕寄能候（而脱カ）被成手負無御座様ニ可被召思候、廿九日之儀一段御手柄共無斗候、上意ニも一段可然様ニ被思召候間、御祝着被察、何事も懸御目方々御礼可申候、恐々謹言、

（慶長十九年）極月二日　　近藤石見守（秀用）
（向井忠勝）向　将監様
（信親）千賀与八様
人々御中

まず史料11によると、徳川方の仙波進出により、石川忠総（美濃大垣城主）も五分一から仙波に進み、後年に阿倍正之に回想したところでは、千賀信親が派遣した「番之舟」に支援されつつ豊臣方と対峙したという。史料12については、近藤秀用・高木正次が秀忠の上使として石川忠総の陣所を視察したとする記録[62]と符合し、近藤・高木が向井忠勝・千賀信親から船を貸与された礼を述べたものと判断できる。信親は豊臣方の水上部隊と交戦するだけでなく、徳川方の軍事行動を水上から支援していたのである。

なお、千賀信親が将軍秀忠の指揮下に入った要因として、松平忠吉が慶長十二年に死去したことも想定できる。忠吉の死後、その領国は家康九男の義直に引き継がれたが、若年の義直では本格的な軍事指揮を望みえなかった。さらに慶長年間の義直は駿府在住が続き、千賀氏との主従関係も希薄であり、また秀忠側にとっても、より多くの水上部隊を直轄する必要性があったことから、千賀信親は義直ではなく秀忠の指揮を受けることになったと考えられる。

## おわりに

戦国時代の千賀氏は、伊勢海地域で海上活動をおこない、その一流は大野佐治氏のもとで知多半島南端に所領を形成した。佐治氏は小牧陣で没落したものの、知多千賀氏は徳川家康の庇護を得て本領の維持に成功し、徳川氏の海上軍事に参加していった。知多千賀氏の所領は伊勢湾・三河湾の結節点を扼しており、大名権力が伊勢海地域に影響力を行使する媒介にもなりえたことが、徳川氏に知多千賀氏を庇護させたとも考えられる。

徳川氏の関東大名時代には、知多千賀氏は徳川家中で海上軍事を統括する三崎衆の一員となった。徳川氏の海上軍事は、天正年間後半に旧武田氏海賊衆の小浜氏・向井氏などを加えて充実したが、小浜氏・向井氏とも武田氏が伊勢海地域から招聘した海賊であり、やはり関東国替後は三崎衆に加えられた。伊勢海地域の海上勢力が、まず徳川氏の海上軍事力として編成され、文禄年間の対外戦争に対応して、より大規模化する海上軍事体制を統括したのである。

さらに関ヶ原合戦の後、知多千賀氏は尾張国の旧領に復帰して、その所領と海上権益を拡大させた。この時期、伊勢海地域を構成する三河国・尾張国・伊勢国には徳川氏の一門・家中が入部しており、知多千賀氏の旧領復帰は、徳川氏が伊勢海地域を掌握する一環として理解することもできる。

なお、慶長年間後半から、知多千賀氏は松平忠吉、次いで徳川義直に附属されることになった。但し、忠吉は夭折、義直も幼少であったことから、いずれも知多千賀氏との主従関係は十分に進展せず、慶長年間の知多千賀氏が、忠吉・義直のもとで海上軍事を統括した事例は見出せない。当該時期の知多千賀氏は、むしろ家康・秀忠のもとで海上活動にあたったのである。そして、元和年間以降、義直の尾張在国期間が長くなると、その領国・家中も確立していき、知多千賀氏は尾張徳川家の海上軍事を統括することになったのである。

註

（1）　村井益男「水軍についての覚書」（『日本大学文学部研究年報』Ⅰ、一九五二年）、鈴木かほる「戦国期武田水軍向井氏について」（『神奈川地域史研究』第一六号、一九九八年）など。

（2）河岡武春「船手組の成立と機能および変質」（『史学研究』第七一号、一九五九年）、吹抜秀雄「近世における地頭の研究」（林薫一編『尾張藩家臣団の研究』名著出版、一九七五年）、永原慶二「伊勢・紀伊の海賊商人と戦国大名」（同『戦国期の政治経済構造』岩波書店、一九九七年）、林順子『尾張藩水上交通史の研究』（清文堂、二〇〇〇年）。

（3）山下清「千賀系譜（その一～三）」（『みなみ』第三一～三三号、一九八一～一九八二年）。

（4）柴辻俊六「武田氏の海賊衆」（同『戦国大名領の研究』名著出版、一九八一年）、鴨川達夫「武田氏の海賊衆小浜景隆」（萩原三男・笹本正治編『定本・武田信玄』高志書院、二〇〇二年）、鈴木註（1）前掲論文、拙稿「武田氏海賊衆における向井氏の動向」（『武田氏研究』第四三号、二〇一一年）、鳥羽市教育委員会編『九鬼嘉隆―戦国最強の水軍大将―』（鳥羽市教育委員会、二〇一一年）、黒嶋敏「「鉄ノ船」の真相―海から見た信長政権」（金子拓編『『信長記』と信長・秀吉の時代』勉誠出版、二〇一二年）。

（5）福田千鶴「寛永期における主君・家中・親族・公儀―九鬼氏の事例から―」（丸山雍成編『日本近世の地域社会論』文献出版、一九九八年）。

（6）中村孝也『新訂徳川家康文書の研究』（日本学術研究振興会、一九八〇年）上巻七九〇頁。

（7）「織田信雄分限帳」（『愛資12』一〇四〇号446）。

（8）「信長記第七」（『愛資11』一〇三〇号）。

（9）「千賀家文書」（『愛資11』一二三・一二三三・一二五三号）。

（10）永原註（2）前掲論文。

（11）「天宮神社文書」（『愛資11』一二四九号）。

（12）「千賀系譜」（註（3）前掲）、「佐治系図」（『系図綜覧』下）。

(13) 瀧田英二「大野佐治考」(同『常滑史話索隠』一九六五年)。
(14)「千賀家文書」所収系図(東京大学史料編纂所謄写本)。
(15)「千賀系譜」(註(3)前掲)。
(16)「千賀系譜」(註(3)前掲)、「千賀家文書」所収系図(註(14)前掲)。
(17)「岩屋寺文書」(『愛資10』一三四一号)、「羽豆神社」棟札銘写(同一二五一号)。
(18)「千賀家文書」(和泉清司編『江戸幕府代官頭文書集成』(文献出版、一九九九年)一一三六号)。
(19)「反町文書」(『愛資11』九五一号)。
(20)「信長記第七」(註(8)前掲)。
(21)「千賀系譜」(註(3)前掲)。
(22)「千賀系譜」(註(3)前掲)、『寛永伝』戸田忠次伝・向井正綱伝など。
(23) 瀧田註(13)前掲論文。
(24) 福田千鶴『江の生涯』(中公新書、二〇一〇年)。
(25)「岩屋寺文書」(『愛資12』六一一・六二一号)。
(26)「千賀系譜」(註(3)前掲)。
(27)「織田信雄分限帳」(註(7)前掲389・390)。
(28)『寛政譜』形原松平家譜。千賀重親室は松平(深溝)伊忠長女「ちいは」ともされる(『寛政譜』深溝松平家譜)が、『家忠日記』(臨川書店)によると、「ちいは」はまず松平(東条)家忠に嫁し、死別後は跡部昌出に再嫁しており、千賀重親との婚姻は確認できない。千賀重親室・跡部昌出室の兄がともに「家忠」を実名とすることから生じた混乱であろう。

形原松平氏は三河時代から海上活動に関わっており（本書第六章）、知多千賀氏とも相応の交流があったと考えられる。
（29）『寛永伝』戸田忠次伝。
（30）『寛政譜』織田長益譜。
（31）「古文書（記録御用所本）」（『愛資12』六九六・七〇二号）。
（32）「古文書（記録御用所本）」（『愛資12』三一六号）。
（33）「織田信雄分限帳」（『愛資12』一〇四〇号446）。
（34）「千賀系譜」（註（3）前掲）。
（35）『寛永伝』戸田忠次伝。
（36）註（17）前掲。
（37）『士林泝洄』（愛知県郷土資料刊行会）の河和水野家譜によると、戸田孫八郎守光（河和城主）は水野信元の女婿であり、その子光康の代から「水野」名字を称した。なお、同系図は戸田忠次を守光の伯父としている。
（38）本書第六章を参照のこと。
（39）「諜牒餘録三十三」（『静岡県史　資料編8中世四』一五六〇号）。
（40）「小浜文書」（『愛資12』八二二号）。
（41）「千賀系譜」（註（3）前掲）。
（42）和泉清司編『江戸幕府代官頭文書集成』（文献出版、一九九九年）に関係文書が多数収録されている。
（43）「千賀系譜」（註（3）前掲）。
（44）『士林泝洄』千賀信親譜・林正政譜。

（45）『記録御用所本　古文書』（東京堂出版）一二三四号。
（46）「慶長年中卜斎記」（『改定史籍集覧』第二六冊、臨川書店）。
（47）『家忠日記』文禄二年二月十二日条。
（48）「信長記第七」（註（8）前掲）。
（49）「九鬼文書」（『三重県史　資料編近世一』第二章一三六号）。
（50）「慶長見聞書」（『愛資13』一〇七八号）。
（51）「千賀系譜」（註（3）前掲）。
（52）「慶長十二年松平忠吉家中分限帳」（『埼玉県史調査報告書　分限帳集成』一三号）。
（53）「千賀家文書」（『徳水』一七六号）。
（54）「千賀家文書」（『江戸幕府代官頭文書集成』関連五四号）。
（55）「慶長十二年松平忠吉家中分限帳」（註（52）前掲）。
（56）平井聖『中井家文書の研究』第一巻（中央公論美術出版、一九七六年）。
（57）『言経卿記』（岩波書店）によると、家康は慶長十一年四月六日から九月二十一日まで伏見城に在城している。
（58）本書第六章・第八章参照のこと。
（59）『駿府記』慶長十九年十一月二十九日条。
（60）『寛永伝』向井忠勝伝。
（61）『駿府記』慶長十九年十一月三十日・十二月一日条。
（62）『新訂増補国史大系　徳川実紀』（吉川弘文館）慶長十九年十二月一日条。

# 第六章　徳川権力の海上軍事と幡豆小笠原氏

## はじめに

戦国期徳川氏の海賊衆は、徳川氏の関東大名時代に再編成され、幕末の軍制改革まで存続する船手組織（海上直轄軍団）の原型となった。しかし、徳川将軍家のもとで船手組織を統括した船手頭は、徳川氏の海賊衆をルーツとする諸家のみから任用されたわけではない。本章で取り上げる幡豆小笠原氏は、戦国期の三河国南西部で支配領域を形成した国衆であり、永禄年間から岡崎松平氏（徳川氏の前身）に服属し、関東大名時代の徳川氏によって海上軍事体制に組み込まれ、やがて徳川将軍家の権力に寄り添い、その海上軍事力を統括することになった（1）。

徳川権力の海上軍事体制において、幡豆小笠原氏は武田氏海賊衆から徳川氏海賊衆に転じた向井氏・小浜氏ほどの地位を確保するには至らなかった。しかし、徳川権力が海上軍事の枠組みを大幅に拡張させていった文禄期から、船手組織が縮小される元禄期まで、海上活動を継続した一族の研究は、相応の意義を有すると見込まれる。

本章では、幡豆小笠原氏のほぼ一世紀に及ぶ海上活動を検証することで、徳川権力の海上軍事体制がいかなる年代的変遷を辿っていったのか、その復元・把握を試みることにしたい。

# 一　戦国・織豊期の徳川権力と幡豆小笠原氏

## 1　三河国衆としての幡豆小笠原氏

三河時代の幡豆小笠原氏の構造を解明するには、次に掲げる文書が基本となる。

〔史料1〕永禄七年四月七日付・松平家康起請文写（「記録御用所本古文書」『徳水』四号）

　　神罰起請文

一両城相違有間鋪之事、

幡豆知行方者、東者須崎之郷ニ至川切、西者宮崎山共、北者小野賀谷・八幡境、付大原山小原山之事、於郡中諸不入之事、聊相違有間鋪事、

　　但境目ハ可為兼法事、

一同名中相違有間鋪之事、

　　此旨如在有之者、

上梵天大尺（帝釈）、下者四大天王、惣而日本国中大小神祇、八幡大菩（菩薩）、富士・白山・南無天満大自在天神、一代之念仏致無出、於今生者白癩黒癩請病、於来世者無間可落者也、仍起請文如件、

　永禄七甲子四月七日　　蔵人（松平）家康御判

　　小笠原左衛門佐（広重）殿

　　冨田新九郎（小笠原広光）殿

史料1は、幡豆小笠原氏が岡崎松平氏(徳川氏)に帰順した際に受給した起請文である。二ヶ条によって構成されており、第一条で「両城」と「幡豆知行方」を安堵し、第二条で「同名中」(一族)の身上を保証している。受給者の小笠原広重(「小笠原左衛門佐」)は寺部城主、小笠原広光(「冨田新九郎」)は欠城主であり、「両城」は寺部城と欠城のことを意味している。つまり、幡豆小笠原氏とは、寺部城主家・欠城主家を中心として、「幡豆知行方」とその領域の小笠原一族が結集した同族連合体であったと考えられる。

なお、寺部城は寺部湊を望む丘陵上に築かれており、現存する遺構を確認すると、相対的に北側が厳重で、南側の港湾を防護するような構造となっていることから、幡豆小笠原氏の海の領主としての志向性を見出す指摘もある。(2)欠城についても、遺構こそ残存しないものの、海上勢力としての自意識を連想させる「磯城」との異称が伝わる。(3)

史料1第一条によると、「幡豆知行方」とは、東は須崎、西は宮崎、北は小野賀谷によって区切られる領域であって、幡豆郡東部の沿岸地帯に該当する。こうした支配領域の構造は、海上活動能力の涵養にも適しており、後年に幡豆小笠原氏が徳川権力の海上軍事体制に組み込まれる前提になったと考えられる。なお、『家忠日記』によると、深溝松平家忠は宮崎に大網を発注しており、(4)宮崎が漁業の拠点であったことも判明する。宮崎などの「幡豆知行方」に蓄積されていた海事技術が、後に軍事面に転用されたのであろう。

さて、幡豆小笠原氏の動向は、三河吉良氏(足利御一家)に従属する国衆として、十六世紀中頃から確認されるようになる。広重・広光の「広」も、ともに東条吉良持広からの偏諱であったと推測される。

一五四〇年代後半に入ると、三河国では駿河今川氏の支配が進捗していく一方で、親今川・反今川をめぐる諸勢力の内訌も相次いだ。弘治元年(一五五五)には、西条吉良義安(持広女婿)は緒川水野氏と結んで今川方に反逆したが、今川方に与同する吉良氏従属国衆は荒川氏(吉良氏一門)を中心に結束し、幡豆小笠原氏や形原松平氏も親今川派に属した。(5)結局、西条吉良氏の反乱は失敗し、義安は今川方によって幽閉されたが、その弟の義昭が新当主に立てられた。この段階では、吉良氏勢力は崩壊に至らず、吉良氏と幡豆小笠原氏の主従関係も維持されたことになる。

その後、今川義元が永禄三年（一五六〇）の桶狭間合戦で討死すると、岡崎松平（徳川）家康が自立し、翌年から三河国は今川方と岡崎方による戦乱状態に陥った。吉良氏惣領家は西三河の今川方勢力の中心として活動しており、幡豆小笠原氏も今川方に与していたものと推測される。しかし、吉良義昭は岡崎方の攻勢に圧迫され、永禄六年に三河一向一揆に加担したものの、一揆方は翌年までに岡崎方に制圧され、吉良義昭も没落に追い込まれた。これにより、吉良氏勢力は解体し、幡豆小笠原氏も岡崎松平氏に帰順して、永禄七年四月七日付で家康から起請文（史料1）を与えられ、広重（寺部城主）・広光（欠城主）を中心としての存立を保証された。

なお、徳川氏（永禄九年から名字を改称）が永禄十一年に遠江国へ侵攻すると、小笠原広光は高天神小笠原氏の勧誘にあたり、同氏の徳川方帰属を成功させている。(6)この功績によって、小笠原広光は渥美半島の赤羽根などを賜わったとされ、永禄十二年十一月に赤羽根郷の「広輪助五郎新田本年貢弐百文所」を厳王寺に寄進した。(7)同寄進状において、小笠原広光は「摂津守」の受領名を称しており、高天神小笠原氏勧誘の褒賞として、家康から受領名も認可された模様である。安泰寺（幡豆小笠原氏菩提寺）の過去帳は、小笠原広光と同一人と思しき「前摂州太守一雲了無大居士」を赤羽根城主と記しており、(8)広光は赤羽根拝領を機に、居城を欠から赤羽根に移転したものと考えられる。

赤羽根については、田原戸田氏の所領だった時期もあり、同氏によって海関が設置されていた。(9)また、永禄年間の三河国争乱に際して、今川方は赤羽根から三河田原城に物資を搬送する支援経路を構築した。(10)こうした赤羽根の領有によって、幡豆小笠原氏（欠城主家）は海上勢力としての性格・権益などをより強めたはずである。

また、高天神小笠原氏の一族だった小笠原清有も、惣領家の徳川方与同に尽力した恩賞として、永禄十二年正月に徳川氏によって加増された。[11] この加増地のうち、三〇〇貫文は「大坂西方・同浜野村」から「舟共」を含めて給付されたものであり、小笠原清有は海上交通の拠点・権益を取得したことになる。ほぼ同時期に、徳川氏が広光と清有に三河・遠江沿岸の拠点を加増した背景としては、自立性の強い高天神小笠原氏を統制すべく、海上ルートによって、広光・清有両者の連絡を容易にしようとする意図が想定される。

天正年間前半に入ると、幡豆小笠原氏のうち、寺部城主家は信元（広重嫡子）、欠城主家は安次（広光嫡子）に代替りして、遠江牧野城に在番し、対武田氏戦争の最前線に加わった。[12] また、天正十年（一五八二）に武田氏が滅亡すると、小笠原信元・安次は駿河沼津城（北条氏領国との境目）に在城し、安次は同年の伊豆三島合戦で討死した。[13] 牧野城の城将は東条松平氏、沼津城の城将は松井松平氏（東条松平氏重臣から登用）であり、[14] 幡豆小笠原氏は東条松平氏の指揮下に配属されたことになる。東条松平氏は東条吉良氏の旧領・旧臣を継承しており、吉良氏の従属国衆であった幡豆小笠原氏も、家康と主従関係を形成しつつ、軍事的には東条松平氏の与力として位置付けられたのである。

この時期の幡豆小笠原氏は陸上を転戦しており、海上軍事との関わりは見出せない。但し、幡豆小笠原氏と同じく三河国宝飯郡の沿岸を支配領域として、従属対象を吉良氏から徳川氏に転じさせ、関東大名時代の徳川氏の海上軍事体制に組み込まれる形原松平氏については、天正十七年（一五八九）に徳川氏が駿河国で材木を採取した際に、所領の鹿島から船舶を動員して、駿河国興津にまで出張させた事例を確認できる。[15] 東海大名時代の徳川氏においても、所領に港湾・船舶を有する国衆が、海上活動に参加することはあったのである。

## 2　海上軍事体制への編入

天正十八年（一五九〇）に徳川氏が関東に転封されると、幡豆小笠原氏も上総国に所領を移され、寺部城主家の信元は上総国富津（一五〇〇石）、欠城主家の広勝もその周辺（石高不詳）に所領を配置された[16]。富津は房総半島の西岸部に位置しており、幡豆小笠原氏は三河時代と同様に、沿海領主としての性格を維持した模様である。

また、徳川氏の関東大名時代から、幡豆小笠原氏は海上軍事体制に編入されることになった。

〔史料2〕文禄四年正月十七日付・小浜光隆等留書写（「千賀家譜」『徳水』四六号）

去午年（文禄三年）従宇久須大坂へ廻候御兵糧、

一千俵　三崎衆

一四千俵　かつさ衆

合五千俵

文禄四未年

正月十七日

小（小浜光隆）久太郎　判

向（向井政綱）兵庫　判

千（千賀重親）孫兵衛　判

間（間宮高則）虎之助　判

松（松平家信）又七　判

小（小笠原信元）安芸　判

同（小笠原広勝）新九　判

彦（彦坂元正）小刑部殿

参人々

史料2は、文禄三年（一五九四）に三崎衆・上総衆が伊豆国宇久須から大坂に兵糧を輸送した一件に関する留書であり、小浜光隆・向井政綱・千賀重親・間宮高則・松平（形原）家信・小笠原信元・同広勝の七人によって発給されている。このうち、相模国三崎を根拠地とする小浜光隆・向井政綱・千賀重親・間宮高則が三崎衆であり、松平家信と小笠原信元・同広勝が上総衆に該当する。「上総衆」という呼称は、形原松平氏が五井、幡豆小笠原氏が富津と、いずれも房総半島西岸部を所領としていたことに由来する。

なお、三崎衆の諸氏は、徳川氏の五ヶ国時代から海賊衆として活動してきたが、形原松平氏・幡豆小笠原氏は、ともに三河国の国衆であり、その領内に港湾・船舶を有し、相応の海上活動能力を具備した勢力であった。江戸時代の系図類によると、両氏とも一五九〇年代以降に徳川権力から「船手」の軍役を命じられたと伝えられる。[17]

このように、形原松平氏・幡豆小笠原氏が新規に海上軍事体制に組み込まれた背景としては、豊臣政権の外交路線が存在した。秀吉は早くから大陸侵攻と汎東ユーラシア帝国の建設を構想し、文禄元年（一五九二）に朝鮮出兵を開始しており、徳川権力はその海上軍事力を対外戦争に対応しうる規模に拡充する必要に迫られ、形原松平氏・幡豆小笠原氏を海上軍事力に組み込んだのである。

三崎衆の千賀重親が慶長二年（一五九七）十二月に作成した留書によると、徳川氏が天正十九年に奥州動乱に対応して出陣した際に、千賀重親は九〇石積と一二〇石積の船二艘を用意し、小笠原正吉に引き渡している。[18]慶長年間の小笠原正吉は、奉行人として廻船集団との折衝を担当するが、天正末年から海事問題に参与していたのである。

さらに『寛永諸家系図伝』によると、中島重好（父の重次は、天正四年に相良沖で武田氏海賊衆との戦いで討死）は、天正十八年に小笠原正吉の推挙で家康に拝謁し、後に船手役をつとめたとされる。[19]小笠原正吉が家康の側近という立場にあって、海上軍事体制の運営に関わっていたことを示唆する伝承である。

『寛政重修諸家譜』によると、小笠原正吉は寺部城主家の一族（信元の弟）として立項されているが、[20]『寛永諸家系図伝』では確認されず、若干の疑問がある。正吉の嫡子は「権之丞」を称したが、「永禄十年御謡初之帳」でも「小笠原権尉」の名前が見出され[21]、正吉はこの「権尉」と同一人物か、あるいは「権尉」の後継者と考えられる。御謡初とは、正月二日に執行される徳川氏の年中行事であり、「御謡初之帳」によると、小笠原広光の参席も確認できる。また、『家忠日記』によると、天正年間の小笠原正吉は、幡豆小笠原氏が在城した牧野城・沼津城ではなく、大久保忠世を城将とする遠江二俣城に在城していた[22]。『三河物語』では、大久保忠世のもとで信濃上田合戦に参加したことも確認できる[23]。おそらく、幡豆小笠原氏の一族において、小笠原正吉は寺部城主家・欠城主家とは別系統に属する庶家の出身であり、早い段階で家康直臣という立場を得て、まず大久保忠世の与力として活動し、関東時代から家康奉行人に抜擢されたものと推測される。このように、小笠原正吉が家康側近として海上軍事を担当していたことも、幡豆小笠原氏が海上軍事体制に編入された一因に数えるべきかもしれない。

また、形原松平氏については、三河時代から知多千賀氏と縁戚関係を結んでおり（千賀重親の妻は、松平家信の叔母）[24]、その千賀氏が三崎衆として海上軍事体制に編入されたため、形原松平氏も海上の軍役を要求されるようになったものと考えられる。但し、『譜牒餘録』によると、形原松平氏は文禄の役に際し、家康から命じられた海上軍役を拒否し、本多正信に説得されて翻意しており、また浅草で船舶を建造しながら、名護屋には海路ではなく陸路で赴いたとされる[25]。形原松平氏としては、領内に港湾・船舶を有しながら、徳川氏の海上軍事体制に組み込まれることには相当の抵抗感を抱いていた模様である。

三河時代の形原松平氏は、幡豆小笠原氏と同じく吉良氏の従属国衆であったが[26]、吉良氏没落以降の地位には大きな開きを見出せる。『家忠日記』は形原松平氏のことを「国衆」と呼称しているが、平野明夫氏は『家忠日記』の「国衆」について、一門及び一門並の領主に使用された呼称とする見解を提示している[27]。また、正月二日謡初では、左方三番目という席次を与えられ[28]、桜井松平氏と並ぶ最高額の「三十匹」を出資した[29]とする記録もある。こうした関東転封以前の家格に基づく自負と、大名権力から自立した領域支配・家中運営をおこなってきた国衆としての意識の相乗効果が、形原松平氏をして、徳川氏の海上軍事体制に組み込まれることに抵抗させていたものと考えられる。

ところで、上総国西岸地域に入部した幡豆小笠原氏は、漁業からも収益を得ていた模様である。『慶長見聞集』には、富津から江戸にたびたび「魚うり」に出向いた漁師正左衛門の往生譚（一年前から命日を予言）が紹介されており、富津の「地頭殿」として「小笠原安芸守」も登場する[30]。徳川氏の江戸入城によって、富津が海産物の供給源の一つとなっていたことを示す逸話である。また、『譜牒餘録』によると、小笠原信元は関東内海の各地で鳥を狩猟する特権を付与されており[31]、相応の収入を得ていたことを想定させる。

また、形原松平氏が入部した五井村についても、「塩場」の存在を確認できる[32]。この「塩場」は製塩業と同義であって、形原松平氏も五井の「塩場」から相応の収入を確保していたはずである。上総時代の幡豆小笠原氏・形原松平氏は、三河時代と同じく、一定の領域支配と海洋資源の摂取を維持していたのであろう。

また、文禄年間の徳川氏は、海上軍事体制の改革を進め、海賊・国衆の各氏に海上軍役を賦課する方式から、家中全体で海上軍事力を編成する方式に移行したが、一五九〇年代に船舶建造・水夫動員などに関する権限を付与されたのは三崎衆に限定される[33]。この段階では、幡豆小笠原氏・形原松平氏の両氏とも、徳川氏のために海上軍事力を提供するにとどまったのである。

なお、慶長五年の関ヶ原合戦では、徳川方の船手が伊勢湾に派遣され、西軍の九鬼嘉隆などに対抗しており、幡豆小笠原氏については、信元・広勝が千賀重親・形原松平家信とともに尾張国師崎を守衛したと伝えられる[34]。千賀重親は三崎衆であったが、もとは知多半島南端を本拠としており、さらに形原松平氏とも縁戚関係を結んだように、三河湾地域の海上勢力としての側面を有していた。徳川権力は関東領国で三崎衆・上総衆という枠組みを構築しつつも、伊勢湾・三河湾で軍事行動を展開するにあたっては、同一地域に本領を有した勢力で軍団を形成させたことになる。

## 二　慶長年間の徳川権力と小笠原正吉

徳川権力は関ヶ原合戦の勝利と家康の将軍任官を経て、諸大名を総攬する全国政権へと昇華したが、大名権力としての性格も併有しており、関ヶ原合戦直後には、東海地域を支配領域（直轄地や一門・譜代領）に組み込んだ。その結果、形原松平氏は本領の三河国形原に復帰し、千賀氏も尾張国知多郡に復帰したため、徳川将軍家直属の海上軍事力は、向井氏・小浜氏・間宮氏と幡豆小笠原氏によって構成されることになった。

但し、慶長年間において、幡豆小笠原氏本流の安芸家（寺部城主家）・新九郎家（欠城主家）には目立った活動を見出せない。安芸家の信元は慶長十一年（一六〇六）に引退し、新九郎家の広勝は慶長六年に死去しており、両家とも年少の後継者によって相続されたことを起因とする。むしろ、小笠原正吉が家康奉行人として台頭し、徳川権力の海上軍事体制で重きをなしており、安芸家・新九郎家が三河国の本領に復帰せず、関東にとどまる一因にもなった。

徳川権力は関ヶ原合戦に勝利すると、各地の廻船集団を掌握するために、かつて豊臣秀吉が発給した朱印状の更新をおこなった。海上権益を安堵することによって、廻船集団との主従関係を形成しようとしたのである。

〔史料3〕慶長五年九月二十八日付・徳川家康朱印状（「塩飽人名共有文書」『香川県史8　資料編・古代中世史料』県内文書三〇⑹）

塩飽検地之事

一弐百弐拾石　田方、屋敷方
一千参拾石　山畠方
　合千弐百五拾石
右領知、當嶋中船方六百五拾人ニ如先判被下候之条、令配分、全可領知者也、
　慶長五年（朱印、徳川家康）印
　　九月廿八日　　　小笠原越中（正吉）守奉之
　　　塩飽嶋中

史料3は、関ヶ原合戦の直後に、讃岐国塩飽諸島の船方に領知を安堵した徳川家康朱印状である。「如先判」とあるように、天正十八年二月晦日付の豊臣秀吉朱印状に準拠した内容だった。なお、この秀吉朱印状については、徳川方に提出されて返却されなかったと思われ、「塩飽島諸事覚」に写が所収され[35]、原本は確認できない。

〔史料4〕（年未詳）□月二十七日付・小浜政精書状（「大湊古文書」『三重県史　史料編中世2』県内文書八八―二五）

　尚々三州ゟのほり候御兵粮儀、少も無油断御上尤候、以上、
内府様（徳川家康）為御進上御祓・長鮑三千本、御披露申上候処ニ、御祝着被成候、殊ニ小越中殿（小笠原正吉）江為御樽代五貫文并拙者方弐貫文御音信、是又畏入存候、小越中殿、我々相心得可申入旨ニ候、随而船加子職両人折紙遣之候間、何方ゟ申来候共、承引有間敷候、兼又太閤様（豊臣秀吉）御朱印之写、越中殿江念比ニミせ申候間、御機嫌を見合、御披露可申上候、委細儀ハ各々江申入候、恐々謹言、
　　　　小浜与三次郎

□月廿七日　　政精（花押）

（ウワ書）「　　ゟ

大湊　惣中　　政精」

史料4は、小浜政精（三崎衆小浜氏の一族）が伊勢大湊会合衆に宛てた書状であり、豊臣秀吉朱印状の写を小笠原正吉に見せたため、時期をみて正吉が家康に披露するという見込みを通知している[36]。史料3の内容も考慮すると、徳川権力が関ヶ原合戦後に各地の廻船集団と主従関係を構築する過程で、秀吉から交付された朱印状を小笠原正吉や小浜政精に調査させたうえで、正吉を奉者として朱印状を再交付していった状況が浮彫りになる。まず写本で秀吉朱印状の内容を確認し、家康朱印状が発給された後に、秀吉朱印状を回収する手順が採用されたのであろう。

さらに従前よりの徳川権力との関係を前提として、より権益を拡大した事例も存在する。

〔史料5〕慶長六年九月十一日付・小笠原正吉書状（「神宮徴古館農業館所蔵文書」『三重県史　史料編・中世2別冊』角屋関係資料(4)一〇）

以上

態申入候、勢州角屋七郎次郎と申仁、従先年、御朱印舟乗被来候、今度重而得御諚候処、至望之国へ、如先々乗候様ニと被仰出候、諸国諸浦・湊・山中・岡役等迄無相違馳走尤ニ存候、為其一筆如此候、恐々謹言、

慶長六年　　小（小笠原）越中守

九月十一日　　正吉（花押）

諸国

舟奉行衆　まいる

この小笠原正吉の書状は、諸国の船奉行に対して、角屋七郎次郎の「御朱印舟」に諸役を賦課しないように要請したものである。この角屋は、伊勢国大湊の海商であって、天正年間には徳川氏と主従関係を結んでおり[37]、天正十年(一五八二)に家康朱印状を取得し、徳川氏領国の「諸湊」で「四百斛石船壱艘」の諸役を免除されていたが[38]、史料5の内容は、角屋七郎次郎の得ていた諸役免除の効力を、徳川氏領国からさらに拡大させるものであった。徳川氏が関ヶ原合戦に勝利して、領域権力から天下人に昇華したことで、角屋の特権もより広域に拡大したのである。

徳川家康は慶長五年に関ヶ原合戦を制した後、同年から翌年にかけて大坂城で政務を執っていた。そして、この大坂在城期において、家康は徳川氏の海上兵力を大坂城下に配備しており、小笠原信元・広勝が福島・伝法・木津に駐留し、中島重好も大坂河口の守衛に加わったとされる[39]。小笠原信元・広勝の両人は、小笠原正吉の宗家筋であり、中島重好には、小笠原正吉の執成しで家康に出仕した経緯があった。このように、小笠原正吉の関係者が大坂周辺の海上警衛を担当していたことから、小笠原正吉の権勢は増大し、廻船集団との折衝を委ねられたものと考えられる。

また、小浜政精は関ヶ原合戦以前から伏見城下で「舟大将」として活動しており[40]、徳川権力が淀川流域に配置した水上軍事力を統括する立場にあったことから、小笠原正吉と同じく、海事問題を担当したものと推察される。史料4で大湊衆は徳川家康に音信物を進上するにあたって、小笠原正吉・小浜政精に「披露」を依頼しており、両人が家康側近として大湊の取次を担当していたことが判明する。但し、大湊衆は小笠原正吉に五貫文、小浜政精に二貫文の樽代を進上しており、正吉の方が政精よりも高い地位にあったと認識していた模様である。

なお、徳川家康は慶長六年に大坂城から伏見城に移って、以後は伏見城を上洛中の政庁と位置付けており、家康不在時の伏見城には、結城秀康(家康次男)・松平定勝(家康異父弟)が配置された。そして、この伏見留守居体制において、小笠原正吉は淀川船奉行をつとめたという所伝もある[41]。慶長十二年に来日した朝鮮使節の記録にも、「家康麾下将倭」が淀城に入っており、豊臣秀吉が生前に使用していた「十字閣楼船」も管理していたとする記事を確認できる(42)。この「家康麾下将倭」とは小笠原正吉のことであり、淀川船奉行として淀城に在城していたものと考えられる。本来ならば、小浜政精（伏見城下の「舟大将」）に委ねられるべき役割だったが、政精の動向は慶長年間前半に途絶えており、小笠原正吉が淀川流域の水上軍事を引き継いだのであろう。

但し、慶長年間における小笠原正吉の活動は、淀川流域にとどまるものではなかった。

正吉の嫡子権之丞は、三河国で「六千俵の俸禄」を与えられていたとされるが(43)、この「俸禄」とは、かつて史料1で安堵された「幡豆知行方」（幡豆小笠原氏本領）と考えられる。幡豆小笠原氏本流の安芸家・新九郎家は、関ヶ原合戦後も関東に留まっていたため、正吉（庶家から家康側近として台頭）が「幡豆知行方」を拝領し、正吉死後は権之丞に引き継がれた、という経緯が想定される。

関ヶ原合戦以降の徳川権力は、三崎衆の知多千賀氏、上総衆の形原松平氏を本領に復帰させ、また小笠原正吉の推挙で出仕した中島重好も、渥美郡大崎に入部して船手役を命じられた(44)。つまり、海上軍役をつとめる諸氏を三河湾各地に配置したのであり、小笠原正吉の「幡豆知行方」拝領も、こうした動向と関連付けて理解すべきである。

なお、伊勢湾においても、三崎衆の小浜守隆が白子に配置されたと伝えられ(45)、さらにこの白子小浜氏が小笠原正吉に指揮される立場にあったことを示す文書の存在を指摘できる。

〔史料6〕（年未詳）九月二十五日付・小笠原正吉書状（「大湊古文書」『三重県史　史料編中世2』県内文書八八―一八）

以上

急度申入候、関東へ御荷物下候舟之儀、①先日小浜（政精）与三次定而可被申越候、然ハ②小浜（守隆）弥十郎殿者、奉行ニ差下候間、此人ニ舟壱艘可被相渡候、何百石積之舟にて候と、此方へ書付可給候、自是荷物之積リ候て、重而可申越候、大

事之御荷物急之儀候間、油断候ましく候、恐々謹言、

小笠原越中守

正吉（花押）

九月廿五日

（ウワ書）「大湊惣中　まいる」

「大事之御荷物」を関東に輸送するにあたって、小笠原正吉が大湊衆に宛てた書状である。傍線部①に「先日小浜与三次定而可被申越候」とあるように、この案件も小笠原正吉・小浜政精の両人が担当していたことを確認できる。さらに傍線部②では、小浜守隆の配下を執行者として派遣するので、船一艘を引き渡したうえで、「何百石積之舟」であるかを報告するよう指示している。このように、小浜守隆は白子に駐屯して徳川権力の大湊支配などに参加するとともに、小笠原正吉の指示を仰ぐべき立場にあったのである。

　また、浅野幸長（紀伊和歌山城主）は慶長十年に小笠原正吉の「御朱印船」と同じ待遇を千賀重親に与えるよう指示した[46]。小笠原正吉も以前から家康の「御朱印」を取得し、その船舶は浅野氏領国の紀伊国で諸役免許を保証されていたことになる。慶長十年前後の小笠原正吉は、①三河国の「幡豆知行方」を拠点として、白子の小浜氏と大崎の中島氏を指揮下に置き、伊勢湾・三河湾の海上軍事を総括するとともに、②淀城に駐留して、淀川流域の水上軍事を管掌する立場にあったと考えられる。この二つの立場を両立させるうえで、持船に三河湾—伊勢湾—紀伊半島—大坂河口—淀川という水上ルートを往来させており、諸役免許の特権を取得していたと想定することもできる。

　ところで、小笠原正吉は慶長十六年に死去したとされ、嫡子権之丞も翌年に改易された。権之丞はキリスト教を信仰しており、岡本大八事件に連動して発動された禁教令によって摘発されたのである。イエズス会の「一六一二年度

日本報告」によると、権之丞は「ディエゴ」の洗礼名を持ち、駿府におけるキリスト教信徒の第一人者であり、イエズス会が駿府に設立した修道院の庇護者でもあった。[47]『当代記』でも、改易された信徒として最初に名前があがっており、[48]イエズス会の評価と一致する。

さらに大崎船手中島氏の家伝を参照すると、中島重春は慶長二十年に小笠原権之丞から没収した船を管轄し、「船手の事」をつとめるよう命じられている。[49]小笠原権之丞が三河湾で「船手」をつとめる立場にあったことを示す伝承である。小笠原正吉が基本的に伏見・淀で活動していたことから、権之丞は「幡豆知行方」にあって三河湾における海上軍事の一部を分担し、父親の広範に亘る権限を支え、駿府にも屋敷を与えられていたものと考えられる。

なお、権之丞の弟も、キリスト教信徒摘発によって改易されており、関東に来航していたスペイン船に乗ってメキシコ渡航を図りながら、権之丞に制止された。[50]第十章で論じるように、慶長年間の徳川権力は、浦賀を対スペイン交易の拠点として、フィリピン・メキシコのスペイン船を浦賀に招致しており、権之丞の弟はこの浦賀貿易を利用して海外脱出を試みたのである。浦賀貿易の運営には、元三崎衆の向井政綱・忠勝父子が関与したが、権之丞兄弟も信仰との関係から、浦賀でスペイン人と接触していたことになる。

ところで、権之丞が弟の海外脱出を制止したことについて、イエズス会の「日本報告」は、国内の耐乏生活を通じた信仰の錬磨を共有するための行動と説明しているが、[51]改易当初は赦免を期待しており、不信・疑惑を助長させる行動を回避させたとも理解できる。もっとも、権之丞は数年後に赦免を諦めた模様であり、土屋知貞（家光・家綱時代の船手頭）の証言によると、大坂両陣に際し、豊臣方に加担して消息を絶ったとされる。[52]

小笠原正吉は家康側近として台頭し、徳川権力の海上軍事体制にあって宗家を凌ぐ権勢を得たが、嫡子権之丞は正吉の諸権限を引き継ぐ前にキリスト教信仰のために失脚し、小笠原越中守家の隆盛は正吉一代で終焉したのである。

## 三　徳川将軍家の海上軍事直轄体制と小笠原信盛

権之丞没落後の幡豆小笠原氏については、寛永年間まで詳細な動向を探り難い状況が続く。『徳川実紀』によると、大坂両陣において、安芸家の信盛（信元養孫）と新九郎家の広信（広勝嫡子）が、向井政綱とともに三浦半島の三崎・走水の海上警固を命じられたとされるが、[53]慶長十九年（一六一四）当時に信盛は九歳、広信は二十歳であった。広信はともかく、幼年の信盛に実質的な海上活動は望めなかったはずである。また、元和三年（一六一七）に将軍秀忠が上洛した際にも、小笠原信盛は走水の守衛を命じられたという。[54]この時期においても、信盛は未だ十代前半であって、やはり実効性に疑問符を付けざるをえない。あるいは、三浦半島の諸番所が、寛永末年まで向井氏の所轄であったことを重視するならば、幼少期の小笠原信盛は向井政綱・忠勝父子の膝下で経験を重ねていたのではないかとも考えられる。安芸家の陣屋である富津は、走水の対岸に位置しており、江戸湾の出入口を扼す要衝でもあったことから、向井氏は小笠原信盛の後見を引き受け、江戸湾防衛体制を維持しようとしたとも理解できる。

さて、成長後の小笠原信盛は、将軍家直属の船手頭として活動するようになった。寛永九年（一六三二）六月二十五日には、向井忠勝・同直宗・間宮長澄とともに、小笠原信盛も「御船之儀」を命じられた。[55]小浜嘉隆も七月四日に「五十丁立之御舟壱艘」を預けられており、[56]「御船之儀」とは、預けられた船舶の指揮権を指す文言であろう。また、八月十三日には、向井直宗・小浜嘉隆・間宮長澄とともに、それぞれ水主同心三十人を預けられた。[57]

一連の措置は、同年正月に大御所秀忠が死去したことと関連していた。つまり、将軍家光は親政を始めるにあたって、秀忠が船手頭に付与していた権限を再確認したのである。秀忠・家光の二頭政治において、三崎衆・上総衆の系譜を引く船手頭は、全て秀忠側に掌握されていたことになる。

また、小笠原信盛らの船手頭は、将軍家直属の船舶建造に関する執行権限も付与されていた。

〔史料7〕（正保某年）三月五日付・向井正方等書状写（「古記録」国立公文書館所蔵）

一筆致啓上候、然者今度大坂ニ而被仰付候御供舟六艘之御作事、入札写今朝継飛脚参着、致披見候、此以前御船作事仕させ候和泉并九郎兵衛大工手間壱匁五分、今度入札落下候五右衛門値段壱匁四分五厘、最前両人之者値段ニ五厘安ク御座候ニ付、彼五右衛門ニ被仰付候由、御尤存候、併最前於大坂出来仕候御船ともより成悪敷候、其上おそく御座候得者、如何御座候条、壱艘之工数、有増三百人ニ積をいたし、一日壱人ニ五厘宛ニ仕、銀子拾五匁可被改候間、私共手前より右之銀出し可申候条、最前仕させ候両人之者ニ御作事被仰付可被下候、右之旨、備中殿（阿部正次）・摂津守殿（稲垣重綱）・因幡守殿（久貝正俊）江被仰出候、相調候様奉頼候、恐慌謹言、

（正保某年）三月五日　小浜半左衛門（利隆）判

小浜弥十郎（安隆）判

間宮虎之助（長澄）判

小笠原安芸（信盛）判

向井兵部（正方）判

御暇ニ而湯治仕候故、不及加判候、

曾我《古祐》丹波守様
小浜《嘉隆》民部少様

史料7は、江戸常駐の船手頭が曾我古祐（大坂町奉行）・小浜嘉隆（大坂船手）に宛てた書状であり、大坂で建造する六艘の「御供舟」について、作事の費用などを指示している。この「御供舟」とは、将軍の御座船に随行する船舶とみられ、江戸常駐の船手頭（信盛など）が御座船運航の責任者として、大坂町奉行・大坂船手を通じ、大坂城下の船大工に船舶建造を発注していたことが窺える。

さらに寛永時代の江戸を描いた「武州豊嶋郡江戸庄図」によると、隅田川周辺に船手頭の屋敷や船蔵・船番所などの施設が設置されており、小笠原信盛の屋敷も他の船手頭と同じく楓川沿いに存在していた[58]。小笠原信盛は富津の所領を支配しつつ、普段は江戸に常駐して、徳川将軍家の海上軍事力直轄体制と江戸の海上防衛を支えたのである。また、寛永二十年六月には朝鮮製の梵鐘が日光東照宮に奉納され、江戸から河川を遡上するにあたり、小笠原信盛が護送をつとめた[59]。江戸常駐の船手頭として活動する過程で、川船の運用能力も向上させていたのだろう。

なお、これらの事例において、旧三崎衆（向井氏・小浜氏・間宮氏）と旧上総衆が、いずれも将軍家から船舶・同心の指揮権、船舶の建造に関する権限を預けられていることにも注目すべきである。かつての上総衆は、領内に港湾・船舶を有することによって、徳川氏のために海上軍役を提供するにとどまったが、寛永年間の小笠原信盛は、旧三崎衆と同列の軍事官僚として遇されている。寛永年間になると、三崎衆・上総衆という枠組みは解消されて久しく、代わって船手頭の江戸常駐体制、船舶・水主の「御預」体制が確立していたのだろう。

旧上総衆のうち、形原松平氏は関ヶ原合戦後に本領へ復帰し、海上軍事体制から離脱していったが、幡豆小笠原氏は五ヶ国時代から東条松平氏の与力として扱われ、形原松平氏ほどの地位にはなく、徳川氏の海上軍事体制に編入されることへの抵抗は少なかった模様である。むしろ、国衆としての自立性は揚棄し、徳川将軍家の権力と密着した海上軍事官僚に転身することで、権勢・利権の向上を望んだものと考えられる。

しかし、幡豆小笠原氏のうち、家光親政期に船手頭として活動したのは、安芸家のみであった。新九郎家についていては、広信が元和六年（一六二〇）に死去し、広信義弟の広正も小姓番に編入され[60]、船手頭には起用されなかった。但し、小笠原広正は船手頭と同じく楓川沿いに屋敷を与えられており、海上軍事とまったく無関係であったとも考え難い。さらに慶安年間には、小笠原広正の下人が、向井正方の水主による狼藉に加勢して処断されるという事件を起こしている[61]。船手頭には起用されずとも、海上活動能力を有する家として、向井氏との交流は持続していたのであろう。

ところで、船手頭の活動は江戸周辺を中心としつつも、状況次第で西国方面に派遣されることもあり、寛永年間後半にポルトガル船の来航が禁じられると、有事に備えて寛永十七年から毎年二人の船手頭が西国に出張し、諸港湾の調査にあたった。当初の計画では、寛永十七年に小浜嘉隆・間宮長澄、寛永十八年には石川政次・向井直宗、寛永十九年に小笠原信盛・小浜安隆が派遣される予定だったが、実施段階で向井直宗と小浜安隆が入れ替わった[62]。

〔史料8〕（寛永十九年）三月二十九日付・徳川家光年寄奉書写（「古記録」国立公文書館蔵）

一筆令啓候、向井右衛門（直宗）・小笠原安芸（信盛）西国筋浦々為見分被差遣之候、然者渡海船之儀、六十丁立壱艘・五十丁立壱艘・四十丁立壱艘・十丁立壱艘右衛門、五十丁立壱艘・四十丁立壱艘・十丁立壱艘安芸、右之通可被申付候面々御預候、水主右衛門（直宗）六拾人、安芸（信盛）三拾人召連候、残分ハ於其許雇之可被遣之候、両人事二三日中爰許可致発足之由ニ候、可被得其意候、恐々謹言、

（寛永十九年）三月廿九日　阿部対馬守
重信（重次）判

松平伊豆守
　信綱判
阿部（正次）備中守殿
稲垣（重綱）摂津守殿
曾我（古祐）丹波守殿
小浜（嘉隆）民部殿

史料8によると、小笠原信盛は「五十丁立壱艘・四十丁立壱艘・十丁立壱艘」と三十人の水主同心を指揮している。漕手も含めれば、百三十人前後の人数となる。また、向井直宗は「六十丁立壱艘・五十丁立壱艘・四十丁立壱艘・十丁立壱艘」と水主同心六十人を指揮しており、その人数は二百人前後に及んだはずである。合わせて三百人程度の人数であり、両人の家臣も合わせれば、さらに増加して小大名の動員能力にほぼ相当する。なお、『オランダ商館長日記』によると、向井直宗・小笠原信盛の船団は、早船八艘・小早船四艘で構成されており、[63]史料8よりも増加している。オランダ人の誤認でなければ、大坂で船を補充したことになる。

向井直宗・小笠原信盛の江戸出立は寛永十九年三月下旬であり、遅くとも五月前半に九州に到着して長崎などを視察している。六月下旬には阿波国を経由し、大坂に到着しており、[64]遅くとも八月前半には江戸に帰帆した。[65]

ところが、向井直宗・小笠原信盛が西国各地を巡視している最中に、江戸では深刻な事件が起きていた。五月六日、将軍家光が鷹狩の帰途に深川から乗船して江戸城に向かったところ、退潮のために銭亀橋（江戸城外堀と日本橋川の合流点）から先に進めず、後藤橋まで引き返して上陸したのである。家光はしばしば江戸城龍口から乗船して、隅田川周辺や葛西に出向いて鷹狩をおこなっていたが、この不祥事の責任を問い、船団運航にあたった船手頭たちを譴責した。処分の重さは、御座船を指揮した向井正方、先船の間宮長澄、次船の小浜安隆という順だった[66]。当時、向井直宗と小笠原信盛は西国に出張中であり、前年に小浜嘉隆が大坂船手、石川政次が伊勢山田奉行に転出するなど、経験豊富な船手頭が江戸から出払っており、相対的に経験の浅い船手頭のみで船団を編成したことが事故の起因であった。この事件の直後、江戸城龍口より銭亀橋に至る「御船入自由」を目的とした普請が実施された[67]。龍口周辺の船入を改良して、船舶の運航を容易にすることで、船手頭の技量低下を補おうとしたのである。世代交代の進行とともに、海上軍事の統括にあたるべき船手頭の技量低下が顕在化しつつあったことになる。

ところが、徳川将軍家の海上軍事は、さらに深刻な事態に直面する。正保元年（一六四四）に向井直宗が死去すると、その父忠勝も寛永十八年に死去していたため、向井氏の家督は正方（直宗の弟）が引き継いだ。この正方には、寛永十九年に御座船の指揮を誤り、将軍家光から譴責を蒙った経緯があった。将軍家の海上軍事体制において、向井氏はその中軸を担う立場にあったが、直宗の早世により、明らかに力量不足の人物が後継者となったのである。

こうした状況にあって、船手頭としての存在感を高めたのが小笠原信盛である。史料7の発給者を確認すると、湯治のために加判から外れている向井正方に次いで、小笠原信盛が署名しており、事実上の筆頭格となっている。また、正保三年七月に将軍家光が尾張・紀伊・水戸三家の当主・嫡子に隅田川を遊覧させた際にも、船団を運航執した船手頭に向井正方は加わらず、小笠原信盛が筆頭となった[68]。家督継承後の向井正方は、健康問題もあって十分に職務を遂行できず、小笠原信盛が船手頭の最年長者として、徳川将軍家の海上軍事体制を支えたのであろう。

将軍家光は鷹狩の一形態として、隅田川周辺でも鷹狩をおこない、寛永十九年の事件に見られるように、船手頭が組織する船団によって隅田川を移動していた。鷹狩を軍事演習として捉えるならば、隅田川鷹野は徳川将軍家の軍事力を誇示するマスゲームとも理解できる。慶安四年（一六五一）に家光が死去すると、後継の家綱は幼年であったことから、マスゲームとしての海上軍事は暫く中絶するが、その家綱もやがて成長し、万治元年(一六五八)五月に初めて隅田川で鷹野をおこなった。家光と同じく、家綱の隅田川鷹野に際しても、船手頭が随従して船団の指揮を執り、家綱が初めて乗船した祝儀として時服を拝領している。拝領順は向井正方・小笠原信盛・間宮長澄・土屋知貞・天野重房・溝口重長・小浜利隆であり(69)、成長した向井正方が船手頭筆頭の地位を保持しつつも、小笠原信盛が船手頭の次席に位置していたことも判明する。

また、寛文二年(一六六二)六月、将軍家綱が安宅丸観覧を執行すると、やはり船行列が組織された。この船行列に参加した関船は、天地丸・龍王丸・大龍丸の三艘であり、小笠原信盛は龍王丸の指揮を執るよう命じられた(70)。龍王丸の配置は天地丸(家綱乗船。指揮は向井正方)の前方であり、関船の最先頭という位置付けであった(71)。また、この安宅丸観覧の後にも、船手頭は褒章として時服・黄金を下賜されたが、その序列は向井正方・小笠原信盛・間宮長澄・小浜利隆・土屋知貞・坂井成令・伴重長の順となっており(72)、向井正方を筆頭、小笠原信盛を次席とする体制が依然として継続していたことを確認できる。

なお、安宅丸観覧後に向井正方は安宅丸・天地丸・龍王丸を預けられており(73)、龍王丸も本来は向井氏所属の関船だったと考えられる。家綱政権としては、向井正方の力量に若干の不安を残しており、経験豊富な小笠原信盛に龍王丸を委ね、天地丸の前方に配置したのであろう。そして、安宅丸上覧の成功から、家綱政権は向井正方の成長を再確認し、主力艦船の安宅丸・天地丸・龍王丸の指揮権を改めて承認したものと考えられる。当時の向井正方は、水主同心を五〇人に減らされていたが、安宅丸観覧を経て、安宅丸・天地丸・龍王丸を預けられるとともに、同心も一〇〇人に増員されており(74)、忠勝時代の一三〇人には及ばないものの、向井氏はほぼ最盛期の戦力を回復したことになる。

また、向井氏が再興を果たすまでに、小笠原信盛が重用された背景としては、信盛嫡子の長住が向井忠勝の次女を妻としていたという、向井氏との縁戚関係も考慮すべきであろう。長住の長男信光（母は忠勝次女）の生年は正保三年であって、婚姻の成立は正保元年前後と考えられる。当時の向井氏は、忠勝・直宗が相次いで死去し、技量不足の正方が後継者となり、正保二年に三浦半島の守衛を管轄から外されるなど、権勢を少なからず後退させていた。こうした衰勢の中で、向井氏は経験豊富な小笠原信盛との友好・提携を望み、姻戚関係を成立させたと理解することもできる。信盛個人の力量と、向井氏との婚姻関係が相乗して、船手頭としての地位を引き上げたという構図である。[75][76]

さて、向井氏の再興を見届けると、小笠原信盛は寛文十年に引退し、嫡子長住が船手頭の地位を引き継いだ。向井氏・小浜氏・間宮氏と同じく、幡豆小笠原氏も船手頭を世襲する家として位置付けられていたことになる。万治元年からマスゲームとしての水上軍事が再開されたように、家綱時代の徳川将軍家は海上軍事直轄体制を維持しており、幡豆小笠原氏は戦国・織豊期以来の海事技量を保存する家として、相応の期待を寄せられていたのであろう。[77]

## おわりに

幡豆小笠原氏は三河国幡豆郡にあって、三河湾に南面した支配領域を形成した国衆であったが、関東大名時代の徳川権力によって、海上軍事力に組み込まれた。しかし、幡豆小笠原氏は永禄年間から徳川氏に従属しながら、天正末年に至るまで、徳川氏の海上軍事に参加した事例を一次史料では確認できない。関東入国以前の徳川権力は、幡豆小笠原氏のような自立的領域権力を海上軍事に動員する体制を整備していなかったのである。

だが、文禄年間になると、豊臣政権の大陸出兵により、徳川氏も対外戦争に対応しうる海上軍事体制を整備する必要に迫られ、従来のように海賊衆にその軍事力を提供させる体制から、海上戦力の編成を主導する体制への転換を志向し、寛永年間までに確立させていった。こうした動向の中で、幡豆小笠原氏はまず海上戦力を補充するために海上軍役を要求され、後に将軍家のもとで海上軍事直轄体制を統括する船手頭として任用された。

また、幡豆小笠原氏庶流の小笠原正吉も、一五九〇年代から家康側近に加わり、十七世紀初頭には宗家に代わって「幡豆知行方」を拝領したと考えられ、伊勢海地域の海上軍事や淀川流域の水上軍事を担当した。但し、正吉の権限は家康の信任に基づくものであり、徳川権力の海上軍事を担う諸氏にあって、戦国期から大名権力のもとで海賊衆として活動してきた向井氏・小浜氏ほどには海上軍事に関するノウハウを有していなかったはずである。正吉嫡子の権之丞が、キリスト教に入信してスペインとも交渉を持ったことは、信仰だけではなく、ヨーロッパの航海技術を入手して、向井氏・小浜氏との実力差を克服しようとする行動として理解すべきかもしれない。

一方、安芸家の小笠原信盛は、越中守家が没落し、新九郎家も海上軍事体制から離れていく中で、向井氏に後見されつつ、船手頭としての経験を積んだと思しく、向井氏が忠勝・直宗の死後に海上軍事官僚として劣化すると、船手頭の次席格に位置付けられ、向井氏の再興を支えるようになった。信盛の海上活動はほぼ半世紀に及んでおり、この経験によって、海賊衆の系譜を引く諸氏との力量差を克服したのである。

将軍家の船手組織が、綱吉時代から解体されていくと、三崎衆・上総衆の系譜に連なる船手頭は、向井氏を除いてその地位から離れることになり、幡豆小笠原氏も、信盛の嫡子長住が宝永三年（一七〇六）に致仕して以降は船手頭に起用されなくなり、さらに小笠原信盛・長住が指揮してきた部隊そのものが廃止された(78)。だが、徳川権力が海上軍事体制の枠組みを拡大していく過程においては、幡豆小笠原氏のように、一定の海上活動能力を有し、海上軍事官僚としての適性を包含する一族は、有用な存在だったと位置付けるべきである。

## 註

（1）幡豆小笠原氏に関する研究としては、中嶋次太郎『徳川家臣団の研究』（国書刊行会、一九八一年、初出一九六六年）や『幡豆町史　本文編1原始・古代・中世』（愛知県幡豆郡幡豆町、二〇一一年）があるものの、海上軍事をめぐる動向は検証されていない。

（2）『愛知県中世城館跡調査報告Ⅱ（西三河地区）』（愛知県教育委員会、一九九四年）、愛知県中世城郭研究会・中井均編『愛知の山城ベスト五〇を歩く』（サンライズ出版、二〇一〇年）。

（3）『寛政譜』小笠原安元《(広光)》条。

（4）『家忠日記』天正十六年七月六日条。

（5）「江川文庫所蔵文書」（『戦今』一二三五号）。

（6）『三河物語』中（『日本思想大系26』岩波書店）。

（7）「厳王寺文書」（『愛資11』六八八号）。

（8）「安泰寺過去帳」（『愛知県幡豆町誌』幡豆町誌編纂委員会、支配者関係史料㈡）。

（9）「東観音寺文書」（『戦今』五四九・五五〇号）。

（10）「譜牒餘録巻三三」（『愛資11』三七八号）。

（11）「小笠原文書」（『戦今』二二五六号）。

（12）『家忠日記』天正七年九月八日条・同年十月十六日条・天正八年四月十八日条・天正九年十二月十七日条・同二十三日条・同二十九日条・天正十年正月七日条。

（13）『寛永伝』小笠原信元伝・小笠原安次伝。

(14)　柴裕之「徳川氏の駿河東二郡支配と松井忠次」(同『戦国織豊期大名徳川氏の領国支配』岩田書院、二〇一四年、初出二〇〇一・二〇〇三年)。
(15)　『家忠日記』天正十七年八月三日条。
(16)　『寛政譜』小笠原信元譜・小笠原広勝譜。
(17)　『寛永伝』松平家信伝・小笠原信元伝、『寛政譜』松平家信譜・小笠原信元譜など。
(18)　「千賀家譜」(『徳水』五一号)。
(19)　『寛永伝』中島重好伝。
(20)　『寛政譜』小笠原広朝《(正吉)》譜。『寛政譜』は実名を「広朝」とするが、自署は「正吉」である。
(21)　「永禄十年御謡初之帳」(国立公文書館所蔵)。
(22)　『家忠日記』天正十五年五月二十日条・同六月十二日条・天正十六年三月十四日条。
(23)　『三河物語』下。
(24)　『寛政譜』形原松平家譜。
(25)　『譜牒餘録』(国立公文書館)松平豊前守書上。
(26)　「江川文庫所蔵文書」(註(5)前掲)。
(27)　平野明夫「戦国期の徳川氏と三河国八名西郷氏」(『日本歴史』第六九六号、二〇〇六年)。
(28)　「松平記」巻六(『愛資14』編纂物・諸記録三)。
(29)　「永禄十年御謡初之帳」(註(21)前掲)。
(30)　『慶長見聞集』(人物往来社)巻之弐「夢に不思議有事」。

(31)『譜牒餘録』小笠原彦太夫書上。
(32)『記録御用諸本古文書』（東京堂出版）六八〇号。
(33)本書第五章を参照のこと。
(34)『寛永伝』小笠原信元伝・小笠原広勝伝・松平家信伝。
(35)「塩飽島諸事覚」（『香川叢書』第二）
(36)年末詳文書だが、家康のことを「内府様」と称しており、慶長八年に家康が将軍・右大臣に任官する以前の発給と考えられる。
(37)「角屋文書」（『戦今』二五四四号）。
(38)「神宮徴古館農業館所蔵文書」（『三重県史　史料編・中世2別冊』角屋関係資料(4)四）。
(39)『寛政譜』小笠原信元譜・小笠原広勝譜・中嶋重好譜。
(40)『慶長記』上（『家康史料集』人物往来社）。
(41)『新訂増補国史大系　徳川実紀』（吉川弘文館）慶長十二年閏四月条。
(42)『海槎録』（『大系朝鮮通信使』第一巻、明石書店）万暦三十五年四月十一日条。
(43)『イエズス会日本報告集』（同朋舎）一六一二年度日本報告。
(44)『寛永伝』中嶋重好伝。
(45)『寛永伝』小浜守隆譜。
(46)「千賀家文書」（『徳水』五九号）。
(47)『イエズス会日本報告集』一六一二年度日本報告。

(48)『当代記』慶長十七年三月条。
(49)『寛永伝』中島重春伝。
(50)『イエズス会日本報告集』一六一二年度日本報告。
(51)同右。
(52)『土屋忠兵衛知貞私記』(『続々群書類従第四』国書刊行会)。
(53)『徳川実紀』慶長十九年十月二十三日条、慶長二十年四月此月条。
(54)『徳川実紀』元和三年六月十二日条。
(55)『江戸幕府日記』寛永九年六月二十五日条。
(56)『江戸幕府日記』寛永九年七月四日条。
(57)『江戸幕府日記』寛永九年八月十三日条。
(58)『寛永江戸図』(古地図史料出版株式会社)。
(59)『徳川実紀』寛永二十年六月十九日条。『実紀』が典拠とする『江戸幕府日記』は、寛永二十年六月分が欠けており、本来の内容を確認はできないものの、護送自体は事実と看做して大過無いだろう。
(60)『寛政譜』小笠原広信譜・小笠原広正譜。
(61)『江戸幕府日記』慶安元年十一月十二日条(国立公文書館デジタルアーカイブ)。
(62)『江戸幕府日記』寛永十七年六月二十二日条・寛永十九年八月十日条。
(63)『オランダ商館長日記』一六四二年六月九・十日条。
(64)「蜂須賀家文書　忠英様御書草案」(国文学研究資料館)の(寛永十九年)六月二十九日付・蜂須賀忠英書状案。

(65)『江戸幕府日記』寛永十九年八月十日条。
(66)『江戸幕府日記』寛永十九年五月六日条。
(67)『江戸幕府日記』寛永十九年五月二十二日条。
(68)『江戸幕府日記』正保三年七月三日条。
(69)『万治年録』(野上出版)万治元年五月四日条。
(70)『寛文年録』(野上出版)寛文二年六月六日条。
(71)『寛文年録』寛文二年六月十日条。
(72)『寛文年録』寛文二年六月十一日条。
(73)同右。
(74)同右。
(75)『寛政譜』小笠原長住譜。
(76)『江戸幕府日記』正保二年九月二十二日条。
(77)『寛文年録』寛文十年四月十四日条・同月十八日条。
(78)『江戸幕府日記』宝永三年六月十三日条(国立公文書館デジタルアーカイブ)。

# 第七章　徳川権力と戸川達安

## はじめに

備前宇喜多氏は、戦国期に赤松氏・浦上氏の勢力圏（播磨国・備前国・美作国）が動揺を繰り返す中で台頭した領域権力であり、直家・秀家の代には織豊政権と結び付き、備前国・美作国の二国に備中国東部・播磨国西部を合わせ、豊臣政権期の中国地方で安芸毛利氏に次ぐ規模の領国を形成した。

近年、宇喜多氏研究は目覚ましく進展しているものの(1)、その検証時期の下限は、慶長五年（一六〇〇）の関ヶ原合戦による領国・家中の崩壊に設定されている。戦国大名の研究が、大名家の滅亡を検証時期の下限とすることは、当然のあり方であろう。しかしながら、著者は宇喜多氏研究の可能性をさらに広げるには、関ヶ原合戦以降の動向も視野に含めるべきではないかと考えている(2)。

たしかに、関ヶ原合戦で敗北した結果、当主の秀家は政治生命を永久に喪失し、宇喜多氏領国も解体されたのだが、戦前に秀家と訣別した旧臣たちは、徳川権力のもとで取り立てられた。これらの宇喜多氏旧臣は、浮田左京亮（坂崎出羽守。秀家従兄弟）を別とすれば、いずれも備中国南部で所領を与えられている。大名家を当主周辺のみではなく、一門・被官などを包含した家総体として捉えるならば(3)、宇喜多氏勢力は関ヶ原合戦後に当主を失い、かつ規模を縮小させながら存続したと看做すこともできるだろう。

備中国で存続した宇喜多氏旧臣のうち、徳川権力から代表格として遇されたのが戸川（富川）達安である。戸川達安を中心に据えた論考としては、すでに大西泰正氏の業績があるものの、(4)主たる関心は豊臣政権期の諸相に向けられており、十七世紀以降の動向は考察から外されている。また、倉敷市・早島町などの自治体史も、備中時代の戸川氏に相応の紙数を費やしているが、(5)その叙述の中心は、江戸時代を通じての知行地支配であって、徳川権力下で存続した宇喜多氏旧臣という視点は欠如している。

そこで本章では、徳川権力と戸川達安の関係を中心として、秀家没落後の宇喜多氏勢力について検証したい。すなわち、旧臣たちの活動から、宇喜多氏の性格を照射しようとする試みである。

なお、戸川達安は文禄年間まで「富川」名字を称し、慶長年間より「戸川」名字に改称したが、本章では叙述上の都合から「戸川」名字で統一する。

## 一　宇喜多騒動と関ヶ原合戦

戸川氏（富川氏）の家伝は、秀安・達安父子が直家・秀家時代の宇喜多家中で重きをなした前提として、定安（秀安父）を宇喜多能家（直家祖父）の落胤とする説、(6)あるいは秀安母を宇喜多興家（直家父）の一子忠家（直家異母弟）の乳母とする説を伝える。(7)信憑性はともかく、宇喜多氏との密接な関係を示そうとする由緒である。また、戸川安尤（達安三男）の覚書によると、定安は安芸国の出身であり、秀安の代から宇喜多氏に仕えるようになったとされる。(8)つまりは、戦国期に備前国に移って、宇喜多氏権力と結び付いたことを自家の始点とする認識である。

宇喜多氏は能家時代から領域権力として台頭し、天文初年に一旦没落しながら、直家時代に再起して備前岡山城を本拠とする領国を形成していった。各由緒の性格を重視するならば、戸川氏は宇喜多氏と競合しつつ、その台頭に伴って服属した領域権力ではなく、むしろ宇喜多氏に密着することで地位を向上させた宿老だったと推測される。

宇喜多氏は天正七年（一五七九）に羽柴秀吉を通じて織田政権に服属した。さらに本能寺の変を経て、秀吉が天正年間後半に政治的主導権を掌握したことから、安芸毛利氏との国分問題も宇喜多氏有利に決着し、備前国児島や備中国東部は宇喜多氏領国に編入された。

しかし、直家が天正十年に死去した結果、宇喜多氏の代替わりは、先代直家から次代秀家への権力移譲という段階を経ず、幼主秀家が羽柴（豊臣）秀吉の後援によって領国・家中などを維持するという変則的な経緯を辿った。また、秀吉も秀家に十分な指導力を望めない状況にあって、宇喜多氏の一門・重臣と信頼関係を直接形成することで、宇喜多家中の統御をはかった模様である。

その一策が、天正年間後半に相次いだ宇喜多家中の叙位任官であり、富川秀安は天正十四年までに「肥後守」に任官し、秀安の引退後は、戸川達安も文禄二年（一五九三）までに「肥後守」に任官した。[9][10] 豊臣政権期の武家官位について、大名を編成・統制する原理と位置付ける評価に沿うならば、秀安・達安父子は、ともに秀吉から然るべき恩典を授与すべき対象と認識されていたことになる。

戸川達安の知行高は、数度の加増を経て、慶長四年（一五九九）には二万五六〇〇石に至ったが、本知七〇〇〇石（七五〇〇石とも）は備前国児島に所在していた。[11] この本知と加増分（児島と備中・美作両国で七〇〇〇石）について、秀家から文禄三年九月十二日付で知行宛行状が受給されており、同文書の袖には秀吉の朱印も捺された。[12]

秀吉の朱印押捺について、しらが康義氏は、宇喜多氏が豊臣政権に深く組み込まれ、知行宛行も政権に介入された事例、渡邊大門氏は、戸川達安が秀吉との個人的関係に基づき、知行宛行の承認を望んだ事例[14]と位置付ける。その一方で、大西泰正氏は、成人後に集権を進める宇喜多秀家と戸川達安の緊張関係を想定し、叙位任官と同様に、秀家が秀吉の権威によって達安の不満を抑制したものと評価する[15]。

筆者の理解は渡邊氏に近い。大西氏も指摘するように、児島は天正十三年に秀吉の裁定で宇喜多氏領国に編入された地域であった。この新領土に本知が存在したことから、富川秀安・戸川達安父子は、児島入部に際して従前の所領を収公されていたか、あるいは児島入部後に初めて支配領域を形成したと推察される。このように、戸川氏(富川氏)の自立性は、秀家の成人前から限定的となっており、その掣肘に秀家が秀吉の介入をどこまで必要としたかについては慎重でありたい。むしろ、叙位任官や知行宛行を通じて、秀安・達安父子は秀吉を上位権力として仰ぐ意識を強め、本来の主君である秀家との主従関係が相対化される方向に作用したという理解も成り立つのではないだろうか。

なお、成人後の宇喜多秀家が進めた集権路線について、かつて筆者は「重臣を一方的に排除するのではなく、一門・宿老層としての地位・領域を確立させつつ、秀家が展開する側近政治を支持・補完させることにあった」という見通しを提示したことがある[16]。森脇崇文氏も、宇喜多秀家が文禄年間以降に軍事面で集権策(新規組頭創出・直臣団強化など)を進めたことを指摘しつつ、それを一門・宿老の排斥として捉えるのではなく、一門・宿老を中心とした軍事力を維持しながら、彼らへの依存傾向に一定の歯止めをかけようとした措置として評価している[17]。

つまり、宇喜多秀家は集権路線を進めながらも、重臣層との緊張は望んでおらず、秀吉と重臣層(戸川氏など)の信頼関係を前提として、秀吉に重臣層の地位を保証させることで、権力の集中と家中の総和を両立させようとつとめたとするのが最大公約数的な理解と考えられる。

無論、家中騒動が勃発している以上、秀家の志向性に重臣層が不満を抱いていなかったとは看做し難い。慶長五年

（一六〇〇）正月の宇喜多騒動は、近年の宇喜多氏研究でもとくに関心を集めている課題の一つで、[18]「中村次郎兵衛去五日夜相果」との誤聞として顕在化したように、[19]重臣層による中村次郎兵衛の排斥が焦点となっていたことは概ね一致している。中村次郎兵衛は前田家中（秀家夫人の実家）から出向し、秀家の信認を得た出頭人である。すなわち、重臣層は出頭人を除くことで、秀家の集権路線を強制的に修正しようとしたのである。縷述してきた私見と関連付けるならば、重臣層の地位を保証してきた秀吉が慶長三年に死去した結果、秀家と重臣層の主従関係は支障をきたし、家中騒動の誘因になったということだろう。

結局、この家中騒動は、徳川家康（秀吉死後の政局を主導）の調停で一旦沈静し、戸川達安は徳川氏領国の武蔵国岩付で蟄居し、[20]中村次郎兵衛は前田家中にもどったとされる。[21]重臣側の戸川、近臣側の中村を家中から退去させる喧嘩両成敗的な決着であった。[22]その結果、浮田左京亮（秀家従兄弟）や花房秀成・岡越前守などの重臣層は赦免され、宇喜多家中の致命的瓦解は避けられたことになる。

また、徳川家康の調停で騒動が鎮静したことは、戸川達安の認識に多大な影響を与えた模様である。

〔史料1〕（慶長五年）八月十八日付・戸川達安書状〈抄〉

（「水原岩太郎氏所蔵文書」『久世町史　資料編第一巻（編年資料）』一四四八号）

一我等事今度身上ニ付て、内府様（徳川家康）御厚恩をかうふり候、其上於関東ニも、重々御懇ニ御意共ニ候間、女子・母何も其方ニ雖有之と、内府様（徳川家康）へ無二ニ御奉公を仕、とにもかくにも御下にて可相果覚悟ニ候、

史料1は、慶長五年の関ヶ原合戦に際し、戸川達安が旧知の明石掃部に宛てた書状であり、騒動以来の家康の恩義に報いる覚悟を開陳している。戸川達安は宇喜多騒動の収拾、関東における蟄居生活の扶助を通じて、亡き豊臣秀吉に代わって自身の存立を保証する上位権力としての役割を徳川家康に期待するようになったのである。

但し、戸川達安が史料1で述べた存念を理解するには、関ヶ原合戦に至る宇喜多氏の動向にも留意する必要がある。関ヶ原合戦の前段階で、上洛を履行しない上杉景勝（陸奥会津城主）に対する武力制裁が決まり、徳川家康は関東に下向するが、宇喜多秀家も当初は上杉氏討伐に参陣する姿勢を示していた[23]。さらに『太田和泉守記』によると、家康とともに東下した諸将の中に「戸川肥後守」「宇喜多左京亮」の名前を見出せる[24]。『戸川家譜』は、浮田左京亮の出陣について、秀家の指示に従って先行したものであり、戸川達安や花房職之（秀成とは別系。騒動以前から常陸国で蟄居する）もこの先遣部隊に合流したと記す。

戸川達安などの先遣部隊参加が事実とすれば、それは秀家の意向と極端に乖離しておらず、むしろ両人を赦免するための布石であったと位置付けるべきではないだろうか。秀家が真に家中の総和を回復しようとするならば、宿老たる戸川・花房の復権は不可欠だったはずである。

しかし、石田三成などが家康懲罰を掲げて決起し、宇喜多秀家も反徳川派に与同したことは、宇喜多家中を敵味方に分裂させていった。先遣部隊の浮田左京亮・戸川達安・花房職之が、関東に下向していた諸将と同様に家康を支持して反転西上したのである。史料1は、戸川達安が尾張清洲城から秀家方の明石掃部に発信したもので、秀家を批判して「惣別秀家御仕置にてハ、国家不相立とは、天下悉しりふらし申事ニ候」と断じていた。秀家の反徳川陣営加入は、関東在陣中の先遣部隊を切り捨てる行動であり、戸川達安は秀家への不信感を深め、秀家との主従関係よりも、家康の恩義を優先させるに至ったのである。

もっとも、戸川達安は秀家を非難しながらも、宇喜多氏を存続させる方策として、明石掃部を通じて徳川方との和睦案（秀家の嫡子秀高と家康息女の婚姻）も提示している。秀家個人に向ける好悪の感情とは別次元で、宇喜多氏宿老としての意識は保持していたとも位置付けられる。

## 二　徳川権力による登用

### 1　宇喜多氏旧臣の備中国配置

慶長五年(一六〇〇)九月の関ヶ原合戦を制した直後、徳川家康は小早川秀詮(秀秋)を「牢人」とともに備前国へ派遣する意向を示した。(25) この場合の「牢人」とは、秀家と訣別して東軍に参加していた浮田左京亮・戸川達安や花房職之のことであろう。敗走した宇喜多秀家が本国で抗戦する事態を想定し、小早川秀詮に宇喜多氏領国の制圧を委ね、地勢に通じた「牢人」(浮田・戸川・花房)を案内者として用いようとしたものと考えられる。

但し、宇喜多秀家は領国に帰還することすら叶わずに潜伏(薩摩島津氏のもとに逃亡。後に八丈島に配流)し、備前岡山城は浮田左京亮・戸川達安・花房職之によって開城された。(26) 同年十月には、備前・美作両国で小早川秀詮の支配が開始されており、(27) 小早川氏と戸川達安らによる宇喜多氏領国の接収は円滑に履行されたことになる。

こうして宇喜多氏領国は解体されたが、秀家と訣別していた一門・重臣たちは徳川権力のもとで政治生命を復活させた。『戸川家譜』によると、浮田左京亮は石見国津和野、戸川達安は備中国庭瀬、花房秀成は同国横谷、岡越前守は同国甲怒、花房職之は同国高松で所領を与えられ、楢村監物・角南恕慶も取り立てられたという。浮田左京亮を別とすれば、いずれも備中国内に所領を配置されたのである。(28) 大西泰正氏によると、宇喜多氏の家中騒動は慶長五年五月頃に再発しており、岡越前守・花房秀成などはこの段階で家中から退去したとされる。(29) 関ヶ原合戦に従軍しなかった(徳川方と敵対しなかった)経緯が、浮田左京亮・戸川達安・花房職之の貢献と相俟って、徳川方に岡らを登用させたのである。戸川達安が明石掃部に説いた宇喜多氏存続は、旧重臣層の取立という形で成就したことになる。

しかし、宇喜多氏旧臣の取立と、備中国南部における所領拝領が、一斉に実現したわけではない。

〔史料2〕（慶長六年）三月二十六日付・角南恕慶書状〈抄〉（「来住家文書」二七『岡山県古文書』第四輯）

将亦知行わり□□そく候て各御［　　］手候、我等義、同［　　］戸肥(戸川達安)州之御手前ハ一両日ニ可相済候、内府様(徳川家康)大坂を廿三日ニ御立候て御上洛候、戸肥(戸川達安)・花助(花房職之)ハ昨日被罷上候、岡越(岡越前守)・花志(花房秀成)ハ御上之義も無之候、我等儀も四五日間ニ罷上候、

関ヶ原合戦の後、徳川家康は大坂城に入って政務を執り、慶長六年三月に伏見城に移った。史料2によると、戸川達安・花房職之・岡越前守・花房秀成・角南恕慶も家康と同様に大坂に在府しており、この時期に徳川権力は宇喜多氏旧臣の登用を決定していたと考えられる。もっとも、戸川達安・花房職之・角南恕慶が家康に従って上洛する一方で、岡越前守・花房秀成は大坂に残留しており、徳川権力との距離に若干の差異を見出すこともできる。

そこで史料2前半に着目すると、家康は大坂を出立するまでに宇喜多氏旧臣への知行割を進めており、戸川達安や角南恕慶については、作業をほぼ完了させていた模様である。ところが、大坂残留者のうち、花房秀成は慶長九年八月晦日付で知行宛行状[30]、同年閏八月十三日付で知行目録[31]を受給しており、登用こそ決定していたものの、知行の給与には数年の期間を経ることになった。また、花房秀成の所領（中心は小田郡横谷）は、備中国の旧毛利氏領に設定されていたが、後述するように戸川達安の所領（中心は賀陽郡庭瀬）は、備中国の旧宇喜多氏領に設定された。戸川達安と同じく上洛した花房職之の所領（中心は賀陽郡高松）が旧宇喜多氏領、花房秀成と同じく大坂に残った岡越前守の所領（中心は小田郡甲怒）が旧毛利氏領に位置したことを重視するならば、慶長六年の知行割が旧宇喜多氏領、慶長九年の知行割が旧毛利氏領から支出されたとも理解できるだろう。

つまり、上洛と大坂残留という処遇の相違とは、慶長六年三月の段階で、知行割の対象となっていたか否かで生じ

たものではないだろうか。戸川達安・花房職之は、知行割によって徳川権力との主従関係を確定させており、家康の伏見入城に供奉する形で即座に上洛したものの、岡越前守・花房秀成の上洛は当面見合わされたという構図である。この場合、戸川達安・花房職之の両人は、関ヶ原合戦に従軍した経緯から知行割を優先されたものと考えられる。(32)

戸川達安の所領については、慶長年間の宛行状・知行目録を欠くため、寛永二年(一六二五)十月二十三日付の安堵状(33)を参照すると、都宇郡一三村(一万九四一六石八斗)と賀陽郡四村(六六一二石六斗余)で構成されていた。

さらに達安が寛永四年十二月に死去すると、その遺領は長男正安・三男安尤・四男安利に分与された。寛永八年三月四日付の宛行状(34)によると、正安・安尤・安利の所領は次のような構成となっていた。

【正安】(都宇郡九村・賀陽郡四村)

都宇郡―妹尾村(四〇三一石二斗余)・大内田村(三五八石三斗余)・撫川村(六四七五石四斗余)・東庄村(一六〇一石二斗余)・山地村(八〇〇石)・矢部村(五八四石二斗余)・鳥羽村(五七三石六斗)・栗坂村(六四〇石三斗)・徳芳村(五八四石五斗余)

賀陽郡―庭瀬村(五六四一石八斗余)・宮田村(七二五石)・立田村(四〇九石五斗)・原小才村(七四石四斗余)

【安尤】(都宇郡三村)

都宇郡―早島村(二一九九石二斗余)・中村庄(五三〇石二斗余)・東庄(六七〇石五斗余)

【安利】(都宇郡三村)

都宇郡―帯江村(一九四九石八斗)・二子村(九二一石一斗)・東庄(四二九石余)

このように、戸川達安の所領は、嫡子正安が主要部を相続し、安尤に早島村・中村庄、安利に帯江村・二子村が分与され、東庄は正安・安尤・安利の相給となったのである。知行高については、正安が二万二五〇〇石、安尤が三四

○○石、安利が三三○○石であり、合計二万九○○石となる。寛永二年の宛行状によると、達安の知行高は二万五五○九石余であって、若干の相違が確認されるが、所領分与に際して改定された結果と考えられる。

つまり、寛永二年段階で、戸川達安の所領は、都宇郡の妹尾村・大内田村・撫川村・東庄村・山地村・矢部村・鳥羽村・栗坂村・徳芳村・早島村・中村庄・帯江村・二子村、賀陽郡の庭瀬村・宮田村・立田村・原小才村で構成されていたことになる。宇喜多氏の備中領は、窪屋・都宇二郡と上房郡・賀陽郡の一部に及んでおり(35)、戸川達安の所領構成(村数・石高とも、比率は都宇郡三・賀陽郡一)と合致する。また、花房職之が入部した高松も、賀陽郡に属していた。戸川達安・花房職之の所領は、備中国内の旧宇喜多領から割き与えられたものと判断できる。

なお、戸川氏の知行地は、その大部分が足守川流域に分布していた。さらに石高第一位の撫川と第二位の庭瀬は近接しており、戸川時代の庭瀬城も旧撫川城を取り込みつつ拡大したとされる(36)。備中時代の戸川氏は、庭瀬・撫川を中核として、足守川流域に支配領域を形成したということだろう。

ところで、備中時代の戸川達安については、宇喜多氏領国の大部分を支配した小早川秀詮との関係をめぐり、『戸川家譜』から次のような挿話を見出せる。

〔史料3〕『戸川家譜』(『早島の歴史三　史料編』第二章第一節一号)

秀秋《(小早川)》家老言分ん有て両人立退く、其内、稲葉内匠佐《(通政)》立退く時、肥後守《(戸川達安)》を頼まるゝにより、承引して可引取に定め、其時、庭瀬堀切して橋を掛ケ、柵木を用意して可戦支度す、(略)扨、内匠《(稲葉通政)》立退く時、池田市左衛門・小森三郎右衛門、物頭弐人・足軽五十人召連、境目の少し先石といふ橋まて出向ひ引取、(略)肥後守《(戸川達安)》町まて出て対面有、扨、児島下津井より船にて上京すと云々、

備前国入部後の小早川家中では、当主秀詮が主導権の確立を志向する中で、丹波・筑前時代以来の重臣が排斥され

ていき、年寄筆頭の稲葉通政（正成）も慶長六年後半に家中から退去した。[38] 史料3によると、稲葉通政は庭瀬の戸川達安を頼り、達安は臨戦態勢を整えたうえで通政を領内に迎え、通政はまもなく児島の下津井から乗船して上方に向かったという。当時の児島は小早川氏の支配下にあったが、戸川達安も旧領主として一定の影響力を保持しており、その達安の仲介によって、稲葉通政は下津井で船舶を調達できたということだろうか。なお、通政一党は軍装して退去したとされ、[38] 秀詮・通政の対立は軍事衝突に至る可能性を孕んでいた。結果的には、戸川達安が稲葉通政の退去に助力することで、小早川氏領国の内戦は回避されたのである。

但し、小早川氏は秀詮死後に無嗣断絶となり、慶長八年に池田忠継が備前国、森忠政が美作国に入部した。忠継は池田輝政（播磨姫路城主）の一子で、徳川家康の外孫（母は家康次女の良正院）でもあった。忠継は慶長八年当時に五歳であり、異母兄の利隆（輝政長男）が政務を代行したものの、[39] その利隆も二十歳であって、政治的・軍事的な力量を成熟させうる年齢ではなかった。基本的には、父輝政の存在感を前提としての政務代行だろう。

『戸川家譜』によると、小早川秀詮は稲葉通政の退去事件を経て、戸川達安と良好な関係を築いていったとしており、池田氏が備前国に入部すると、輝政も戸川達安との親交を深めたという。小早川秀詮・池田輝政の両人とも、備前国の支配を安定させるうえで、旧宇喜多氏領国で声望を保ちつつ、隣領に位置する戸川達安との友好を重視したことを示そうとする逸話だろう。もっとも、慶長十九年の大坂冬陣に際して、池田利隆・忠継兄弟は戸川達安と連絡を取り合って大坂方面に進軍しており、[40] 池田・戸川両氏が戦時に提携すべき関係にあったことは是認できる。

慶長九年に実現した花房秀成などの知行拝領も、徳川権力が地域権力から列島規模の政権に移行していこうとする状況にあって、姻戚にあたる池田一門の領国経営を西方から安定させるうえで、戸川達安の政治的・軍事的な勢力をより向上させる必要性から講じられた措置ではないだろうか。

## 2　大坂両陣における活動

慶長十九年（一六一四）と翌年の大坂両陣は、戸川達安が徳川権力のもとで経験した唯一の戦役である(41)。そして、徳川権力による戸川氏の位置付けが、軍事というとくに先鋭的な分野で顕在化した場面とも考えられる。

『戸川家譜』によると、戸川達安は両陣を通じて「備中組の頭」として出陣し、岡越前守・花房秀成・同職之などを引率したと伝えられる。すなわち、備中国の宇喜多氏旧臣を統括したというのである。『駿府記』（後掲史料5）でも、宇喜多氏旧臣によって構成される軍勢の存在は確認できるが、「戸川肥後守《達安》・花房一党」と記されており、岡越前守の名前は見出せない。但し、『駿府記』は大御所時代の徳川家康に関する基礎史料だが、厳密な意味における同時代史料ではない。岡越前守は戦後に明石掃部（豊臣方に参加）との関係によって粛清されており(42)、『駿府記』の編者が意図的に記録から除外したとも考えられる。なお、『駿府記』にて戸川達安が名字・受領名とも記録されながら、花房秀成・同職之が「一党」として一括されているように、家康周辺は達安の存在を相対的に重んじた模様である。家伝特有の潤色を含むとしても、戸川達安を「備中組の頭」とする『戸川家譜』の記事には、ある程度の信頼性を認めて然るべきであろう。

「備中組」の称は別にしても、宇喜多氏旧臣の共同行動は、次の史料からも確認できる。

〔史料4〕慶長二十年七月七日付・中川久盛重臣請状写（『中川史料集』新人物往来社、一八九頁）

為御詮明石掃部御尋之通、得其意申候、此部中川内膳正《久盛》領内、堅雖相改候、至今日迄左様之者無之候、然者各於御聞出は可被仰聞候、則搦捕、京都まで可差上候、此以後若於来候者、猶以可為右之分候、為後日如件、

慶長弐拾年七月七日

中川大隅
中川主水
中川遠江

戸川肥後守（達安）殿　御内
戸川六右衛門殿
景山作十郎殿
岡越前守殿　御内
津島孫兵衛殿
花房五郎左衛門（職則）殿　御内
八木弥右衛門殿

史料4において、中川久盛（豊後岡城主）の重臣たちは、戸川達安・岡越前守・花房職則（職之嫡子）の家臣たちに対し、大坂落城後も生存・逃亡が取沙汰されていた明石掃部について、領内では発見されていないことを報告するとともに、情報の提供を求め、発見された場合は捕縛して京都に送致することを請け合っている。大坂落城後の戸川・岡・花房は、明石掃部の捜索を指導する立場にあったのである。同じ宇喜多氏旧臣として、徳川方に敵対した明石掃部を処断する責任を共同で負ったことになる。

また、戸川達安は大坂両陣にて海上軍事にも関わっていたことを確認できる。

〔史料5〕『駿府記』慶長十九年十一月二十九日条

蜂須賀阿波守（至鎮）・松平宮内少（池田忠雄）註進、申云、今朝野田・福島捕之云々、戸川肥後守（達安）・花房一党註進同前、九鬼長門守（守隆）・

向将監忠勝・船大将衆註進、今朝番舟数艘取、其外小舟不知数、敵皆捨舟、於天満逃入、

史料5は、大坂冬陣で徳川方が野田・福島を攻略した際の記事である。この戦闘について、注進の主体となったのは、舅と婿の関係にあった蜂須賀至鎮（阿波国主）・池田忠雄（淡路国主。利隆弟）、戸川達安などの宇喜多氏旧臣、九鬼守隆（志摩国主）・向井忠勝（将軍家船手頭）などの「船大将」の三組であった。九鬼守隆・向井忠勝などの注進から判明するように、野田・福島は豊臣方の「番舟」「小舟」を多数配備された海上軍事拠点でもあったが、『戸川家譜』も戸川家中の景山惣左衛門・山上甚左衛門が豊臣方の安宅船（大型軍船）を奪取したと記している。粉飾を割り引かねばならないが、戸川家で野田・福島の攻略が水上戦闘として伝承されていたことを示す記事だろう。

冬陣で垣間見られる戸川達安の海上軍事活動は、夏陣においてより明瞭に提示できる。

〔史料6〕（慶長二十年）四月二十三日付・徳川家康年寄奉書写（「清和源氏向系図」『徳水』一三〇号）

尚々模様能候様ニ各可被仰談候、以上、

急度申入候、大坂江米船其外商売船并奉公人等、少船ニ而罷越候由、関船を出し候て押取、舟に乗申者ハ可搦捕候、若及違儀者有之者、可被打果候、恐々謹言、

（慶長二十年）四月廿三日　安藤帯刀（直次）

本多上野介（正純）

九鬼長門守（守隆）殿

向井将監（忠勝）殿

小浜民部（光隆）殿

内藤紀伊守（信正）殿

戸川肥後守《達安》殿

史料6は、家康年寄の本多正純・安藤直次が、戸川達安を含む摂津尼崎城の在城衆に対し、「関船」（安宅船に次ぐ大型軍船）で大坂城を海上から封鎖するよう指示した文書である。そこで史料6受給者について確認すると、まず九鬼守隆は天正年間から志摩国の海上勢力を束ねて台頭した嘉隆の後継者であり、向井氏・小浜氏は徳川権力の船手頭（海上軍事の統括者）であった。史料5で「船大将」として記される九鬼・向井と小浜は、徳川方の海上軍事力として尼崎城に入ったと断定できる。内藤信正（近江長浜城主）は海上軍事との関わりを見出せないが、史料6受給者で唯一の累代の徳川氏被官だったことを重視するならば、新参の九鬼・向井・小浜・戸川を監察する役割を課されて入城したとも考えられる。戸川達安については、夏陣最終日に尼崎から船を木津川口に派遣して偵察させ、開戦を知って茶臼山の家康本陣に参上したという『戸川家譜』の記事を勘案すると、九鬼氏・向井氏・小浜氏と同じく、尼崎城で「関船」を運用する立場にあったと判断すべきである。

戸川達安が大坂両陣で海上の軍役に対応しえた背景には、宇喜多氏時代から蓄積してきた海上活動をめぐる経験があったと推察される。富川秀安（達安の父）は天正四年（一五七六）の木津川口合戦に毛利方として参加しており[43]、宇喜多氏が毛利氏に提供した海上軍事力（「直家領分那波・坂越辺警固」）を統括する立場にあった[44]。達安もその本知は備前国児島に集中しており、海上活動能力をさらに伸張させうる環境に置かれていた。渡邊大門氏は宇喜多氏の出自を児島地域と推定し、海上勢力から成長した大名権力と評価するが[45]、戸川氏は宇喜多氏権力に密着して成長した経緯もあって、海上勢力としての性質を濃厚に保持していたと論じることもできる。

また、宇喜多氏没落後に戸川達安が入部した備中国庭瀬は、天正年間前半まで安芸毛利氏の勢力圏にあり、天正七年十一月に冷泉元満の船舶が庭瀬の「近辺浦」に待機するよう指示された事例[46]、天正十年三月に村上景広が庭瀬城に兵糧四〇〇俵を回漕した事例などを確認できる。[47] 元来、庭瀬付近は十七世紀中頃まで瀬戸内航路の遡行上限に位置しており、[48] 戸川氏の海上活動能力を維持するうえで適当な地域でもあった。

徳川権力は東海時代から甲斐武田氏の海賊衆（向井氏・小浜氏など）を接収し、海上軍事体制を整備していたが、関ヶ原合戦以降に関東の地域権力から列島規模の政権に昇華すると、海上軍事体制の充実が活動規模の急速な拡大に追随できなくなり、慶長十四年に実施した大船没収では、志摩九鬼氏も起用されることになった。[49] さらに大坂両陣（対豊臣氏戦争）に際会すると、戸川達安も動員して海上軍事力の不足を補完したのである。

なお、花房幸次（秀成嫡子。戸川達安女婿）は、寛永八年（一六三一）に伊勢山田奉行に起用され、寛永十年からは伊勢国の「船手之役者」（海上軍事の指揮官）も兼ねた。[50] 戸川達安とともに大坂両陣で水上戦闘に参加した経緯から、花房氏も徳川権力から海上軍事に長けた家として認識されるようになっていたのであろう。

## 三　駿府・江戸における待遇

徳川権力下の戸川達安は、しばしば駿府・江戸に出府した。『戸川家譜』は慶長年間の宇喜多氏旧臣について、駿府出仕を基本にしたと記すが、慶長十七年（一六一二）正月には岡越前守、慶長十八年正月にも戸川達安・岡越前守が駿府の大御所家康のもとに年頭の礼として出頭しており、[51]『戸川家譜』の記事は大筋で首肯できる。

また、『御当家紀年録』は、家康死後に出頭先を駿府から江戸に移した諸士のうち、駿府近郊の安西に屋敷を有した面々が安西衆であり、将軍秀忠はこの安西衆と以前から江戸に在府してきた諸士から意中の人物を選び、御咄衆として再編したと記し、その一人に戸川達安を含めている。[52] 安西衆に関しては、次に掲げる史料が参考になる。

〔史料7〕『駿府記』慶長十九年六月十六日条

御嘉定如例、巳刻南殿出御、（略）配膳西尾丹後守（忠永）、次日野大納言入道（輝資）三方・伝長老（崇伝）足附・冷泉中納言（為満）同上・水無瀬宰相入道（親具）同上・大沢少将（基宿）同上、御縁山名禅高片木・佐々木中務少輔（高定）同上・畠山長門守（義春）同上・土岐左馬助（頼勝）同上・同市正（持益）同上、其外三好因幡守・三好丹後守（房一）・猪子内匠助（一時）・本田若狭守（堀田一継）・徳永左馬助（昌重）・戸川肥後守（達安）・市橋下総守（長勝）・堀丹後守直寄、其外諸士不可勝計、

史料7は、慶長十九年六月十六日に駿府城で催された嘉祥の記事である。この記事に記載された日野輝資以下の出席者は、①公家や僧侶、②守護大名の一族・子孫、③織豊権力取立の諸士（三好因幡守などの八人）に大別でき、戸川達安は③に該当する。③の諸士は、慶長十九年七月に死去した三好房一を除いて『御当家紀年録』に列記された御咄衆にも加わっており、同書が安西衆を「仕太閤秀吉、後候駿府者」と規定していることを勘案すると、家康は戸川達安を広義の豊臣取立大名として位置付け、安西衆に加えたと理解すべきではないだろうか。

また、江戸在府中の戸川達安の活動としては、元和四年（一六一八）の水道普請を指摘できる。

〔史料8〕（元和四年）七月二十八日付・蜂須賀至鎮書状案（西田猛編『至鎮様御代草案　元和四』下巻一三五頁）

今朝者預御懇書忝候、折節客来候て御報延引申候、然者来二日之晩御茶被下義、被指延候由、御書中之通、得其意存候、御普請御奉行御苦労致察候、何様期面上、万事可申承候、恐惶、

（元和四年）七月廿八日

戸川肥後様（達安）

貴報

当時、蜂須賀至鎮（阿波徳島城主）は戸川達安と同様に江戸に在府しており、達安から茶席に招かれていたものの、

達安が「御普請御奉行」を命じられたために延期となったのである。この「御普請奉行」が、江戸の水道整理に関連していたことを次の文書で確認できる。

〔史料9〕（元和四年）八月五日付・蜂須賀至鎮書状案（『至鎮様御代草案　元和四』下巻一七九頁）

尚々水道御普請御奉行之由候条、御隙も難計、遅承候条、先如此候、

態致啓上候、此中早々以参可申達候処、何角取紛、餘無音罷過候条、先以使札如此候、雖是式候、御太刀馬代并単物五進入申候、猶与風遂参、可得御意候、恐惶、

（元和四年）八月五日

戸川肥後守様（達安）

人々中

史料9によると、戸川達安は「水道御普請御奉行」として多忙であり、蜂須賀至鎮も来訪の時機を計りかねていた模様である。その後、戸川達安は九月十一日に蜂須賀至鎮を茶席に迎えたが、すでに八月二十七日に達安から至鎮に参席が打診されていた[53]。八月下旬までには、茶会を催す余裕が生じる程度に普請を進捗させたことになる。

この水道普請については、『徳川実紀（台徳院殿御実紀）』にも、元和四年の「是年」に「阿倍四郎五郎正之江戸の道路を巡視、水道の事を沙汰せしめらる」とある[54]。これは『寛永諸家系図伝』における阿倍正之の事績（「命をうけたまわりて江戸城下の道路を巡見して水道の事を沙汰す」[55]）を典拠にしており、普請の具体的な規模・時期は不分明になっている。しかしながら、「至鎮様御代草案」所収の文書によると、阿倍正之は元和四年七月二十六日に「御普請場」へ出張しており[56]、時期を考慮すると、戸川達安の「水道御普請」と同一と判断できる。阿倍正之が水道敷設の調査・計画を担当し、戸川達安が「水道御普請御奉行」として施工したということだろう。

阿倍正之は慶長十八年から将軍秀忠のもとで目付をつとめていたが、普請に必要な人員を動員しうる立場ではなく、事業の施行に戸川達安が起用されたとも考えられる。また、阿倍正之は大坂冬陣で河口部制圧の監察を担当しており、野田・福島攻略戦で戸川達安の行動や判断を支持したとされる(57)。こうした経緯から、徳川権力は阿倍正之・戸川達安の両者について、相応の信頼関係が形成されており、意思疎通も容易であると認識し、共同して水道普請にあたらせたのではないだろうか。この場合、大坂両陣における戸川達安の軍事行動が、江戸在府中の活動に少なからぬ影響を及ぼした事例に該当する。

## おわりに

戸川氏(富川氏)は、備前宇喜多氏が領域権力として台頭する最初期に家中に加わった宿老であったものの、直家死後に成人前の秀家が宇喜多氏を継いだことは、宇喜多氏・戸川氏の主従関係を変調させていった。秀家時代の宇喜多氏は、羽柴(豊臣)秀吉の後援によって領国を維持・拡大し、戸川氏などの重臣層も、秀吉から家中における地位を保証されるようになった。しかし、こうした状況から、重臣層には秀家との主従関係を相対化する認識が醸成され、秀吉死後の家中騒動として噴出した。

この宇喜多騒動が徳川家康の調停で鎮静し、さらに関ヶ原合戦で宇喜多秀家との信頼関係がほとんど致命的に破綻すると、戸川達安は家康の「御恩」を掲げ、秀家と敵対する陣営に属すことを正当化した。つまり、秀家を相対化する上位権力が、秀吉から家康に置換されたことになる。

但し、関ヶ原合戦の最中にも、戸川達安は秀家方の明石掃部を通じて、徳川・宇喜多両氏の和解案を提示しており、宇喜多氏家中としての自意識も持続していた模様である。関ヶ原合戦の結果、秀家や嫡子秀高は没落し、宇喜多氏領国も解体されたが、戸川達安や岡氏・花房氏などの宇喜多氏旧臣は徳川権力によって登用され、備中国で所領を与えられ、戦時には戸川達安を中心に軍事集団（「備中組」）を形成するようになった。戸川達安は秀家と決裂しつつも、広義の宇喜多氏勢力を存続させることに一応成功したのである。

徳川権力下の戸川達安は、駿府や江戸では安西衆・御咄衆の待遇を得て、備中国庭瀬・撫川を中心とする支配領域を形成するようになった。また、大坂両陣では、豊臣方海上軍事力の制圧や大坂城の海上封鎖に参加することになった。但し、海上軍事との関係から、戸川氏を能島村上氏などと同一視し、瀬戸内地域で海上活動を存立の主要基盤とした勢力の一つと位置付けることには、慎重でなければならない。むしろ、甲斐武田氏の海賊衆における岡部氏（もとは駿河今川氏の被官）のように、沿海地域や港湾付近に所領を有して海上活動にも関わったために、上位権力から海上の軍役を要求された事例(58)に該当すると考えられる。

無論、海上軍役に適応しえたという意味で、戸川氏が広義の海上勢力としての側面を有していたことは是認できる。その海上活動能力は、宇喜多氏時代に海上軍事力の指揮や本知の児島配置などを通じて涵養されたものであり、徳川権力からは、拡張の最中にあった海上軍事体制の補充に用いられたのである。

註

（1）　宇喜多氏研究の概要は、大西泰正編『論集戦国大名と国衆11　備前宇喜多氏』（岩田書院、二〇一二年）の総論で整理されている。また、宇喜多氏の動向をまとめた成果として渡邊大門『宇喜多直家・秀家』（ミネルヴァ書房、二〇一一年）がある。

(2) 拙稿「書評　渡邊大門著『宇喜多直家・秀家』」(『年報赤松氏研究』第五号、二〇一二年)。
(3) 尾藤正英「戦国大名と幕藩体制」(『江戸時代とはなにか』岩波書店、一九九二年、初出一九八五年)など。
(4) 大西泰正「富川達安をめぐって」(同『「大老」宇喜多秀家とその家臣団』岩田書院、二〇一二年、初出二〇一一年)。
(5) 『早島の歴史一　通史編(上)』(早島町、一九九七年)、『新修倉敷市史第三巻　近世(上)』(倉敷市、二〇〇〇年)など。
(6) 『寛政譜』戸川氏家譜の冒頭。
(7) 『戸川家譜』(『早島の歴史三　史料編』第二章第一節一号)。江戸時代の編纂史料ながら、顕彰に伴う潤色を排すれば参考に足ると判断し、以下でも必要に応じて引用する。
(8) 「早島町所蔵文書」(『早島の歴史三　史料編』第二章第一節三号⑸)。
(9) 大西泰正「宇喜多氏家臣の叙位任官」(同『豊臣期の宇喜多氏と宇喜多秀家』岩田書院、二〇一〇年、初出二〇〇九年)。
(10) 矢部健太郎『豊臣政権の支配秩序と朝廷』(吉川弘文館、二〇一一年)など。
(11) 「備前国主宇喜多中納言秀家着到之状」(『吉備郡史』中巻)。
(12) 「秋元興朝所蔵文書」(『久世町史　資料編第一巻(編年資料)』一三八九号)。
(13) しらが康義「戦国豊臣期宇喜多氏の成立と崩壊」(大西註(1)前掲書所収、初出一九八四年)。
(14) 渡邊註(1)前掲書。
(15) 大西註(4)前掲論文。
(16) 拙稿註(2)前掲書評。
(17) 森脇崇文「豊臣期宇喜多氏の構造的特質」(『待兼山論叢　史学編』第四六号、二〇一二年)。

(18)　大西泰正①「宇喜多騒動の経緯」(註(9)前掲書、初出二〇〇六年)、②「宇喜多騒動の展開と結果」(註(9)前掲書、初出二〇〇八年)、③「宇喜多騒動をめぐって」(註(4)前掲書、初出二〇一〇年)、光成準治『関ヶ原前夜　西軍大名たちの戦い』(NHKブックス、二〇〇九年)、石畑匡基「宇喜多騒動の再検討―『鹿苑日録』慶長五年正月八日条の解釈をめぐって―」(『織豊期研究』第一四号、二〇一二年)など。

(19)　『鹿苑日録』(続群書類従完成会)慶長五年正月八日条。

(20)　『戸川家譜』(註(7)前掲)。

(21)　大西泰正「長船紀伊守と中村次郎兵衛」(註(9)前掲書、初出二〇〇六・二〇〇八年)。

(22)　清水克行『喧嘩両成敗の誕生』(講談社選書メチエ、二〇〇六年)は、喧嘩両成敗について、当事者双方が受けた損失を等分にする収拾策であるという理解を提示する。

(23)　大西泰正「宇喜多秀家の関ヶ原合戦」(註(9)前掲書、初出二〇〇六・二〇〇八年)。

(24)　『太田和泉守記』(蓬左文庫所蔵本)。

(25)　「普済寺文書」(中村孝也『新訂徳川家康文書の研究　中巻』日本学術振興会、一九七八年)七一八頁。

(26)　「中島本政覚書」(『久世町史　資料編第一巻(編年資料)』一四五三号)。

(27)　黒田基樹「小早川秀詮の備前・美作支配」(同『戦国期領域権力と地域社会』岩田書院、二〇〇九年、初出二〇〇〇年)。

(28)　『断家譜』(続群書類従完成会)によると、楢村監物も備中国内で所領を給付されている。

(29)　大西註(18)前掲論文②。

(30)　「花房家史料」(『花房家史料集(一)』七頁)。

(31)「花房家史料」(註(30)前掲八頁)。
(32)但し、関ヶ原合戦後に備前岡山城に籠もった中島本政の覚書(註(26)前掲)では、岡越前守も岡山城接収に参加しているという。また、角南恕慶の知行割が優先された理由も不分明である。後考を俟ちたい。
(33)「戸川家旧記」(『早島の歴史三　史料編』第二章第一節二号)。
(34)「戸川家旧記」(註(33)前掲)、『記録御用所本古文書』(東京堂書店)三九四・三九五号。
(35)森脇崇文「宇喜多氏備中領の範囲について」(『倉敷の歴史』第二二号、二〇一二年)。
(36)『日本城郭大系第十三巻　広島・岡山』(新人物往来社、一九八〇年)における撫川城の解説。
(37)黒田註(27)前掲論文。
(38)『寛政譜』稲葉正成条。
(39)谷口澄夫『岡山藩政史の研究』(塙書房、一九六四年)など。
(40)「岡山池田家文書」(『天下人の書状を読む』吉川弘文館、史料六一号・参考一六号)。
(41)関ヶ原合戦の段階では、徳川家康はまだ豊臣政権の護持を掲げる立場で、徳川・戸川両氏の主従関係も未形成だった。
(42)『駿府記』慶長二十年七月二十九日条。
(43)「毛利家文書」(『戦瀬』四六〇号)。
(44)「浦家文書」(『戦瀬』四三二号)。『戦瀬』は同文書の年次を元亀四年に比定するが、毛利氏の海上兵力が淡路方面に進出しつつある状況を窺える内容であり、天正四年の木津川口合戦の関連文書と理解すべきである。
(45)渡邊註(1)前掲書。
(46)「冷泉文書」(『戦瀬』六二〇号)。

(47)「萩藩閥閲録　磯兼求馬」（『戦瀬』六八〇号）。

(48) 註(5)前掲書。

(49) 安達裕之「大船の没収と大船建造禁止令の制定」（『海事史研究』第四八号、一九九一年）、同『異様の船』（平凡社選書、一九九五年）、穴井綾香「慶長十四年大船没収令の伝達過程―触を中心に」（『古文書研究』第六八号、二〇一〇年）。また、本書第八章も参照のこと。

(50)『江戸幕府日記』寛永十年三月四日条。

(51)『駿府記』慶長十七年正月一日条・慶長十八年正月一日条。

(52)『御当家紀年録』（集英社、一九九八年）元和二年是年冬条。

(53)『至鎮様御代草案　元和四』下巻二七八・三六七頁。

(54)『新訂増補国史大系　徳川実紀』（吉川弘文館）元和四年是年条。

(55)『寛永伝』阿倍正之伝。

(56)『至鎮様御代草案　元和四』下巻一七六頁。

(57) 註(55)前掲。

(58) 本書第二章・第三章を参照のこと。

# 第三部　十七世紀以降の徳川権力の海上軍事と国際外交

# 第八章　徳川権力の海上軍事と大坂船手小浜氏

## はじめに

江戸時代の幕藩体制を主導した徳川将軍家は、二重の性格を具有していた。一つは列島全域の諸大名を支配する政権、いま一つは江戸を本拠とする巨大な大名権力である。また、こうした二重性格を前提として、将軍家の海上直轄軍団を統括した向井氏などの船手頭も、江戸に常駐して関東内海(江戸湾)の警衛にあたる一方で、遠国に適宜派遣されて列島規模の海上活動にあたるなど、その海上活動は二つの性格を帯びることになった。

但し、徳川将軍家の海上軍事体制が、江戸のみを中心とする構造であったと理解すべきではない。元和年間以降、畿内軍事体制の中心が伏見から大坂に移るに伴い、大坂船手が設置されており、幕末に船手組織が解体されるまで、大坂城代のもとで大坂湾や西国方面の海上軍事を担っていった。徳川将軍家の海上軍事は、江戸と大坂の二極構造であったと理解すべきである。

この大坂船手の創設にあたっては、江戸常駐の船手頭(「江戸之御舟大将」[1])から小浜光隆が起用され、小浜氏は以後の数代に亘って大坂船手を襲職した。大坂船手は小浜氏の家職として形成されたのである。

大坂船手については、長らく専論を欠いていたが、近年になって、関連文書を収録した『新修大阪市史　史料編第

六巻　近世Ⅰ政治1』が刊行され、その成果に依拠した吉田洋子氏の論考も発表されている[2]。吉田氏は大坂船手の職務内容について、①大坂にある公船の管理・修復、②公船の差遣、③船の調達（上荷船・茶船などの動員）、④琉球使節参府関係の御用、⑤番所における通船改め、⑥塩飽島・小豆島の支配、⑦船公事の裁許を挙げている。なお、安達裕之氏や著者も、小浜光隆が大坂船手として、西国大名による大船建造の監察にあたった事例を紹介したことがある[3]。

だが、吉田氏の論考は大阪市史編纂事業の一環として執筆された経緯から、多分に『新修大阪市史』の採録文書に規定され、かつ江戸時代全体の動向を概観した内容であって、設置前後の大坂船手に関する考察は不十分となっている。また、自治体史という研究上の制約から、大坂城下とその周辺における動向に議論が集中している。本来、大坂船手としての小浜氏は、「西国之船かしら（頭）」と評価されており[4]、その権能は大坂城下周辺で完結していないことに留意すべきである。この点に関しては、安達氏や著者の論考も、大坂船手が担った役割の一端を指摘するにとどまった。

なお、大坂船手をつとめた小浜氏についても、戦国期伊勢海賊の動向を知りうるサンプルとして、研究史が少なからず蓄積されている[5]。しかしながら、それらの議論は「小浜文書」の存在に規定され、甲斐武田氏の海賊衆として活動した時期に限定され、徳川氏のもとでおこなった海上活動に関する検証は困難になっている。「小浜文書」以外の文書群を俎上に上げ、徳川氏時代の動向に関する議論を展開することは、小浜氏研究の重要な課題である。小浜氏の動向を概観すると、武田氏時代の海上活動は十年内外にとどまるが、徳川氏時代の海上活動は一世紀以上にも及ぶ。戦国期から江戸期に亘る海上軍事の連続性・断絶性を考察するうえで、じつに示唆に富んだ事例に該当するだろう。

さらに十七世紀初頭の大坂湾海上軍事を論じることは、統一政権と大坂湾の関係性を論じる一助にもなりうると見込まれる。藤田達生氏は織田政権の経済基盤について、伊勢大湊などの有力港湾都市を擁し、東国―京都および日本海―太平洋の流通が交差していた環伊勢海地域を想定し、同政権を環伊勢海政権と評価した。また、先行する細川・

三好政権に関しては、環大坂湾地域で領国を形成し、和泉堺などと良好な関係を有したことなどから、環大坂湾政権と表現する(6)。環大坂湾地域を細川・三好政権の経済基盤と位置付ける議論は、とくに三好氏を対象として進展しており、今谷明氏は、畿内や阿波・讃岐両国を支配して海運・流通に依拠した権力と評価し(7)、天野忠幸氏も、土地支配ではなく兵庫・尼崎・堺といった港湾都市や流通網の掌握を優先させた政権であるという理解を提示している(8)。

但し、こうした議論に則して考えるならば、豊臣氏・徳川氏の両政権は、いずれも大坂湾周辺・伊勢海周辺を直轄領や一門・譜代領として掌握しており、環大坂湾・環伊勢海の両海域を統合させた政権と位置付けることもできる。また、従来の研究では、伊勢海地域や大坂湾地域における領国形成に関する議論が展開されつつも、各政権の海上軍事のあり方に関する検証は、不十分な段階にとどまっている。戦国大名・統一政権による海上軍事と伊勢海地域の関係については、本書の第一章から第六章にかけて論じてきたが、さらに本章では、小浜光隆の動向を中心として、十七世紀初頭の大坂湾海上軍事を論じ、徳川権力の大坂湾支配に関する試論を提示したい。

## 一　慶長年間の大坂湾海上軍事

徳川氏は三河国の戦国大名として出発し、その海上軍事力（海賊衆）は、伊勢海地域の海上勢力によって編成された。天正末年に徳川氏が東海から関東に移封された後も、小浜氏・向井氏などの伊勢海賊は「三崎衆」として再編され、「上総衆」（もとは三河国沿海地域の国衆）とともに徳川氏の船手（海上軍事力）を構成した。さらに文禄年間から豊臣政権の朝鮮出兵に対応して、徳川氏が海上軍事力の規模を拡充させると、水主動員や船舶建造などについて、徳川氏全体の海上軍事体制を統括する権限が、三崎衆に付与されていった(9)。徳川氏権力のもとで、軍事官僚としての船手頭職が成立していく濫觴とも評価できるだろう。

慶長年間になると、関ヶ原合戦と家康の将軍任官を経て、徳川氏の性格は、関東・東海を中心とする領域権力にとどまらず、列島規模の政権（徳川将軍家）に昇華した。これにより、徳川氏の海上軍事力も活動海域を拡大させていき、やがて関東に加えて、畿内を中心とする海上軍事体制が成立することになった。

関ヶ原合戦からまもない慶長五年（一六〇〇）九月二十八日には、塩飽衆（塩飽諸島の海運集団）が豊臣秀吉朱印状に準拠した徳川家康朱印状を受給しているが、その奉行人は小笠原正吉であった[10]。関ヶ原合戦の後、家康の大坂入城とともに、徳川氏船手の幡豆小笠原氏（もとは三河国衆。関東時代は上総衆）などは、福島・伝法に駐留したとされ、小笠原正吉はこの幡豆小笠原氏の一族であり、自身も徳川氏の海上軍事に参加していたと伝えられる[11]。

慶長十九年の大坂冬陣にて、徳川方は豊臣方から福島を奪取するとともに、「番船数艘」と「小舟不知数」を拿捕した[12]。また慶長十二年の朝鮮使節の報告書によると、伝法には「板屋船三十余艘」が配置されていた[13]。「板屋船」とは朝鮮水軍の主力艦船であり[14]、安宅船・関船などの大型和船を「板屋船」と混同したとみられる。豊臣氏のもとで、福島・伝法が軍事的要衝として位置付けられていたことが窺い知れる。家康は大坂在城に伴い、幡豆小笠原氏などを福島・伝法に駐留させ、大坂周辺の制海権を掌握したのであろう。こうした状況から、塩飽衆を従属させるべく、その海上権益を安堵する家康朱印状が発給されると、小笠原正吉が奉行人に起用されたものと考えられる。

しかし、幡豆小笠原氏の福島・伝法駐留は、家康の大坂在城に対応したものに過ぎず、恒久的な駐留体制と同義ではなく、慶長六年三月以降、家康の居所が大坂城から伏見城に移るとともに解消されたとみられる。だが、時限的措置ではあれ、関ヶ原合戦の結果、福島・伝法に海上兵力を配置したことは、徳川権力が大坂湾に海上軍事体制を構築する端緒であり、かつ元和六年（一六二〇）に成立する大坂船手の原型になったと位置付けても大過無いだろう。

また、福島・伝法駐留が解消された後、幡豆小笠原氏本宗家は関東の所領（上総国富津）に戻ったが、小笠原正吉については、慶長年間中頃に伏見城代のもとで「淀川船奉行」をつとめたともされる[15]。但し、この「淀川船奉行」とは淀川水運の担当者と同義ではないだろう。当該時期の伏見城は、家康の上洛中の居所であり、家康不在時には結城秀康（家康次男）・松平定勝（家康異父弟）が守衛し、徳川氏による畿内の軍事支配の中枢として機能していた。こうした畿内軍事体制の中で、小笠原正吉は淀川の水上軍事を統括していたと考えられる。

その傍証として、慶長十二年に来日した朝鮮使節（回答兼刷還使）の使行録『海槎録』をあげることができる。同書によると、淀城には「家康麾下将倭」が駐留しており、また豊臣秀吉がかつて乗用した「十字閣楼船」も、同城に保管されていたと報告している[16]。この「家康麾下将倭」に関する記事は、小笠原正吉が淀城にあって豊臣氏の川船などを接収・運用し、淀川の軍事支配を担っていたことを示すものではないだろうか。

但し、小笠原正吉による淀川水上軍事の管掌には、幡豆小笠原氏の福島・伝法駐留に加え、いま一つの原型が存在したとみられる。『慶長記』によると、慶長四年の段階で、伏見城下の「江戸町」南端には、小浜政精が「舟大将」として居住しており、家康はしばしば同所から「小船」に乗船したという[17]。すでに豊臣政権期から、徳川氏は伏見周辺で船舶の運用を認可されており、この既得権を拡大する形で、「淀川船奉行」が創出されたと考えることもできる。

ところで、小笠原正吉の嫡子権之丞は、三河国で「六千俵の俸禄」を有していた[18]。元来、幡豆小笠原氏は三河国幡豆郡南部の国衆であったが、徳川氏の関東移封により、同氏の所領も上総国富津に移されていた。権之丞が三河国内で得ていた「六千俵の俸禄」とは、おそらく幡豆小笠原氏の本領であり、関ヶ原合戦の後、正吉が本宗家に代わって三河国幡豆郡の旧領に入部し、正吉死後は権之丞が相続したのであろう。また、小笠原正吉は慶長十年頃に「御朱印船」を所有し、「紀伊国浦々」で諸役免許を保証されていた[19]。幡豆小笠原氏の本領が、三河国沿岸部に位置していたことを考慮すると、正吉の所領は、三河湾―伊勢湾―紀伊半島―大坂河口―淀川という水上ルートによって、畿内の任地と接合され、同ルートを往来する船舶が諸役免許の特権を取得していたと想定することもできる。[20]

さて、後に大坂船手に起用される小浜光隆は、この時期は「江戸之御舟大将」（船手頭）として活動していたが、[21]慶長十四年の大船接収によって、はじめて大坂湾方面に出張することになった。この大船接収とは、徳川権力が西国大名に五〇〇石積以上の大船（とくに安宅船）の提出を命じ、淡路国まで廻航させたものである。その意図について、『当代記』は「西国大名等、近年大船を拵置、是自然の時催大軍可上歟之由云々、依駿府可有破却由曰」と説明する。[22]つまり、西国大名の大船建造を警戒し、その海上軍事力を適度に抑制する方策であった。

この大船接収にあたって、徳川権力は九鬼守隆・小浜光隆・向井忠勝・久永重勝の四人を淡路国に派遣した。小浜光隆・向井忠勝は船手頭、久永重勝は弓頭と、いずれも徳川将軍家直属の軍事官僚であったが、[23]志摩鳥羽城主の九鬼氏は、織豊政権以来の水軍大名だった。この時期、徳川氏の海上軍事力は、活動領域の拡がりに規模の拡充が追随しきれず、大坂湾で大規模な海上軍事活動を展開するには、九鬼氏の実力が必須だったのであろう。

また、九鬼氏・小浜氏・向井氏は、三氏とも伊勢海賊であり、徳川権力の海上軍事が、伊勢海地域の海上勢力に大きく依存していたことも判明する。小浜氏と向井氏は、元亀年間から甲斐武田氏に招聘されて駿河湾地域に活動拠点を移し、さらに徳川氏に従って関東方面に移ったが、両氏とも伊勢海地域との交流を維持させていた。[24]活動拠点の移転を繰り返しつつも、伊勢海賊としての意識・実態は持続していたと捉えるべきである。

さらに大船接収の役割分担を比較すると、九鬼守隆・小浜光隆が廻航された大船の接収を執行しており、向井忠勝については、久永重勝と同じく大船廻航に関わる諸事を諸大名に指示するにとどまった。[25]船舶の運用に関する力量は、向井氏に比して、九鬼氏・小浜氏が優越していたのである。小浜氏と向井氏は、ともに武田氏の海賊衆であったが、武田氏時代の知行高は、小浜氏が約三〇〇〇貫文[26]、向井氏が約一〇〇〇貫文[27]であり、小浜氏の実力は隔絶していた。慶長十四年当時に至っても、小浜氏・向井氏の海上活動能力には、未だ埋め難い格差が残っていたと看做すべきである。

なお、こうして回収された大船の一部は、大御所徳川家康の指示によって、海上輸送のために運用された。

〔史料1〕（慶長十四年）十一月二十一日付・小浜光隆等書状（「佐治家文書」『小堀政一関係文書』思文閣出版、一一号）

尚以、くろかね参次第致出船候間、御由断有間敷候、あかかねハ大坂の舟にて、今明日ニ相着申候、先以三千駄いそき可被下候、残りハ追々御越可被成候、以上、追而申候、此方ゟ舟遣之候儀ハ、大舟にて候故不罷成候条、其方舟にて早々御越可被成候、以上、

急度申入候、今度御進上之大舟ニ鉄・銅積、年内中ニ勢州へ可廻之旨、為御諚駿府御年寄衆ゟ四五日以前ニ被仰下候、然者鉄貴殿御手前ゟ可請取之旨申来候間、則伏見へ以書状申入候処ニ、備中に御座候由、御留守居長田又右衛門被申候間、重而以飛脚申入候、鉄急度被仰付、其方之□（舟カ）にて淡路之由良まて早々御越可被成候、鉄参着次第御船出し申候間、無御油断急可被下候、銅者鈴木又右衛門手前ゟ請取申候、先以三千駄程早々可被下候、残りハ定而追々可申入候、恐々謹言、

九長門守（九鬼守隆）　友□（花押）

（慶長十四年）十一月廿一日

小久太郎（小浜光隆）　□□（花押）

小堀遠江（政一）様

人々御中

史料1によると、「今度御進上之大舟」を運用して、鉄・銅を淡路国から伊勢方面に輸送するという家康の意向が、「駿府御年寄衆」から淡路在国中の九鬼守隆・小浜光隆に通達され、また備中在国中の小堀政一は、九鬼守隆・小浜光隆から備中国の鉄三〇〇〇駄を淡路国由良に輸送するよう要請された。なお、銅については、鈴木又右衛門が調達し、「大坂の舟」によって淡路国まで届けられる手筈になっていた。この時期、大坂には豊臣氏が健在であり、徳川権力は大坂湾で海上活動を展開するにあたって、豊臣氏の協力を得ていたことにもなりうる。

ところで、慶長十七年以降になると、小浜光隆は淡路洲本城の城番をつとめたとされる(28)。淡路国は慶長十五年から池田忠雄（池田輝政六男、家康外孫）の領国となっていたものの、忠雄は未だ幼少であり、小浜光隆を洲本城に入れて、大坂湾における海上軍事の補完をはかったとみることもできる。この時期に徳川権力がおこなった大名配置などを、豊臣氏に対する包囲網と位置付ける見解(29)もあるが、史料1で確認された事例を考慮すると、徳川・豊臣関係を殊更に対立的文脈で捉えようとする論調は、やや妥当性を欠くと考えられる。

また、小浜光隆の洲本在城は、小笠原権之丞失脚との関連性が想定される。「淀川船奉行」小笠原正吉の死後、嫡子権之丞はおそらく若年のため、直ちに父親の地位を引き継ぐには至らず(30)、かつ慶長十七年三月には、岡本大八事件に連座して改易されていた(31)。あるいは、小笠原権之丞の改易を契機として、徳川権力は「淀川船奉行」に代わって洲本城番を設置し、小浜光隆を淡路国に派遣したのではないだろうか。小笠原正吉個人の力量によって形成された「淀川船奉行」は、職制として確立しておらず、正吉の死去、権之丞の失脚によって中絶したのであろう。

慶長十九年の大坂冬陣では、九鬼氏・小浜氏・向井氏・千賀氏が徳川方海上兵力を構成し、豊臣方海上兵力の掃討と、大坂城の海上封鎖にあたった(32)。この四氏は、いずれも伊勢海地域の海賊であり、慶長十四年の大船回収と同じく、徳川権力は伊勢海地域の海上勢力を用いて、大坂湾方面で海上軍事活動を遂行したことになる。さらに慶長二十年の大坂冬陣においても、小浜光隆は大坂城の海上封鎖に参加している。

〔史料2〕（慶長二十年）四月二十三日付・本多正純等書状写（「清和源氏向系図」『徳水』一三〇号）

尚々模様能候様ニ各可被仰談候、以上、

急度申入候、大坂江米船其外商売船并奉公人等、少（小カ）船ニ而罷越候由、関船を御出し候て押取、舟爾乗申者ハ可搦捕候、若及違儀者有之者、可被打果候、恐惶謹言、

（慶長二十年）四月廿三日　安藤帯刀（直次）
本多上野介（正純）

九鬼長門守（守隆）殿
向井将監（忠勝）殿
小浜民部（光隆）殿
内藤紀伊守（信正）殿
戸川肥後守（達安）殿

史料2は、九鬼守隆・向井忠勝・小浜光隆・内藤信正・戸川達安に対し、大坂城に入ろうとする船舶を「関船」によって拿捕するよう命じた文書である。当該文書を収録した「清和源氏向系図」によると、向井忠勝は四月初旬から摂津国尼崎を拠点として、五月七日の大坂落城に至るまで海上封鎖を継続したという。九鬼・小浜・内藤・戸川も同様だろう。このうち、伊勢海賊の九鬼・向井・小浜は、「関船」の運用能力を十分に有したとしても、内藤は近江長浜城主、戸川は備中国庭瀬領主であり、むしろ陸上の攻勢から尼崎を守衛すべく、同所に配置されたとみられる。

但し、戸川達安については、冬陣でも河口部を転戦しており[33]、九鬼・向井・小浜には及ばないものの、一定の船舶

運用能力を有していたとも考えられる。元来、戸川氏は宇喜多秀家(備前岡山城主)の旧臣であったが、戦国期の宇喜多氏は、備前国児島地域に拠りつつ、海上交通を経済的基盤として台頭したとも指摘されている(34)。戸川氏は宇喜多氏権力に密着することで成長した家臣であり、海上活動に関するノウハウをある程度は蓄積しえたのであろう。

さらに宇喜多氏旧臣としては、花房秀成・幸次父子(備中国横谷領主)も、大坂冬陣で水上機動によって備前島を占領している(35)。備前島は宇喜多秀家の旧屋敷地であり、宇喜多氏旧臣の花房氏は備前島の地勢に通じていたことから、その占拠にあたったのであろう。加えて、花房秀成は元和五年(一六一九)に福島正則転封の上使をつとめ、福島氏領国の船舶で金銀・家財などの輸送を差配しており(36)、また幸次も寛永十年(一六三三)から伊勢山田奉行として伊勢湾の海上軍事を統括した(37)。これらの事例から、花房氏が船舶の運用に長けていたことを想定できる。

この時期の徳川氏は、列島規模の政権に昇華したものの、戦国期以来の海上軍事力を充実させるのみでは活動領域の拡大に対応しえず、戸川氏・花房氏などを組み込むことで、海上軍事力の不足を補完していたのであろう。

## 二　大坂船手の創設

豊臣氏が滅亡した後、大坂城は松平忠明(伊勢亀山城主)に一旦預けられ、再建が進捗すると、元和五年(一六一九)に伏見城の在番衆が大坂城に移転された。これに伴って、小浜光隆が翌年に大坂船手として起用され、城代・町奉行などと「大坂御奉行(38)」を構成するようになった。慶長年間において、小浜光隆は数度に亘って大坂湾に出張・駐留したが、「大坂御奉行」の成立とともに、光隆の大坂湾駐留も恒常化したのである。

大坂船手として、向井氏ではなく小浜氏が起用される前提としては、やはり慶長十四年(一六〇九)の大船接収と同じく、海上軍事に関する力量の優越を想定すべきである。元和・寛永年間の西国方面では、徳川権力の支配領域（直轄地および一門・譜代領）は拡大の途上にあり、大坂周辺も「境目」に近い環境に置かれていた。こうした状況にあって、大坂湾で海上軍事活動を遂行するには、相応の力量が要求されたはずである。慶長二十年五月七日の大坂落城に際して、小浜光隆は二六の首級をあげたが、向井忠勝が得た首級は五にとどまり[39]、依然として小浜氏の力量は隔絶していた[40]。このため、向井忠勝は相対的に安定した江戸周辺の海上軍事を主導し、小浜光隆は大坂に常駐して、大坂湾地域の海上軍事を管掌する体制が採られたと考えられる。

なお、小浜光隆が慶長年間にしばしば出張した淡路国は、元和年間に入ると、池田忠雄が備前国に転じたことから蜂須賀至鎮（阿波徳島城主）の所領となっていた。池田氏・蜂須賀氏とも、有力な海上軍事力を整備しており[41]、徳川権力が大坂湾に海上軍事体制を構築するうえで、両氏のいずれに淡路国を委ねても、さしたる差異は無かったはずである。しかし、池田氏については、一門を束ねるべき輝政（家康女婿）が慶長十八年に死去しており[42]、子息たちはいずれも若年であった。一方の蜂須賀氏は、至鎮が大坂両陣の戦功を高く評価されていたことに加え、隠居の家政も健在であったことから、池田氏に比して、安定した軍役履行を期待できた。そして、蜂須賀氏の淡路国拝領により、小浜光隆が洲本城に在番する必要性も解消され、元和六年までは江戸常駐の船手頭として活動したのであろう[43]。蜂須賀至鎮は元和六年に死去し、後継の忠英は年少であったものの、慶長十七年当時の池田忠雄とは違い、徳川権力が船手頭などを在番として淡路国に配置することはなかった。祖父家政が存命であり、その後見を期待できることから[44]、在番設置の必要を認めなかったことによると考えられる。

ところで、小浜光隆の大坂常駐は、元和六年二月以降、将軍徳川秀忠の意向によって準備が始まった。

〔史料3〕（元和六年）二月十日付・徳川秀忠年寄奉書写（「古記録」『徳水』一七二号）

以上

急度申入候、仍小浜民部（光隆）大坂可罷有之旨、上意付而被上候、其許萬事可被仰談候、然者民部（光隆）方屋敷并船なと置候所、具御見立候而、絵図ニ一筆を差副可有御越候、恐々謹言、

（元和六年）二月十日　安藤対馬守
　　　　　　　　　　　　重信　判
　　　　　　　　　土井大炊頭
　　　　　　　　　　　　利勝　判
　　　　　　　　　本多上野介
　　　　　　　　　　　　正純　判

戸田左門（氏鉄）殿
嶋田清左衛門（直時）殿
久貝忠三郎（正俊）殿

史料3において、摂津尼崎城主の戸田氏鉄（場合によっては大坂城代の役割を代行）と、大坂町奉行の久貝正俊・島田直時は、小浜光隆の大坂常駐に備え、屋敷・船蔵などを設置する候補地を調査し、絵図を作成・提出するよう命じられた。この小浜光隆を配置する候補地の調査は、二月中に完了したと思しく、将軍秀忠は江戸に送付された絵図を確認したうえで、小浜光隆の屋敷地と配下の居住地を指定した。

〔史料4〕（元和六年）三月三日付・徳川秀忠年寄奉書写（「古記録」『徳水』一七四号）

以上

御状令拝見候、仍小浜民部（光隆）屋敷之儀、絵図を以被申上候趣、則令披露候之処、ゑひす嶋弐丁目三丁目之通ニ而、家居有之所ニ候とも、民部（光隆）罷有致御番可然処を見斗壱町四方、并民部（光隆）家来之もの有之、右之屋敷つゝき、ゑひす嶋之内ニて横壱町・竪弐町可相渡之旨上意候、町屋替地之儀ハ何方ニ而も相応之所を見合候而可遣旨、被仰出候間、可被得其意候、恐々謹言、

（元和六年）三月二日　安藤対馬守
　　　　重信　判
土井大炊頭
　　　　利勝　判
本多上野介
　　　　正純　判
酒井雅楽頭
　　　　忠世　判

戸田左門（氏鉄）殿
嶋田清左衛門（直時）殿
久貝忠三郎（正俊）殿

史料4によると、秀忠は小浜光隆の屋敷として「ゑひす嶋弐丁目三丁目之通」で一町四方、小浜氏家臣の居住地として「ゑひす嶋之内」で横一町・竪二町の地を確保すべきことを命じている[45]。これが大坂における小浜氏拠点の中核となったのである。また、史料3と合わせ、秀忠が大坂船手設置を積極的に進めていたことを確認できる。

こうして小浜光隆の大坂常駐体制が整備されたものの、光隆段階の大坂船手について、船舶・人員などの規模を明らかにすることは難しい。船舶に関しては、吉田洋子氏によると、宝暦十四年（一七六四）に朝鮮通信使の応接に備え、二三艘の修理がなされたという(46)。しかし、大坂船手の船蔵・持船などは、寛文十年（一六七〇）八月二十九日の海嘯によって甚大な損害を蒙っており(47)、さらに天和三年（一六八三）以降は組織自体を縮小されている(48)。光隆の活動時期と宝暦十四年当時の船数には、無視しえぬ断絶が存在したと看做すべきである。一方、人員については、組織縮小前の状況をある程度は把握することが可能である。寛文五年の時点で、大坂船手は一〇〇人の水主同心を指揮下に置いており(49)、光隆の活動時期に比し、極端な相違は無いと想定される。向井氏の同心一三〇人(50)には及ばないものの、江戸に常駐する船手頭の同心は三〇人(51)にとどまり、伊勢山田奉行として船手役も兼ねた石川政次の同心が七〇人(52)である。徳川権力の海上軍事体制において、小浜氏は向井氏に次ぐ規模の戦力を有したことになる。

元和七年には、江戸城天守閣の材木が大坂から江戸に回漕されることになり、大坂から江戸に向かう船舶のために、船手の小浜光隆と町奉行の久貝正俊・島田直時が「浦切手」を発給した。

〔史料5〕元和七年十月十八日付・徳川頼宣年寄奉書（「九鬼浦文書」『徳水』一八三号）

江戸御天守御材木舟大坂ゟ江戸へ廻候、小浜民部殿（光隆）・久貝忠左衛門殿（正俊）・嶋田清左衛門殿（直時）右三人之浦切手在之舟ニ而候者、当国之内何方之浦へ寄候共、風雨之時分ハ何も罷出、馳走仕通可申候、自然他国之舟なと紛て右之分偽申通儀も可在之候条、左様之所能々改可申者也、

元和七年酉　　彦坂次兵衛 ◯（黒印）
十月十八日　　安藤帯刀（直次） ◯（黒印）
　　　　　　　水野出雲（重央） ◯（黒印）

九鬼新之助殿
九鬼浦中

史料5は、徳川頼宣（紀伊和歌山城主）の領内において、①小浜光隆・久貝正俊・島田直時の「浦切手」を携行する船舶の保護、②材木輸送と偽って領内を航行しようとする船舶の警戒を指示した文書である。小浜・久貝・島田による「浦切手」とは、②の事態を防止すべく頒布されたものであろう。また、大坂に出向してまもない時期から、小浜光隆が大坂町奉行と協同して、大坂周辺の海事問題を管掌していたことも判明する。

## 三　大坂船手小浜光隆の動向

### 1　大坂湾以西の海上活動

大坂船手としての小浜光隆は、大坂城下で徳川将軍直属の船舶・水主同心を管轄するだけではなく、「西国之船かしら（頭）」と評されたように[53]、諸大名の船舶を召集・運用すべき立場にもあった。

寛永九年（一六三二）、肥後熊本城主の加藤忠広が改易され、その領国を接収するにあたって、稲葉正勝（家光老中）などが肥後国に派遣された。この上使派遣にあたって、徳川権力は諸大名に船舶の供出を要求している。

〔史料6〕（寛永九年）六月十二日付・蜂須賀忠英書状写（「蜂須賀家文書　忠英様御代草案」国文学研究資料館所蔵）

一書令啓達候、仍今度肥後為御仕置被遣候衆舟之義、人数千六百・馬百疋之分、貴様迄相渡候様ニと従御老中被仰越候、則関舟本五拾艘・馬船弐拾艘致用意候、此分ニて可有御座候哉、寺西左助ニ御尋被成候而、可然様ニ御指図頼入存候、将又左助方迄御心付之段、御慈意忝存候、他国よりも舟之義被仰付候哉、是又承度存候、猶期後

音之時候、恐惶謹言、
（寛永九年）六月十二日
小浜民部（光隆）様

史料6によると、蜂須賀忠英（阿波徳島城主）は「御老中」（将軍家光の老中）から指示を受け、上使衆が使用する七〇艘の「関舟」「馬船」を用意して、大坂の小浜光隆に引き渡している。また、島原の乱でも、上使として九州に出張する松平信綱（家光老中）・戸田氏鉄（美濃大垣城主）に引き渡すべく、「大坂御奉行」の阿部正次（城代）・稲垣重綱（定番）・曾我古祐（町奉行）・小浜光隆（船手）から、中国・四国の諸大名に対して関船の提供が指示された(54)。松平輝綱（信綱嫡子）の日記によると、松平信綱・戸田氏鉄は大坂川口で小浜光隆から船舶を引き渡され、信綱は「関船六十艘・載馬船十艘余」を受領したという(55)。戸田氏鉄の受領分と合わせて、一〇〇艘を超える船舶が集められたはずである。徳川権力が大坂以西で一定規模の軍事行動を展開する場合、諸大名の持船が大坂に召集され、小浜光隆のもとで編成されたのである。

また、寛永年間後半にはポルトガル船の来航が停止され、徳川権力は西国方面で沿岸防備体制を構築するために、江戸から四国・九州などに毎年二人の船手頭を派遣して諸浦の調査にあたらせた。具体的には、寛永十七年に小浜嘉隆・間宮長澄、同十八年に石川政次・小浜安隆、同十九年に向井直宗・小笠原信盛が出向している(56)。小浜光隆は諸浦調査には加わらなかったものの、その支援任務を担うことになった。とくに寛永十九年に関しては、「大坂御奉行」の関わりを明示する文書が存在する。

〔史料7〕（寛永十九年）三月二十九日付・徳川家光老中奉書写（「古記録」国立公文書館所蔵）

一筆令啓候、向井右衛門（直宗）・小笠原安芸（信盛）西国筋浦々為見分被差遣之候、然者渡海船之儀、六十丁立壱艘・五十丁立

壱艘・四十丁立壱艘・十丁立壱艘右衛門、五十丁立壱艘・四十丁立壱艘・十丁立壱艘安芸、右之通可被申付候面々
御預候、水主右衛門(直宗)六拾人、安芸(信盛)三拾人召連候、残分ハ於其許雇之可被遣之候、両人事二三日中爰許可致発足之
由ニ候、可被得其意候、恐々謹言、
(寛永十九年)三月廿九日　　阿部対馬守
重信(重次)判
松平伊豆守
信綱判
阿部(正次)備中守殿
稲垣(重綱)摂津守殿
曾我(古祐)丹波守殿
小浜(光隆)民部殿

寛永十九年には、向井直宗が「六十丁立壱艘・五十丁立壱艘・四十丁立壱艘・十丁立壱艘」と水主六〇人、小笠原信盛が「五十丁立壱艘・四十丁立壱艘・十丁立壱艘」と水主三〇人の船団を帯同したが、水主の人数に不安があったと思しく、阿部正次（城代）・稲垣重綱（定番）・曾我古祐（町奉行）・小浜光隆（船手）は、大坂で補充の水主を雇用するよう命じられた。大坂城下やその周辺には軍用船の運用能力を有した水主が多数居住しており、「大坂御奉行」によって適宜動員されていたことになる。その実務を担ったのは、やはり大坂船手たる小浜光隆であろう。

なお、小浜光隆については、改易処分となった西国大名の持船を管理下に置いた事例も確認される。

〔史料8〕（寛永九年）九月二十三日付・徳川家光老中奉書（「結城水野家文書」茨木県立歴史館所蔵）

今度肥後国之船内、貴殿へ被為預候之間、被得其意、従小浜民部（光隆）方可有御請取候、船数之儀者民部少迄申遣候、恐々謹言、

（寛永九年）九月廿三日

青山大蔵少輔　幸成（花押）
内藤伊賀守　忠重（花押）
稲葉丹後守　正勝（花押）
永井信濃守　尚政（花押）
酒井讃岐守　忠勝（花押）
土井大炊頭　利勝（花押）

水野日向守（勝成）殿

史料6と同じく肥後加藤氏の改易に関する文書である。当該文書によると、加藤氏持船の一部は、水野勝成（備後福山城主）に預けられることになり、勝成は指定された船数を小浜光隆から受領するよう指示されている。熊本城接収に伴い、小浜光隆が加藤氏持船の実態を把握し、江戸の将軍・幕閣に報告したうえで、その指示を得て処理すると

いう経緯を辿ったのであろう。加藤氏のような国持大名は、所有する船舶も質量ともに相当の規模に達しており[57]、回収・分配などを遅滞無く執行するために、小浜光隆に実務が委ねられたものと考えられる。

## 2　淀川の水上軍事

小浜光隆の権限は、大坂周辺や西国方面の海上軍事のみならず、淀川の水上軍事にも及んでいた。

寛永三年（一六二六）、上洛中の大御所徳川秀忠は、七月二十五日から同三十日にかけて大坂を巡視した[58]。この秀忠の大坂下向に際しては、大坂方面から川船が派遣され、大規模な船団が組織されることになった。

〔史料9〕（寛永三年）七月十四日付・小浜光隆書状写（「山内家御手許文書」『徳水』一九九号）

　尚々御座舟廻リ申候節、三平太郎右衛門方、此方へ被罷上候様、可被仰付候、御舟之義内談仕候て可得御意候、以上、

一筆致啓上候、内々致伺公、得御意候得共、万事可為御取込と存、延引仕候、私之儀も乍自由得隙不申ニ付而、其儀無御座候、然者今度御進上被成候川御座舟、近日淀へ成共伏見へ成共御上せ可然奉存候、承候へハ従紀伊大納言殿（徳川頼宣）川御座舟御進上被成由及承候間、其先ニ御上ヶ被成、御尤かと存候、其上御舟之様子諸事御相談可申候間、兎角急御上せ候て可然御座候へハ、此儀如此候、拙者預リ申候御座舟、皆々昨日上せ申候、猶拝面之節可得貴意候、恐惶謹言、

　　　　　　小浜民部丞
　　　　　　　光隆（花押）

（寛永三年）七月十四日

（山内忠義）松平土佐守様

人々御中

史料9によると、山内忠義（土佐高知城主）は小浜光隆に川舟の進上を申請し、光隆から淀または伏見に廻航させるよう指示され、徳川頼宣からも川船が進上される予定になっていることを伝達された。紀伊徳川氏や土佐山内氏など、大坂湾周辺および以西の諸大名は、淀川往来のために川船を所有しており、徳川将軍家の大坂下向に際し、小浜光隆の了承・指示を得たうえで、淀・伏見まで廻航させて将軍・大御所の供奉に参加させたのであろう。

また、寛永十一年閏七月には、将軍家光もおそらく秀忠に倣って、上洛中に淀から大坂に下向した。[59]

〔史料10〕（寛永十年）八月十四日付・山内忠義書状写〈抄〉（「山内家御手許文書」東京大学史料編纂所写真帳）

一進上之河御座船、去廿四日ニ首尾能上候よし令満足候、廿五日於淀松平伊豆殿（信綱）言上ニ而御船被為成御覧、御感之趣、御老中も御笑言被成候つるよし大慶ニ候、御船之儀ニ付、小民部殿（小浜光隆）色々被入御精候通得其意候、

一川口へ被為成候者、手前より進上之御船ニ被為召候様ニ、民部殿（小浜光隆）可為御才覚と、彼是喜悦之至候、

家光の大坂下向に際しても、山内忠義は川船を提供しており、同船は淀で家光の「御覧」に供せれ、かつ乗船として使用されることになった。そして、これらは小浜光隆の「御精」「御才覚」による殊遇であった。淀に集められた川船の編成・運用などが、光隆の裁量に委ねられていたことを示唆している。

なお、史料9では、小浜光隆も「預リ申候御座舟」を淀・伏見方面に派遣しており、その管轄下には川船も存在したことを確認できる。かつての「淀川船奉行」小笠原正吉と同じく、淀川で徳川権力直属の船舶を運用していたものと考えられる。「淀川船奉行」は小笠原権之丞（正吉嫡子）の改易によって中絶したものの、小浜光隆が大坂船手に起用されるとともに、淀川の水上軍事体制も再興され、光隆が大坂に駐留しつつ管掌したことになる。

### 3　大坂における軍船建造

徳川権力の海上軍事体制において、大坂は軍船の供給地としても機能していた。

〔史料11〕寛永十二年八月十六日付・徳川家光老中奉書写（「古記録」国立公文書館所蔵）

覚

一、四拾六丁立御船　壱艘

一、三拾丁立御船　壱艘

右之御船、細井金兵衛（勝吉）預ニ而、於大坂つくらせ申候、御材木之内ニ右之船道具有之ハ相渡候様尤候、不然者入札ニ而、つくらせ可被申候、入用之儀ハ先取替、重而可有勘定候、以上、

寛永十二亥

八月十六日

対馬印（阿部重次）

志摩印（三浦正次）

備中印（太田資宗）

加賀印（堀田正盛）

豊後印（阿部忠秋）

伊豆印（松平信綱）

久貝因幡守（正俊）殿

曾我又左衛門（古祐）殿

小浜民部少輔（光隆）殿

史料11は、細井勝吉（駿河国清水の船手）に預ける「御船」二艘を大坂で建造することになり、その「船道具」を大坂に集積されている「御材木」から提供すべきこと、また適当な材木が無い場合は、「入札」によって製材すべきことを指示した文書である。大坂には軍船を建造する技術が存在し、資材も大坂で調達されていたのである。なお、細井勝吉は元和七年（一六二一）から清水船手に起用され、五〇人の同心を預かっていたが[60]、清水の造船技術では十分な性能の軍船を建造しえず、大坂で「御船」二艘を建造し、清水船手の戦力を増強したのであろう。

また、軍船建造のために実施された「入札」の実態については、より詳細が判明する文書を見出せる。

〔史料12〕（正保某年）三月五日付・向井正方等書状写（「古記録」国立公文書館所蔵）

一筆致啓上候、然者今度大坂ニ而被仰付候御供舟六艘之御作事、入札写今朝継飛脚参着、致披見候、此以前御船作事仕させ候和泉并九郎兵衛大工手間壱匁五分、今度入札落下候五右衛門値段壱匁四分五厘、最前両人之者値段ニ五厘安ク御座候ニ付、彼五右衛門ニ被仰付候由、御尤存候、併最前於大坂出来仕候御船ともより成悪敷候、其上おそく御座候得者、如何御座候条、壱艘之工数、有増三百人ニ積をいたし、一日壱人ニ五厘宛ニ仕、銀子拾五匁可被改候間、私共手前ゟ右之銀出し可申候条、最前仕させ候両人之者ニ御作事被仰付可被下候、右之旨、備中殿（阿部正次）・摂津守殿（稲垣重綱）・因幡守殿（久貝正俊）江被仰出候、相調候様奉頼候、恐惶謹言、

（正保某年）三月五日　小浜半左衛門（利隆）　判

小浜弥十郎（安隆）　判

間宮虎之助（長澄）

判
小笠原安芸（信盛）
判
御暇ニ而湯治仕候故、不及加判候、
向井兵部（正方）

曾我丹波守（古祐）様
小浜民部（嘉隆）少様

史料12は、「御供舟六艘之御作事」の入札結果について、江戸常駐の船手頭から曾我古祐・小浜嘉隆（光隆嫡子。父の死後に大坂船手を襲職）に連絡した文書である。落札した「五右衛門」の見積が安価であることを認めつつ、以前に作事を請け負った「和泉并九郎兵衛」に比して不安が残るとして再考を求め、大工三〇〇人に一日に「銀子拾五匁」を支払うよう指示している。大坂における軍船建造がすでに数度に及び、特定の船大工に対する信頼感まで形成されていたことも判明する。また、この「御供舟」とは、将軍の御座船（天地丸・安宅丸）に随行する船舶であろう。江戸で運用された軍船のうち、安宅丸などは関東で建造されたものの、一部は大坂で建造されていたのである。

さらに史料11・12は、いずれも大坂船手（小浜光隆・嘉隆父子）のみならず、町奉行（久貝正俊・曾我古祐）の両人か一方を宛所として発給された。軍船建造は、「大坂御奉行」のうち、大坂湾周辺の海上軍事を統括する大坂船手と、大坂城下の行政を担う町奉行の責任によって実行されていたことを確認できる。

但し、大坂における軍船建造は、徳川将軍家のみの事例ではないことにも留意すべきである。一門の尾張徳川氏もしばしば大坂で軍船を建造しており、とくに寛永七年には、大坂から船大工の川上和泉を招聘し、大型関船の義丸を建造させていた。[61]尾張徳川氏では、保有する軍船のうち、この義丸を第一丸と称し、また大坂丸を第二丸、大三丸を第三丸と称していたという。[62]大坂丸は大坂冬陣にて豊臣方から奪取した軍船であり、[63]大三丸も大坂で購入した軍船だった。[64]尾張徳川氏の主力艦船は、大坂において建造、あるいは大坂の技術を用いて建造されたのである。

なお、尾張徳川氏が義丸建造の船大工として起用した川上和泉とは、史料12に見える「和泉」と同一人物だろう。川上和泉家は、天文八年（一五三九）に唐船に乗り込んでその構造などを学び、やがて独自の軍船建造技術（川上流）を構築し、大坂冬陣においては徳川方の千賀信親に依頼され、その麾下の船を改装したとされる。また、信親が尾張徳川氏の船奉行として同家の海上軍事を統括するようになると、しばしば尾張徳川氏から関船・小早船の作事を受注したとも伝えられる。[65]徳川権力の海上軍事体制は、一門大名も含めて、戦国期から大坂湾地域で発展してきた造船技術によって支えられる側面も有したのである。

## おわりに

慶長五年（一六〇〇）の関ヶ原合戦以降、徳川氏の権力は列島規模に拡大し、畿内・西国の支配体制を確立するにあたり、大坂湾地域に海上軍事体制を構築することが課題の一つとして浮上した。

徳川権力が西国方面に海上軍事官僚を配置する試みは、まず幡豆小笠原氏を福島・伝法に進駐させ、次いで小笠原正吉に淀川の水上軍事を統括させることで始まったものの、正吉の死去とその嫡子権之丞の改易によって中絶した。その後、小浜光隆が大坂船手に起用され、大坂湾や西国方面の海上軍事を担うとともに、淀川の水上軍事も管掌した。

幡豆小笠原氏と小浜氏は、ともに伊勢海地域の国衆・海賊であり、徳川権力は伊勢海地域の海上勢力を用いて、畿内・

西国方面の海上軍事を掌握しようとしたことになる。

こうした大坂湾海上軍事のあり方は、先行する統一権力と比較して、織田氏との間には連続性を、豊臣氏との間には断絶性を想定することもできる。織田氏は敵対陣営との海上戦を制するにあたり、九鬼嘉隆とその麾下の大船を伊勢海方面から大坂湾方面に投じており[66]、徳川氏も大船接収や大坂両陣では九鬼氏の実力を必須とした。織田・徳川両氏とも、伊勢海地域で領国を形成し、その海上軍事力も伊勢海地域の海上勢力に大きく依存したのである。一方、豊臣氏については、秀吉が織田政権期に播磨国などの支配領域を形成しており[67]、初期の海上軍事力も、小西氏や安宅氏などのように、東瀬戸内地域を出自とする勢力によって構成された[68]。織田・徳川両氏に比して、伊勢海地域の海上勢力に依存する度合が相対的に低かったと考えられる。豊臣氏と徳川氏は、伊勢海地域・大坂湾地域を支配領域(直轄領および一門・譜代領)として掌握し、両海域を統合させる志向性こそ一致するものの、大坂湾における海上軍事は、豊臣氏はむしろ三好氏との連続性が強かったとも理解できるのではないだろうか。

さて、大坂船手の創出によって、徳川権力の海上軍事体制は、江戸・大坂の二極体制となり、大坂船手たる小浜光隆は、向井氏に次ぐ規模の人員(水主同心)を預かることになった。さらに徳川将軍家が所有する海船・川船を管轄するのみならず、有事に諸大名から提供された船舶の運用にあたり、一連の活動から「西国之船かしら《頭》」とも評価された。また、大坂城下や周辺地域には、戦国・織豊期を経て、優れた水主・船大工が多数居住しており、しばしば徳川権力によって動員され、大坂湾に限らず、徳川氏の海上軍事体制全体を広範に支えていた。そして、大坂船手小浜氏の存在は、大坂湾地域に蓄積された操船・造船技術を掌握する媒介としても機能したのである。

なお、小浜光隆は寛永十九年(一六四二)に死去し、嫡子嘉隆が大坂船手の立場を襲職した[69]。嘉隆が寛文四年(一六六四)に死去すると、その子広隆が幼少だったため、翌年には高林直重と大橋親重が大坂船手に起用された[70]ものの、広隆も成長とともに大坂船手の地位を得た(71)。結局、小浜氏は十八世紀前半に至るまで、一世紀以上に亘って大坂湾の海上軍事を統括したのである。大坂船手をつとめるには、海上軍事に関する十分な知識・技量が要求されたことになる。但し、こうした権限は、大坂船手小浜氏が単独で行使するのではなく、「大坂御奉行」（城代・町奉行など）という機構の一部として発動した。

小浜氏は海上活動について高度の知識・技量などを持ち、徳川権力のもとで畿内・西国方面の海上軍事を担ったものの、その存在形態は、自立的な海上勢力とは言い難い。元来、小浜氏は伊勢海地域の海賊であったが、武田氏の招聘によって駿河国に渡海し、武田氏滅亡後は徳川氏に仕え、また徳川氏に従って関東に移った。このように、拠点の転移を繰り返す中で、小浜氏の海上活動は大名権力への依存を強め、むしろ徳川権力の執行者として、活動規模を拡大していったと評価すべきであろう。

ところで、本章の議論は、大坂湾とその周辺の海上軍事に主眼が置かれ、大坂城下の海上軍事に関しては、十分な検証をなしえなかった。また、先行する三好政権や織豊政権による大坂湾海上軍事の実態、あるいは十七世紀中期以降の大坂船手の活動まで検証対象に加え、戦国期から江戸期に至る大坂湾海上軍事の連続性・断絶性を提示する必要性も感じられる。残された課題は多いが、今後の研究による解明を期して、本章を終えることにしたい。

註

（1）『細史』忠利四号。
（2）吉田洋子「大坂船手の職務と組織」（『大阪の歴史』第七三号、二〇〇九年）。
（3）安達裕之『異様の船』（平凡社選書、一九九五年）、拙稿「蜂須賀家の関船建造と隠居家政」（『古文書通信』第八〇号、二〇〇九年）。

（4）『細史』忠興八六四号。

（5）村井益男「水軍についての覚書」（『日本大学文学部研究年報』Ⅰ、一九五二年）、鴨川達夫「武田氏の海賊衆小浜景隆」（萩原三男・笹本正治編『定本・武田信玄』高志書院、二〇〇二年）など。

（6）藤田達生「織田政権と尾張」（『織豊期研究』第一号、一九九九年）、同『本能寺の変の群像』（雄山閣、二〇〇一年）、同『信長革命』（角川選書、二〇一〇年）など。

（7）今谷明『戦国三好一族』（新人物往来社、一九八五年）。

（8）天野忠幸「大坂湾の港湾都市と三好政権―法華宗を媒介に―」（『都市文化研究』第四号、二〇〇四年）、同「戦国期畿内の流通構造と三好政権」（『都市文化研究』第九号、二〇〇七年）、同「三好氏の畿内支配とその構造」（『ヒストリア』第一九八号、二〇〇六年）、同『戦国期三好政権の研究』（清文堂、二〇一〇年）。

（9）三崎衆・上総衆の動向については、本書第五章・第六章を参照のこと。

（10）「塩飽人名共有文書」（『香川県史8古代中世史料』県内文書三〇(6)）。

（11）『寛政譜』小笠原信元譜・小笠原広朝（正吉）譜。

（12）『駿府記』慶長十九年十一月二十九日条。

（13）『海槎録』（『海行摠載第二』朝鮮古書刊行会）万暦三十五年四月七日条。

（14）金在瑾著・桜井健郎訳『亀船』（文芸社、二〇〇一年）。

（15）『新訂増補国史大系　徳川実紀』（吉川弘文館）慶長十二年閏四月条。

（16）『海槎録』万暦三十五年四月十一日条。

(17)『慶長記』上(『家康史料集』人物往来社)。なお、旗本小浜氏の系譜では、小浜政精について詳細を知ることはできない。しかし、文禄の役では、徳川氏が名護屋在陣中におこなった大船建造に関わり(「記録御用所本古文書」『徳水』三九号)、これを初見として慶長年間まで活動が確認される。
(18)「一六一二年度イエズス会日本報告」(『十六・十七世紀イエズス会日本報告集』同朋舎、第Ⅱ期第一巻)。
(19)「千賀家文書」(『徳水』五九号)。
(20)「古文書(記録御用所本)」(『愛資11』三六〇号)。
(21)註(1)前掲。
(22)『当代記』慶長十四年九月条。
(23)『寛政譜』小浜光隆譜・向井忠勝譜・久永重勝譜。
(24)「大湊古文書」(『三重県史　史料編中世2』県内文書八八—二五・二八号)、「神宮徴古館農業館所蔵文書」(『三重県史料編中世2別冊』角屋関係資料(4)一三号)など。なお、小浜一族の守隆には、伊勢国白子の船手頭として活動した時期もある(『寛永伝』小浜守隆伝)。
(25)慶長十四年(一六〇九)の大船接収については、安達裕之「大船の没収と大船建造禁止令の制定」(『海事史研究』第四八号、一九九一年)、同『異様の船』(平凡社選書、一九九五年)、穴井綾香「慶長十四年大船没収令の伝達過程—触を中心に」(『古文書研究』第六八号、二〇一〇年)などを参照のこと。
(26)「小浜家文書」(『戦武』二一八四号)。
(27)「伊勢国度会郡古文書一」(『戦武』三一七八号)。
(28)『徳川実紀』慶長十七年是年条。

(29) 藤田達生「徳川将軍家の創出」(『年報中世史研究』第二五号、二〇〇〇年)など。
(30) 小笠原正吉の没年について、『寛政譜』は慶長八年、『安泰寺過去帳』(『愛知県幡豆町誌』支配者関係史料㈡)は同十六年とする。権之丞については、「一六一二年度イエズス会日本報告」(註(18)前掲)によって、慶長十七年当時に二十四歳であったことを確認できる。
(31)『当代記』慶長十七年三月十二日条、「一六一二年度イエズス会日本報告」(註(18)前掲)。
(32)『譜牒餘録後篇』(『新修大阪市史　史料編第五巻　大坂城編』第三章第一節21)。
(33)『早島の歴史三　史料編』第二章第一節一号。
(34) 渡邊大門『宇喜多直家・秀家』(ミネルヴァ書房、二〇一一年)など。
(35)『寛永伝』花房正成《秀成》伝。
(36)「玉滴隠見」(『広島県史　近世史料編Ⅱ』一一三号)。
(37)『江戸幕府日記』寛永十年三月四日条。
(38)『松平甲斐守輝綱天草日記』(国立公文書館所蔵)寛永十四年十二月十九日条。
(39)『駿府政事録』(早稲田大学図書館デジタルライブラリ)慶長二十年五月二十三日条。
(40) 向井氏は最盛期に水主同心一三〇人を預けられ、小浜氏の水主同心一〇〇人を上回ったものの、これは徳川将軍家との信頼関係による引立てであり、やがて過度に肥大化した権限を縮小された(『江戸幕府日記』正保元年七月六日条・正保二年九月二十三日条)。
(41) 池田氏の海上軍事については、橋本政次『姫路城史』(姫路城史刊行会、一九五二年)、下里静『姫路藩御船手組』(一九八二年)など、蜂須賀氏の海上軍事については、木原克司・坂東美哉「徳島藩城下町の特殊地域に関する一考察―

水軍の根拠地、安宅・沖洲を事例に―」（『鳴門教育大学研究紀要』第一七号、二〇〇〇年）、根津寿夫「徳島藩水軍の再編―武家集団における秩序の形成―」（『高橋啓先生退官記念論集　地域社会史への試み』高橋啓先生退官記念論集編集委員会、二〇〇四）などを参照のこと。

(42)　池田輝政は慶長十八年正月二十四日に「大中風」を発病、翌日には死去したとされる（『駿府記』慶長十八年正月二十九日条）。但し、前年から健康状態に深刻な問題が生じていたと仮定すると、小浜光隆が洲本在番を命じられた前提も理解しやすくなる。

(43)　『駿府記』慶長二十年閏六月四日条・同二十日条。蜂須賀氏の淡路国拝領は、大坂両陣における戦功による。

(44)　蜂須賀氏は寛永十年に過大な規模の関船を建造したものの、大坂の小浜光隆に図面を提出し、改修の検分を依頼するなど、家政が早期の対応を主導して無用の嫌疑を回避した。当該事件については、安達裕之『異様の船』（註（3）前掲）・拙稿「蜂須賀家の関船建造と隠居家政」（同）を参照のこと。

(45)　「ゑひす嶋」の小浜光隆屋敷について、吉田洋子氏は九条島（現大阪市西区）の北端に比定する（註（2）前掲）。

(46)　註（2）前掲。

(47)　『寛文年録』（野上出版）寛文十年八月二十九日条。

(48)　『徳川実紀』天和三年七月十六日条。

(49)　『寛文年録』寛文五年正月十四日条。

(50)　『江戸幕府日記』寛永十八年十二月四日条。

(51)　『江戸幕府日記』寛永九年八月十四日条。

(52)　『江戸幕府日記』寛永十八年八月二十八日条。

(53)　註(4)前掲。
(54)　『山内家史料　第二代忠義公記』(山内神社宝物資料館)寛永十四年十二月八日条。
(55)　註(38)前掲。
(56)　『江戸幕府日記』寛永十七年七月二十二日条、寛永十八年三月一日条、寛永十九年八月十日条。
(57)　『慶長日件録』(続群書類従完成会)によると、肥後加藤氏は「長二十間、横五間余歟、船中座敷三重、十六畳之間有之、御風呂等有之」という大船を所持していた(慶長九年四月十六日条)。同船を慶長十四年の大船接収で手放したとしても、五〇〇石積以下という制限を超えない範囲で、相応の持船を維持していたはずである。
(58)　『徳川実紀』寛永三年七月二十五日条・同三十日条。
(59)　『江戸幕府日記』寛永十一年閏七月二十五日条。
(60)　『寛政譜』細井勝吉譜。
(61)　「源敬様御代御記録」(徳川林政史研究所所蔵)寛永七年此年条。
(62)　同右。
(63)　「源敬様御代御記録」元和九年此年条。
(64)　「源敬様御代御記録」元和八年此年条。
(65)　「尾州関船大工高瀬氏勤書類」(名古屋市鶴舞中央図書館所蔵)。
(66)　『信長公記』(角川文庫ソフィア)巻十一(九)。
(67)　柴裕之「羽柴秀吉の領国支配」(戦国史研究会編『織田権力の領域支配』岩田書院、二〇一一年)。
(68)　「蜂須賀文書」二号(『兵庫県史　史料編中世九』県外所在文書Ⅴ)など。

(69)『江戸幕府日記』寛永十九年七月十九日条。

(70) 註(49)前掲。

(71)『寛政譜』小浜広隆譜。

# 第九章　徳川将軍家の海上軍事と船手頭石川政次

## はじめに

徳川将軍家の船手頭は、主に江戸に常駐して、将軍家の海上直轄軍団を統括し、また将軍権力の爪牙となって列島規模の海上活動にあたった軍事官僚である。その原型は、徳川氏の関東大名時代に成立しており、慶長・元和年間には、向井氏・小浜氏・間宮氏・幡豆小笠原氏が将軍家の船手頭として用いられた。いずれの船手頭も、戦国期の東国海賊、あるいは沿海地域の国衆(領域権力)の系譜を引いており、海上活動に関する独自の経験・技術を有していた。こうした海賊・国人を編成することで、将軍家の船手組織は形成されたのである。

将軍家の船手組織にあっては、とくに江戸常駐の向井氏、大坂常駐の小浜氏が重用され、船手頭に関する研究についても、従来、向井氏と小浜氏を事例とした論考が中心となってきた。(1)これらの諸研究は、十六世紀後半・十七世紀前半の徳川権力において、海賊(海上活動を存立の主要基盤とする軍事勢力)が、徳川氏(将軍家)の海上軍事官僚として、その性格を転換されていった過程について考察した論考であった。

しかし、本章が検証の対象とする石川政次は、江戸時代初頭の船手頭でも、もと海賊の向井氏などとは違い、海上活動について、独自のノウハウを蓄積してきた家の出身ではなかった。それでも、石川政次は寛永二年(一六二五)から江戸常駐の船手頭に起用されると、安房国館山を知行地とし、江戸では八丁堀と石川島に屋敷を与えられ、やがて伊勢湾の海上軍事をも統括することになった。将軍家の海上軍事体制でも、向井氏・小浜氏に次ぐ地位を占めるに至ったのである。つまり、将軍家は寛永年間になって、沿海地域の諸領主から船手頭を任用するだけではなく、海上活動に関するノウハウを持たない家からも船手頭を起用し、より積極的な海上軍事官僚の創出に成功したのである。

なお、将軍家船手組織の形成期は、将軍家直轄軍団の形成期とも符合する。将軍家直轄軍団の嚆矢たる大番は、戦国・織豊期の徳川氏がその領国拡大過程において、小領主層や武田・今川・北条の旧臣などを同心として組織したものと評価されている(2)。さらに書院番・小姓組番についても、慶長年間から寛永年間にかけ、将軍秀忠がその地位に見合う親衛隊として組織し、大番とともに直轄軍団として将軍権力を支えたとされる(3)。将軍家の海上直轄軍団である船手組織の形成は、大番・書院番・小姓番などと同じく、将軍権力の確立という視点からも捉えるべきだろう。

本章の目的は、石川政次の船手頭としての動向を検証し、徳川将軍家による軍事官僚創出の一側面を考察することにある。これにより、中近世移行期あるいは将軍権力確立期の徳川権力が、独自のノウハウを持つ海賊・国衆に海上軍事を委託する体制から脱却し、海上直轄軍団としての船手組織を確立させていく過程を浮彫りにする。

## 一　船手頭石川政次の登場

政次以降に船手頭などをつとめた石川八左衛門家について、『寛政重修諸家譜』は、四郎左衛門重康の代から徳川氏に仕えてきた家とする(4)。また、重康の孫にあたる八左衛門重次は、徳川氏が関東に移封されると、相模国鎌倉郡矢部郷を知行地として、上矢部村の堀之内に陣屋を構えることになったが、その子政次が江戸八丁堀に屋敷を賜わったため、堀之内の陣屋は廃され、矢部郷の知行所は、政次の弟重勝によって継承されたとされる[5]。なお、八丁堀には、船手頭の屋敷が設置されていた。政次が江戸常駐の船手頭に起用され、所領を安房国館山へ移されたのは、寛永二年(一六二五)のことである[6]。すなわち、矢部郷の知行所は、同年には重勝のものになったと推測される。しかし、その重勝も寛永年間後半になると、政次と同じく船手頭に任じられ、館山においても所領を与えられた[7]。よって、堀之内陣屋の廃立とは、むしろ政次・重勝兄弟がともに船手頭に就任したことに伴う措置であったと理解すべきである。

船手頭となる以前の石川政次については、慶長年間から将軍徳川秀忠に仕えて、その使番をつとめたとされる[8]。また、寛永元年には、朝鮮の回答兼刷還使を迎えるために、秋山正重とともに三河国岡崎まで派遣されたことを確認できる[9]。これについて、使節の使行録(帰朝報告書)は、秋山正重を秀忠の使者、石川政次を家光の使者とする[10]。元和九年(一六二三)の家光の将軍任官によって、政次は秀忠附から家光附に転じたものと考えられる。

さて、この石川政次が将軍家船手頭として起用された寛永年間前半において、江戸常駐の船手頭は、向井氏・小浜氏・間宮氏・幡豆小笠原氏によって構成されていた。向井氏・小浜氏・間宮氏はもと武田氏海賊、幡豆小笠原氏は三河国幡豆郡の沿海地域の国衆であり、徳川氏の関東大名時代から、三崎衆あるいは上総衆として、徳川氏の海上軍事体制に組み込まれていた。いずれの家も、徳川氏に仕える前から、港湾・船舶などを有した海賊や国衆であった。徳川氏はこうした勢力を用い、海上軍事体制を構築してきたのである。

だが、石川八左衛門家は、政次が船手頭となるまで、領主として海上活動に関わることは無かった。独自の海上活動能力を持たない家が、はじめて将軍家船手頭に任用された事例だったのである。このような人事が、寛永年間前半になされた背景としては、当該時期に将軍家が直面していた複数の課題を想定することができる。

まず、この時期には、江戸における船手組織に空洞化の兆候が見られた。将軍家船手頭でも、向井氏と並ぶ存在だった小浜氏では、元和六年に本宗家の光隆が大坂船手に転出していた(11)。また、間宮氏は信高・高則・真澄の三代に亘って夭折が続き、弱体化が著しかった(12)。幡豆小笠原氏も、かつては安芸守家・新九郎家・越中守家の三家が将軍家の海上軍事を支えたものの、権之丞(越中守家)の改易、広信(新九郎家)の夭折によって、寛永年間には信盛(安芸守家)のみが船手頭として活動していた(13)。このように、江戸にあって船手頭をつとめる諸家が減耗していく事態をうけ、将軍家は石川政次を船手頭に起用して、海上軍事体制の空洞化に対応したのであろう。さらにその前後には、向井忠勝の嫡子直宗、小浜光隆の嫡子嘉隆もそれぞれ父とは別個に船手頭として取り立てられた(14)。

また、石川政次の船手頭起用は、徳川秀忠・家光の二元政治期にあって、将軍家光にも船手頭を附属させるためになされた人事でもあったと思われる。寛永九年正月に大御所秀忠が死去すると、将軍家光は親政を始めるにあたり、江戸常駐の船手頭が有する権限の再確認をおこなった。『江戸幕府日記』によると、同年六月二十五日に向井忠勝・同直宗・小笠原信盛・間宮長澄が「御船之儀」を命じられ、七月四日には小浜嘉隆が「五十丁立之御舟壱艘」を預けられ、さらに八月十三日に向井直宗・小浜嘉隆・間宮長澄・小笠原信盛がそれぞれ「加子同心卅人」を預けられた(15)。しかし、『江戸幕府日記』における、この一連の記事には、石川政次の名前を確認できない。これは秀忠の死去によって、船手頭としての地位や権限を再確認する必要が無かったことを意味するだろう。政次はすでに寛永元年に家光の使者として朝鮮使節を応接しており、翌年の船手頭転任も、家光附としておこなわれたのではないだろうか。

ところで、ほぼ同時期には、本丸四組・西丸六組の書院番、本丸六組・西丸六組の小姓番が、それぞれ八組に再編された。二元政治の解消によって、将軍直轄軍団は将軍家光のもとで一元化されようとしていたのである(16)。海上直轄軍団たる船手組織も、家光によって、一元的に掌握されたものと位置付けるべきだろう。

だが、家光附の船手頭が、海上軍事に参加してまもない石川政次のみであり、戦国期以来の伝統を有する船手頭

（向井氏・小浜氏・間宮氏・幡豆小笠原氏）は、すべて秀忠が掌握していたことは、二元政治期には、将軍家の海上軍事に関する主導権も、秀忠のもとにあったことを意味する。それでも、この時期に家光の信任を得たことは、政次の海上軍事官僚としての活動において、重要な意味を有したと考えられる。

なお、石川政次の船手頭起用が、寛永二年におこなわれた背景としては、対外情勢との関連性も想定すべきである。将軍家は寛永元年に「邪法ヲ可弘内存」を持つスペインとの交渉を断絶させていた。[17]しかしながら、スペイン領マニラには、慶長年間に開設されていた浦賀・マニラ交易によって、外洋船をフィリピンから関東へと直接渡航させるノウハウが存在した。そこで、将軍家は江戸常駐の船手頭を増員して、関東方面における海上軍事体制を充実させる必要に迫られていたとも考えられる。

また、船手頭となった石川政次が、寛永二年から相模国矢部郷に代わって所領を与えられた安房国館山は、本来は安房里見氏の本拠であった。同氏は強力な海上軍事力を擁した戦国大名としても評価されている。[18]この里見氏は、慶長十九年（一六一四）に将軍家の政変によって大久保忠隣（相模小田原城主）が失脚すると、連座して転封処分を受けており、安房国は将軍家に収公されていた。そして、慶長二十年の大坂夏陣では、船手頭の向井政綱が、将軍家代官の中村弥右衛門とともに、兵糧を積載して江戸から大坂に向かう「坂東丸」の水夫として、館山の新井浦・楠見浦に対して「加子三拾人」の供出を命じた。[19]将軍家の支配下においても、館山は海上軍事力の供給源として機能していたのである。海上活動に関するノウハウを欠いていた石川政次は、船手頭になると館山に知行地を移され、向井氏などと同じく、将軍家の海上軍事体制に適応しうる実力を備えることを求められたのであろう。

ところで、船手頭石川政次の江戸屋敷のうち、石川島については、元来は隅田川河口部の島であり、森島または鎧島と称され、寛永三年から石川政次が屋敷地として拝領し、「石川島」と称されるようになったという。[20]政次が船手頭に起用された翌年のことである。佐竹義宣〔出羽国秋田領主〕の重臣梅津政景の日記でも、政次の船手頭就任は、寛永三年のこととして記されている。[21] 寛永二年に船手頭として起用された政次は、翌年までに海上軍事をつとめる態勢を整備したうえで船手頭としての活動を開始し、石川島を拝領したのではないだろうか。

## 二　江戸湾の海上軍事体制

### 1　安房国館山の知行地

石川政次は船手頭に起用されると、安房国館山において四五〇〇石の知行を与えられ、館山湾のうち、館山から洲之崎に至る「二里二十町」を領有したとされる。さらに政次の弟重勝も、船手頭に就任すると、やはり館山に知行地を与えられ、館山湾でも那古から太房崎に至る「一里拾八町」を支配したという。[22] 政次・重勝兄弟は、館山湾を南北に分割して支配していたことになる。

だが、安房国館山には、石川政次・重勝の他、同じく将軍家船手頭であった小浜守隆の知行地も存在した。守隆は小浜氏でも庶流〔弥十郎家〕にあたり、本宗家〔久太郎家〕の光隆が大坂船手に転出する前から伊勢国白子の船手頭として活動しており、次代の安隆は江戸常駐の船手頭に転じた。[23]

〔史料1〕寛永二年十二月十一日付・徳川秀忠知行宛行状写〔『記録御用所本　古文書』東京堂出版、三号〕

安房国山下郡宮木村弐百四拾四石八斗余、笠石村弐百四拾四石六斗余、大賀村百五拾七石四斗余、香村弐百弐拾三石八斗余、塩見村百八拾五石九斗余、浜田村百四拾一石九斗、見物村百六拾六石一斗余、早物村七拾石五斗余、加賀名村百弐拾七石余、真倉村千四百三拾七石三斗余、長田村六百三拾弐石八斗余、沼村四百拾石五斗余、波佐

間村弐百拾三石余、坂田村百五拾一石七斗、須野崎村九拾一石八斗余、合四千五百石事、令扶助之訖、全可知行者也、

寛永二
十二月十一日　御朱印（徳川秀忠）
石川八左衛門（政次）とのへ

〔史料2〕寛永二年十二月二十三日付・徳川秀忠知行宛行状写（『記録御用所本　古文書』一一〇七号）
安房国之内、東長田村三百五拾五石七斗余、西長田村弐百七拾七石余、沼村四百拾石六斗余、波佐間村弐百拾一石三斗余、坂田村百五拾一石七斗余、沙崎村九拾壱石八斗余、合千五百石之事、令扶助之畢、全可知行者也、

寛永二
十月廿三日　御朱印（徳川秀忠）
小浜右京殿（守隆）

石川政次と小浜守隆の知行地のうち、長田村・沼村・波佐間村・坂田村・洲之崎村については、石高がほぼ一致していたことを確認でき、政次・守隆による相給関係が成立していたことが窺える。また、守隆の子安隆は、後述するように、寛永十八年（一六四一）に石川政次と共同で西国諸浦の調査にあたっている。同一の郷村を相給していたため両者は密接な提携関係にあったのであろう。そして、洲之崎村を含む知行地の相給関係などから、館山から洲之崎に至る館山湾の「二里二十町」の支配についても、政次だけではなく、守隆・安隆も何らかの形で関わっていたものと推測される。

ところで、石川政次の船手頭就任について、佐竹義宣の重臣梅津政景は、その日記に「房州舟道為御奉行御移、御

加増御拝領」と記している。[24]安房方面の海上交通を扼する館山で知行地を得たことによる認識だろう。なお、江戸常駐の船手頭のうち、向井氏・間宮氏が知行地とした相模国三崎、[25]幡豆小笠原氏が知行地とした上総国富津、[26]そして石川政次・重勝と小浜弥十郎家の知行地となった安房国館山は、いずれも関東沿海の要衝であった。つまり、船手頭の知行地は、江戸湾の入口を扼する形で配置され、江戸湾の海上防備体制を形成していたのである。

## 2　船手頭石川政次の江戸屋敷

船手頭石川政次は、平時には江戸に常駐しており、八丁堀と石川島に屋敷が存在した。このうち、八丁堀には他の船手頭も屋敷を配置されており、とくに向井忠勝の屋敷は「江戸図屛風」にも描出され、船蔵や関船(軍用船)を備えた軍事拠点だったことが窺われる。[27]なお、寛永十二年(一六三五)にかねて建造中だった巨船安宅丸が完成すると、同年八月に将軍家光は在府の外様大名を安宅丸観覧に招いた。諸大名は船手頭向井忠勝の八丁堀屋敷から「一艘ニ五三人ほと宛」乗船した後で安宅丸に移乗しており、[28]「江戸図屛風」の描写を裏付けている。このような機能は、将軍家船手頭の八丁堀屋敷に共通するものだろう。

石川政次のもう一つの江戸屋敷は、隅田川河口部で拝領した石川島である。「武州豊嶋郡江戸庄図」には「三国しま」とあり、同図によると、同じく隅田川河口部の干潟に築かれた霊巌島には、向井忠勝の番所(「将監番所」)も存在したことを確認できる。[29]将軍家は船手頭の屋敷や番所などを設置し、隅田川の入口を扼させていたのである。

また、寛永十二年八月の在府の外様大名を招いた安宅丸観覧よりも前に、将軍家光は同年六月二日に在府の譜代大名・旗本を伴い、はじめて安宅丸を観覧した。この時、家光は大老酒井忠勝(若狭小浜城主)の屋敷前から乗船し、深川で安宅丸に移乗しており、その後、石川島の前に至って船上で酒宴を催している。[30]このように、安宅丸を深川から石川島近辺まで移動させたことには、何らかの政治的・軍事的な意味が存在したはずである。そこで想起されるのは、安宅丸の建造目的について、江戸の海上防衛を強化する意図を指摘する石井謙治氏の見解である。[31] これに従うならば、石川島近辺での酒宴とは、安宅丸が水上に浮かぶ出城として、石川島や霊巌島と同じく、隅田川の河口部を守衛する役割を担う体制を譜代大名と旗本に明示したものではないだろうか。

さらに石川島の近辺と思われる「こさい嶋」や、向井忠勝の屋敷・番所が設置されていた霊巌島の一部は、寛永十二年頃には諸大名に貸与されており、江戸城普請のために廻漕された石材の集積場として利用されていた。

〔史料3〕（寛永十二年）二月二十九日付・細川忠利書状写（『細史』忠利二八九五号）

　向井将監（忠勝）殿屋敷嶺岩嶋
　石八左（石川政次）屋敷之裏こさい嶋

右両所之内弐拾間御用之由、昨日被仰越候つる、昨日如申、人のかりたかり申所を、我等、御両人之衆ニハかまハせ不申、為我等心儘ニかし申候事ハあち悪儀ニ候と存、其段申入候、何とそ被成御才覚、御両人之衆へ被仰候ハヽ、我等ニかし申候間成間敷由、定而可被申候、其時屋敷主たに御同心候ハヽ、越中（細川忠利）ニ可被仰聞候、御屋敷主へ無御理儀を越中（細川忠利）ニ被仰聞候ハヽ、中〳〵尤と申間敷と被仰遣候ハヽ、定而返事可有御座候、就其返事ニ、我等も屋敷主へ理申候て見可申候、恐惶謹言、

　　二月（寛永十二年）廿九日
　　　森内記（長継）様

史料3は「嶺岩嶋」「こさい嶋」の借地について、細川忠利（肥後熊本城主）が森長継（美作津山城主）に連絡した書状である。森長継は寛永十二年に市ヶ谷門の石塁修築を賦課されており、[32] 細川忠利から「嶺岩嶋」「こさい嶋」の一部

を借りることになったのである。また、両島の一部が、当時は向井忠勝・石川政次から細川忠利に貸与されていたことも判明する。なお、「こさい嶋」については、翌年に細川忠利の姻戚にあたる小笠原忠真（豊前小倉城主。忠利室の弟）に引き渡され、「石置場」として使用されたことを確認できる。[33]

寛永年間とは、江戸城の普請によって、大量の資材が江戸に廻漕された時期にあたる。そこで、隅田川の河口という立地から、「嶺岩嶋」や「こさい嶋」は、城普請を賦課された諸大名の間で「人のかりたかり申所」となったのであろう。すなわち、向井忠勝の霊巌島屋敷、石川政次の石川島屋敷は、隅田川河口部を守衛するとともに、江戸城普請を負担した諸大名にその一部を提供し、江戸城普請に伴う石材運搬の中継拠点としても機能していたのである。そして、屋敷近辺に石材の集積場が設置されたことから、向井忠勝と石川政次は、諸大名の石材廻漕を監視する役割も担っていたと理解すべきである。

### 3　江戸湾周辺における海上活動

秀忠・家光の二元政治期にあたる寛永五年（一六二八）十一月には、船手頭の向井忠勝・石川政次が、横目付の今村正長とともに、伊豆国から江戸に向けて、江戸城普請に用いる石材の廻漕を指揮することになった。

〔史料4〕（寛永五年）十一月二十三日付・加藤光直等奉書写（「山内家御手許文書」東京大学史料編纂所所蔵写真帳）

尚々舟之儀急度急候様ニ可被仰付候、以上、

来年就江戸御普請、自伊豆至江戸石積候舟数多入申候、然者御領内有之百石積以上之船、伊豆へ廻、向井将監（忠勝）・石川八左衛門（政次）・今村伝四郎（正長）差図次第可被相届候、海上運賃之儀者、従　公儀被仰付候、三月朔日御普請初候、其以前石江戸へ廻候様ニとの御事ニ候間、御油断有間敷候、御知行所ニ有之舟数之目録、右三人之衆迄先様可被成

御差越候、恐々謹言、

（寛永五年）十一月廿三日

石川三右衛門（石河勝政）　判
佐久間河内守（実勝）　判
阿部四郎五郎（阿倍正之）　判
加藤遠江守（光直）　判

松平土佐守（山内忠義）殿

史料4は、将軍家が使番石河勝政等をして、山内忠義（土佐高知城主）に領内の「百石積以上之船」を廻航し、向井忠勝・石川政次・今村正長の「差図」に委ねることを要請したものである。同内容の文書は西国大名に複数発給されており、江戸城の普請にあたって、将軍家が西国諸大名に「百石積以上之船」を供出させたことを意味する。

また、向井忠勝・石川政次は江戸常駐の船手頭であり、今村正長は下田奉行今村重長の嫡子であった。三者とも将軍家の海上支配に関わる立場にあったことから、「百石積以上之船」の「差図」を命じられたのであろう。

なお、今村正長は寛永九年十二月から下田奉行の役職を継承することになった[34]。この正長の立場について、細川忠利（肥後熊本城主）は後に「石八左（石川政次）並ニ船手を被仰付候」という理解を示している[35]。また、『オランダ商館長日記』によると、今村正長は寛永十三年に船手頭（「皇帝の江戸の港務長官」）とともに、江戸参府中のオランダ商館員に外洋船の模型を作製・提出させたうえで、外洋船について詳細に調査したことがある。(36) 江戸時代前期の下田奉行とは、船手頭と連携し、関東における将軍家の海上軍事体制を支える存在だったのである。その役割から、細川忠利は今村正長のことを下田に駐留する「石八左並（石川政次）」の「船手」として認識したと考えられる。

〔史料5〕（寛永六年）二月朔日付・向井忠勝等書状写（「山内家御手許文書」）

一筆致啓上候、然者松平土佐守（山内忠義）殿舟、国元ゟ三拾四艘今月廿六日ニ伊豆へ着船仕候、国元にて致下木、石積候様ニ舟拵仕参候、何ニ而も荷物も入不申、樋口関大夫と申舟奉行指添越被申候、右之舟今日真鶴へ参可申候之間、則駿河大納言（徳川忠長）様奉行衆へ相渡可申と奉存候、将又旧冬ゟ渡申舟、御石積はや二廻リ三廻仕候も御座候、御運賃被為借候様ニと奉存候、恐惶謹言、

（寛永六年）二月朔日

今村伝四郎（正長）
石川八左衛門（政次）
向井将監（忠勝）

酒井雅楽頭（忠世）様
土井大炊頭（利勝）様
酒井讃岐守（忠勝）様
永井信濃守（尚政）様

史料5は向井忠勝・石川政次・今村正長から将軍家年寄に対して、山内忠義の船三四艘が伊豆国に到着したことを報告したものである。また、真鶴に着いた山内家の船団は、徳川忠長（駿河国主）の奉行衆に預けること、前年から渡船した船舶はすでに石材回漕にあたっていることも報告しており、諸大名から供出された「百石積以上之船」に限ら

ず、伊豆国に集められた船が、向井・石川・今村のもとで運用されていたことを確認できる。

〔史料6〕（寛永六年）二月二日付・石川政次書状写（「山内家御手許文書」東京大学史料編纂所所蔵写真帳）

尚以御領国之船御念入申候故、早々着舟仕一段御奉公ニて御座候、様子之儀具申上候間、御心安可被思召候、以上、

一筆申上候、然者樋口関大夫殿御国之船被召連、一昨晦日ニ至真鶴着船被申候、被入御念候故、上方西国一番ニ而御座候、去共御手柄共奉存候、関大夫殿路次中之御様子御物語承、舟之儀日和なと見合乗被申候様躰感入申候、則両上様（徳川秀忠・家光）御年寄衆迄昨日具申入候、下木御国元ニ而被仰付、船之拵以下残所も無御座候、駿河大納言様（徳川忠長）江一所ニ相渡可申与申事御座候、石積場も拙者共近所ニ而御座候間、於様子御心安可被思召候、猶重而可申上候、恐惶謹言、

石川八左衛門

（寛永六年）二月二日　政次（花押）

（山内忠義）松平土佐守様

史料6は石川政次が山内忠義に宛てて船団の到着を通知した書状であり、政次と向井忠勝・今村正長が、真鶴に設けられた石積場の近所に駐在して、石材廻漕を指揮していたことも判明する。また、史料5について「両上様（徳川秀忠・家光）御年寄衆迄昨日具申入候」ともあり、二元政治期にあって、秀忠・家光と両者の年寄衆が、ともに石材廻漕を管轄していたことになる。そして、向井忠勝は秀忠附の船手頭、石川政次は家光附の船手頭として下田に派遣され、石材の廻漕を指揮したものと考えられる。

ところで、寛永十一年十一月にも、石川政次・重勝が、勘定頭の松平正綱とともに伊豆国に赴き、「石場」の設定

をおこなうことになった(37)。重勝の船手頭起用は同年正月のことである(38)。江戸城普請による石材廻漕を円滑とすべく、船手頭のさらなる増員がなされたとも理解できるだろう。

さらに『新編相模国風土記稿』には、相模国浦賀の平根山東海岸の燈明台について、慶安元年（一六四八）に、石川重勝が書院番の能勢頼隆などと協力して設置したものとする伝承が紹介されている(39)。重勝は寛永十四年に死去しているため、この伝承には若干の疑問がある(40)。しかし、石川重勝と能勢頼隆は寛永十三年に諸浦の巡見を命じられており(41)、浦賀平根山の燈明台が、この調査に基づいて建設されたことは首肯できる。

このように、石川政次・重勝などの将軍家船手頭は、江戸を海上から防備するのみならず、江戸城普請の資材廻漕や、江戸湾周辺の航路整備にも関わっていたことになる。

## 三　関東以西における海上活動

船手頭石川政次の海上活動は、寛永年間後半に入ると、江戸・関東周辺から著しく拡大することになった。まず、寛永十年（一六三三）七月には船手頭の小浜嘉隆・石川政次が、もと代官の間宮光信とともに「上方中船改之儀」を命じられた(42)。将軍家光のもとに江戸常駐の船手頭の指揮権が一元化されてまもない時期であり、前年まで秀忠附だった小浜嘉隆と、家光附だった石川政次が選定されたとも考えられる。なお、「上方中船改之儀」が発令された後、細川忠利（肥後熊本城主）が石川政次と連絡を取った文書も存在する。

〔史料７〕（寛永十年）七月二十九日・細川忠利書状写（『細史』忠利二二八三号）

為　上使御上候ハン様ニ江戸ゟ申来候間、事実も不存候へ共、先以書状申入候、貴様なと御上様ハヽ、定而舟手

之儀之御用ニ而御座候哉、左候ハヽ、大坂ニ罷有者共被召寄、如何様にも御差図、可恭候、
一国之浦手之儀ニ御用之儀御座候ハヽ、左様之儀存者進上可仕候事、
一六月十三日具御状、六左(石川重勝)御上之時、舟之儀申付候御礼、具ニ被示下、是程之儀を郤而迷惑仕候、六左(石川重勝)九州ニ御座候時分者事之外在所之用繁候而、御疎々敷計ニ而罷過候儀、御心中迷惑仕候、尚此者可得御意候事、
一我等も十月中ニ江戸へ参候様ニ罷上事候、万々何方にても可得御意候事、
一九州弥儀も無御座候、事之外暑さ迄にて御座候、恐惶謹言、

(寛永十年)七月廿九日

(石川政次)石八左様

人々御中

尚々、大坂へ御座候由承候間、如目録送進之候、以上、

細川忠利は、石川政次が「舟手之儀」に関する「上使」として出張するにあたり、大坂駐在の家臣に協力させることを申し出ており、合わせて細川氏領国の「浦手」に「御用」があれば、その事情に通じた者を提供することも約していた。船手頭の広域海上活動は、その家臣・配下のみならず、諸大名の助力によって支えられたのである。さらに忠利は、石川政次らの派遣を曾我古祐(大坂町奉行)に報せた書状において、「江戸ゟ道すから紀伊国迄之舟改」と記している[43]。史料7に対する石川政次の返書から得た情報ではないだろうか。なお、毛利秀就(長門萩城主)の江戸留守居役である福間彦右衛門も、石川政次らの「西国之船為御究」について、将軍家年寄の酒井忠世の家臣印藤助之進に「何之筋ニ御究候哉」と問い合わせ、委細は後日連絡すると回答されたが、その続報は記録していない[44]。石川政次らの任務は「江戸ゟ道すから紀伊国迄之舟改」であり、毛利氏領国に関わるものではないと判断したのであろう。

当時、江戸から紀伊に至る沿海地域は、ほぼ将軍家の直轄領や一門領・譜代領によって占められていた。そして、石川政次・小浜嘉隆・間宮光信は、同年八月中に尾張国知多郡を巡見しており、尾張徳川氏船奉行の千賀信親から応接を受けている[45]。「上方中船改之儀」とは、上方方面の船舶調査を主たる目的としつつも、上方に至る寄航地、つまり直轄領と一門領・譜代領によって構成される勢力圏の船舶も調査する任務だったと理解すべきである。

また、前節で触れたように、寛永十三年には、石川重勝も書院番の能勢頼隆とともに諸浦の調査にあたった。同年八月には、尾張国知多郡において、やはり千賀信親の応接を受けたことが確認される[46]。将軍家光は親政を始めると、二度に亘って江戸から船手頭を派遣し、上方方面や徳川領国に存在した諸浦の状況を把握したのである。

しかし、大坂方面の「舟改」は、平時にも実施されていたと考えられる。細川忠利によると、寛永十年に堺奉行となった石河勝政は、同年五月に大坂に着船すると、同地に停泊していた肥後細川氏の船について、「屋形之様子」の写を作成し、石川政次のもとに送付したという[47]。将軍家船手頭は堺奉行を通じ、江戸にいながらにして、大坂湾の船舶に関する情報を収集していたことになる。

なお、寛永十一年二月には、将軍家光の上洛に備え、石川政次は花房職利等とともに、遠江国今切の船渡奉行を命じられた。また、向井直宗と小浜嘉隆も、花房幸次等とともに、伊勢国桑名宮の船割奉行を命じられていた[48]。江戸常駐の船手頭でも、とくに石川政次と向井直宗・小浜嘉隆が船渡・船割の奉行となったのである。慶長年間に大船没収や大坂両陣によって、江戸から西国に出張したことが確認できるのは、将軍家船手頭でも向井氏・小浜氏に限られていた。ところが、寛永十年と同十二年の船舶調査には、船手頭から石川政次・重勝が参加している。家光の親政によって、船手頭石川氏は向井氏・小浜氏と並ぶ存在となり、広域海上活動に参加するようになっていたことになる。なお、桑名船割奉行の花房幸次は伊勢山田奉行であり、前年から船手役を兼任していた[49]。その一族である花房職利も、石川政次と同じく今切船渡奉行をつとめている。将軍上洛に伴って、大規模な船渡・船割を円滑に執行するには、海上活動に関する技術や経験を有することが不可欠だったのであろう。

ところで、寛永十六年には長崎・マカオ交易が閉鎖され、日本とポルトガルとの断交は決定的になる。そこで翌年以降、将軍家はポルトガル船が列島周辺に来航する事態に備え、毎年二人の船手頭に「九州・四国・中国之浦々」の検分を実施させることになった[50]。これは寛永十年の船舶調査とは違い、外様大名の領内も対象とする西国諸港湾の調査だった[51]。そして、寛永十七年には小浜嘉隆・間宮長澄、同十八年には石川政次・小浜安隆、同十九年には向井直宗・小笠原信盛が派遣され、「九州筋浦々舟着」「西国筋浦々」の調査にあたった[52]。

さらに『オランダ商館日記』によると、石川政次は小浜安隆とともに「大きな早舟五隻、小さな漕ぎ舟数隻」を指揮して肥前国平戸に乗り込んだ[53]。前年に西国に派遣された小浜嘉隆・間宮長澄は、平戸のオランダ人に迫って、商館の破却を履行させており[54]、石川政次・小浜安隆も、破却された商館の視察にあたった[55]。そして、オランダ商館は同年に長崎の出島へと移転することになる。船手頭の西国出張には、平戸のオランダ人を軍事的に威圧し、平戸商館の解体と長崎移転を督促する目的も含まれていたのである。

なお、石川政次は寛永十八年三月から「西国方御用」に出張し、同年七月一日には江戸へ帰還した[56]。そして同年八月二十八日には伊勢山田奉行に転任することを命じられ、さらに伊勢方面で「船手」も兼ねることになった[57]。下田奉行の今村正長が「船手」としての性格も有したように、当該時期の山田奉行は、伊勢湾における将軍家の海上軍事をも担う存在だった。ポルトガル船の来航禁止によって、スペインに次いでポルトガルとの関係も破綻し、対外的緊張がさらに高まったことから、将軍家は西国諸浦の調査にとどまらず、伊勢湾にも船手頭を配置して、同海域における海上軍事体制を強化することを意図したのであろう。

この山田奉行と「船手」の兼任体制については、政次の前任者である花房幸次も、寛永十年三月から「彼国《伊勢国》船手之役」を兼ねていたことを確認できる。(58)花房氏は備前宇喜多氏の旧臣であり、大坂冬陣では、秀成(幸次の父)が水上機動によって、備前島奪取などの成果をあげたという。(59)花房氏は海賊(海上活動を存立の主要基盤とする軍事勢力)ではなかったが、瀬戸内地域に代々勢力を有して、海上軍事をつとめうる実力を培った一族である。将軍家はまず海上活動について独自のノウハウを持っていた花房幸次に伊勢湾の海上軍事を委ね、その後、石川政次を山田奉行に起用し、伊勢湾の海上軍事をより直轄的な体制に転換させたものと考えられる。

また、山田奉行となった石川政次は、その水主同心を七〇人に増員された。江戸の船手頭でも筆頭格の向井氏(一三〇人)(60)、大坂船手の小浜氏(一〇〇人)(61)に次ぐ人数の同心が、政次の指揮下に配属されたのである。石川政次は伊勢湾における海上軍事の統括者として、将軍家の船手組織にあって、さらに重要な位置付けを与えられたことになる。

## 四　同心・船舶の「御預」体制

徳川将軍家の船手頭は、関東沿海の要衝に知行地を与えられ、海上軍事をつとめうる家臣団を形成していたと思われるが、将軍家からも相当数の水主同心と船舶を預けられていた。そして、この水主同心の「御預」体制は、その原型を戦国時代の海賊衆において確認される。

戦国期から徳川氏の海上軍事の中核となっていた向井氏・小浜氏・間宮氏は、天正年間前半までは武田氏の海賊衆として活動しており、同氏の滅亡によって、徳川氏に帰属した東国海賊である。そして、戦国大名武田氏にあっては、海賊衆とは同心衆を率いる存在でもあった。(62)しかし、向井氏・小浜氏などの同心とは、武田氏から宛てがわれた知行によって、各自が「海上船中之達者」「武勇之輩」を選出・確保したものだった。[63] この体制は、武田氏海賊衆が徳川氏に帰属した後も継続していたと推測される。

　これに対し、徳川将軍家の船手組織においては、水主同心は将軍家から船手頭に配属される体制となっていた。『譜牒餘録』によると、徳川氏の関東入国にあたり、向井政綱は与力四名を組下に配され、同心五〇人を預けられたという。[64] これは、武田時代から率いてきた「海上船中之達者」「武勇之輩」の指揮権を承認した措置と思われる。もと武田氏海賊の小浜氏・間宮氏などに預けられた同心も同様であろう。すなわち、将軍家の船手組織における水主同心の「御預」体制とは、関東大名時代から寛永年間にかけ、各海賊と同心衆の主従関係を解体し、同心衆との関係を徳川権力が吸い上げたうえで、船手頭には水主同心を指揮する権限を付与することによって成立したものと考えられる。これにより、独自の海上戦力を持つ海賊・国衆は、水主同心の指揮権を預かる軍事官僚に転換され、やがて船手頭として、将軍家の海上直轄軍団たる船手組織を統括するようになったのである。

　石川政次についても、最終的には山田奉行を兼帯して、水主同心も七〇人に増員されたことを確認できるが、それ以前に預かっていた水主同心の人数は明らかではない。同僚の向井直宗・小浜嘉隆・間宮長澄・小笠原信盛が、寛永九年(一六三二)八月に将軍家光から指揮権を再確認された水主同心はそれぞれ三〇人であった。[65] 但し、政次の弟重勝は、寛永十一年正月の船手頭起用にあたり、水主同心四〇人を預けられていた。[66] 少なくとも家光親政期以降は、政次の指揮下にも重勝と同数以上の水主同心が配属されていたと考えるべきだろう。

　なお、江戸常駐の船手頭でも別格の向井忠勝が、寛永十八年八月に死去すると、嫡子直宗は忠勝の水主同心一三〇人を預けられ、さらに直宗の水主同心三〇人は、弟の正方に預けられることになった。[67] これにより、寛永九年以降、直宗らの船手頭は水主同心の増員を受けていなかったことが判明する。むしろ、石川政次・重勝の指揮下に、同僚の船手頭よりも多数の水主同心が配属されていったのである。

また、山田奉行に転任し、水主同心が七〇人に増えたことにより、石川政次は安房国館山の知行四五〇〇石に加え、「彼御役ニ従前々付来之領知三千石致所務」と命じられた(68)。石川政次の前任の山田奉行花房幸次も、船手役の兼帯にあたって三〇〇〇石を加増されていた(69)。さらに山田奉行転任にあたり、政次が蜂須賀忠英(阿波徳島城主)から受給した書状には、「於勢州御加増拝領之由」とある(70)。花房幸次・石川政次が得た「領知三千石」とは、伊勢方面の船手役に附属したものであり、これによって、幸次・政次は、伊勢湾における海上活動を遂行していたと推測される。おそらく、山田奉行転任によって、石川政次のもとに増員された水主同心は、もとは花房幸次の配下であり、増員分の水主同心の扶持は、伊勢国内の「領知三千石」から支給されていたものであろう。

ところで、寛永十四年十二月十九日には、江戸で発生した火事によって、将軍家船手頭の「御船」にも被害が出る事態となった(71)。細川忠利(肥後熊本城主)によると、火災は八丁堀にまで及び、この地に屋敷を配されていた石川政次の「家・道具」や、向井忠勝の「預り之御舟拾四五艘」が焼失したという(72)。向井忠勝は相当数の船舶を失ったことから、細川忠興(忠利の父)には「預り之御舟ハ不残焼候」「仕合之わるき儀」と批判されたが、石川政次はその屋敷が類焼しながら、管轄下の船舶には被害を出さなかった(73)。これは政次の指揮宜しきを得たことによるものと思われ、政次は同月晦日に「御預之船」を保持した褒賞として金五〇枚を賜わった(74)。政次が海上軍事官僚として、高い技量を備えるようになっていたことを示唆する事例である。さらに船手頭のもとにある船舶は、水主同心と同じく、将軍家から預けられたものと認識されていたことも判明する。

前述したように、将軍家光は寛永九年に船手頭の権限を再確認するにあたり、同年六月には向井忠勝・同直宗・小笠原信盛・間宮長澄に「御船之儀」を命じ、また同年七月には小浜嘉隆に「五十丁立之御舟壱艘」を預けている(75)。この時期には、水主同心だけでなく、船舶についても、将軍家から船手頭に預けられる体制が確立していたのである。そして、こうした同心・船舶の「御預」体制によって、海上活動に関するノウハウを欠いた石川政次も、短期間で船手頭としての職務を遂行できるようになったと考えられる。

## おわりに

徳川氏が関東大名から列島規模の政権に昇華する過程にあって、江戸常駐の船手頭は、海上における将軍家の直轄軍団となって活動した。つまり、海上から江戸を防衛するとともに、関東周辺にとどまらず、より広域の海上活動にあたったのである。

寛永二年(一六二五)に船手頭に起用された石川政次も、知行所を安房国館山、江戸屋敷を八丁堀・石川島に与えられ、江戸湾周辺における将軍家の海上軍事体制の一翼を担うことになった。さらに寛永年間後半には弟重勝も船手頭に加わり、活動海域は関東周辺から列島規模に拡大し、やがて伊勢山田奉行を兼ねて伊勢湾に配置された。将軍家の船手組織でも、江戸の向井氏、大坂の小浜氏に次ぐ存在となったのである。なお、寛永十七年以降の西国港湾調査を除けば、関東以西の海域で活動した船手頭は、石川政次と向井氏・小浜氏のみである。石川政次は、親政開始前の将軍家光に附属されていた唯一の船手頭であり、家光からとくに信認されたことによる重用だろう。

石川八左衛門家は、海賊でも沿海地域の領主でもなく、向井氏などのように、徳川氏に仕える前から蓄積してきた海上軍事に関するノウハウを持ちえなかった。だが、石川政次の海上活動は、間宮氏・幡豆小笠原氏を凌駕し、向井氏・小浜氏などに比しても、遜色の無いものとなった。この時期には船舶・水主同心の「御預」体制が確立しており、独自の海上活動能力を有さずとも、船手頭としての海上活動が可能となっていたのである。

また、著者は第五・六章で、十六世紀末期の対外的緊張（豊臣政権の大陸出兵）に対応すべく、徳川氏は海上戦力の充実を図り、東国海賊（向井氏など）によって構成された「海賊衆」に加え、沿海地域の中小領主（幡豆小笠原氏など）をも海上軍事体制に組み込んだことから、徳川将軍家の船手組織の原型が成立したとする見解を提示した。そして、石川政次・重勝が船手頭として活動した寛永年間とは、対外的にはスペイン・ポルトガルとの関係が、禁教問題から決定的に破綻していく中で「鎖国」が形成された時期にあたった。つまり、対外的緊張の高まりから、将軍家はさらに海上軍事体制を整備する必要に迫られ、新たに海上軍事体制を支える家を創出したのである。

なお、政次以後の石川八左衛門家は、政往（政次の養孫）が遠江国新居奉行、その子政常は大坂船手をつとめており、引き続き海上活動にあたる家と位置付けられていた。しかし、正徳四年（一七一四）に政常が大坂船手を退任した後は、同家が将軍家の海上活動を統括する職務に就くことは無くなった[76]。そして、寛政改革によって、石川島と佃島の中間に人足寄場が設けられ、寛政四年（一七九二）になると、寄場を拡張するために石川島は上地とされ、石川八左衛門家は永田馬場山王の近傍に屋敷替えとなっている[77]。海上活動に関わらなくなった以上、もはや同家が石川島に屋敷を構える必然性は消失していたのである。

そして、石川政次の船手頭抜擢が成功したことにより、海賊や沿海地域の国衆の系譜を引かない旗本でも、将軍家船手頭に任用されるケースが増えていく。江戸時代初期に船手頭をつとめた諸家のうち、幕末に船手組織が解体されるまで船手頭をつとめたのは向井氏のみであった[78]。石川政次は海上活動に関する独自のノウハウを持たずとも、将軍家から預けられた水主同心・船舶によって、船手頭としての海上活動が可能なことを証明したのである。十七世紀前半の徳川権力が、海賊などに海上軍事を委託する体制から脱却し、海上直轄軍団としての船手組織を確立させていく過程において、石川政次の存在は、きわめて重要な意義を持っていたと評価すべきである。

註

（1）村井益男「水軍についての覚書」（『日本大学文学部研究年報』Ⅰ、一九五二年）、鈴木かほる「戦国期武田水軍向井氏について」（『神奈川地域史研究』第一六号、一九九八年）、同「戦国期向井水軍の足跡を辿って」（『三浦半島の文化』第八号、一九九八年）、吉田洋子「大坂船手の職務と組織」（『大阪の歴史』第七三号、二〇〇九年）。

（2）煎本増夫「初期江戸幕府の大番衆について」（『日本歴史』第一五五号、一九六一年）、北島正元『江戸幕府の権力構造』（岩波書店、一九六四年）など。

（3）根岸茂夫『近世武家社会の形成と構造』（吉川弘文館、二〇〇〇年）、小池進『江戸幕府直轄軍団の形成』（吉川弘文館、二〇〇一年）など。

（4）『寛政譜』石川家譜（重康系）。

（5）『新編相模国風土記稿』（雄山閣）第五巻一一五～一一七頁。

（6）『寛政譜』石川政次譜。

（7）「嶋田文書」（明暦元年）七月十二日付・北条村ニ罷有他国網ノ覚（嶋田駿司編『房州館山の漁村』（一九七六年）史料編五号）。

（8）『新訂増補国史大系　徳川実紀』（吉川弘文館）慶長十九年十月二十三日条・同二十年四月十日条。

（9）『忠利日記』（『豊橋市史　近世史料編上』）寛永元年十一月廿五日条・同年十二月二日条。

（10）『東槎録』（『大系朝鮮通信使』明石書店）仁祖二年十二月一日条。

(11)『寛政譜』小浜光隆譜。
(12)『寛政譜』間宮信高譜・間宮高則譜・間宮真澄譜。
(13)本書第六章を参照のこと。
(14)『寛政譜』向井忠宗《（直宗）》譜・小浜嘉隆譜。
(15)『江戸幕府日記』寛永九年六月二十五日条・同年七月四日条・同年八月十四日条。
(16)藤井譲治『徳川家光』(吉川弘文館、一九九七年)、小池進『江戸幕府直轄軍団の形成』(註(3)前掲)など。
(17)『異国日記』(東京美術)寛永元年三月二十四日条。
(18)千野原靖方『房総里見水軍の研究』(崙書房、一九八一年)など。
(19)「嶋田文書」(『徳水』一二九号)。
(20)『東京市史稿　市街篇』(臨川書店)第一・五〇七頁。
(21)『梅津政景日記』(岩波書店)寛永三年閏四月二十九日条。
(22)「嶋田駿司家文書」十二月四日付・房州十一箇村浦百姓漁場出入書上(『千葉県史料　近世篇　安房国　上』一四四号)。
(23)『寛政譜』小浜守隆譜・小浜安隆譜。
(24)註(21)前掲。
(25)『記録御用所本　古文書』一一八四号、「高橋磐家文書」(『逗子市史　史料編Ⅰ　古代・中世・近世Ⅰ』漁業九号)。
(26)『寛政譜』第四・一頁。
(27)「江戸図屛風」(国立歴史民俗博物館所蔵)。
(28)「公儀所日乗」(『山口県史　史料編　近世2』)寛永十二年八月三日条。

(29)『寛永江戸図』(古地図史料出版)。
(30)『江戸幕府日記』寛永十二年六月二日条。
(31)石井謙治「巨船安宅丸の研究」(『海事史研究』第二二号、一九七四年)、同「安宅丸の艤装上の矛盾と計画者のこと」(『海事史研究』第二七号、一九七六年)。
(32)『寛政譜』森長継譜。
(33)『細史』忠利一一九二号。
(34)『江戸幕府日記』寛永九年十二月三日条。
(35)『細史』忠利六一五号。
(36)『オランダ商館長日記』一六三六年三月二十三日条・同二十四日条。
(37)『細史』忠利二七三六号。
(38)『江戸幕府日記』寛永十一年正月十日条。
(39)『新編相模国風土記稿』第五巻二九七頁。
(40)『寛政譜』石川重勝譜。
(41)『江戸幕府日記』寛永十三年十一月六日条。
(42)『江戸幕府日記』寛永十年七月八日条。
(43)『細史』忠利二二九三号。
(44)「公儀所日乗」寛永十年七月九日条。
(45)「千賀系譜」(『みなみ』第三一号、一九八一年)。

(46)「千賀系譜」(註(45)前掲)。
(47)『細史』忠利二一九六号。
(48)『江戸幕府日記』寛永十一年二月十二日条。
(49)『江戸幕府日記』寛永十年三月四日条。
(50)『江戸幕府日記』寛永十七年六月二十二日条。
(51)『旧記雑録後篇六』(鹿児島県維新史料編纂所)一六六号。
(52)『江戸幕府日記』寛永十七年七月二十二日条、寛永十八年三月一日条、寛永十九年八月十日条。
(53)『オランダ商館長日記』一六四一年五月三十一日条。
(54)『オランダ商館長日記』一六四〇年十二月十八日条・同十九日条。
(55)『オランダ商館長日記』一六四一年五月三十一日条。
(56)「蜂須賀家文書　忠英様御代草案」(寛永十八年)七月二日付・石川政次宛て蜂須賀忠英書状写(国文学研究資料館所蔵)。
(57)『江戸幕府日記』寛永十八年八月二十八日条。
(58)『江戸幕府日記』寛永十年三月四日条。
(59)『寛政譜』花房正成《(秀成)》譜。
(60)『江戸幕府日記』寛永十八年十二月四日条。
(61)『寛文年録』(野上出版)寛文五年正月十四日条。
(62)「清和源氏向系図」(『戦武』二八一四号)、「小浜家文書」(同三七〇五号)。
(63)「小浜家文書」(『戦武』二一八四号)、「伊勢国度会郡古文書一」(同三一七八号)。

(64)『譜牒餘録』(国立公文書館)下・二二七頁。
(65)『江戸幕府日記』寛永九年八月十四日条。
(66)『江戸幕府日記』寛永十一年正月十日条。
(67)『江戸幕府日記』寛永十八年十二月四日条。
(68)『江戸幕府日記』寛永十八年八月二十八日条。
(69)『江戸幕府日記』寛永十年三月四日条。
(70)「蜂須賀家文書　忠英様御代草案」(寛永十八年)九月十日付・石川政次宛て蜂須賀忠英書状写(国文学研究資料館所蔵)。
(71)『江戸幕府日記』寛永十四年十二月十九日条。
(72)『細史』忠利九〇七号別紙案。
(73)『細史』忠興一八〇七号。
(74)『江戸幕府日記』寛永十四年十二月晦日条。
(75)『江戸幕府日記』寛永九年六月二十五日条・同年七月四日条。
(76)『寛政譜』石川政往譜・石川政常譜。
(77)註(20)前掲。
(78)『柳営補任』(東京大学出版会)四・一六一～一七〇頁。

# 第十章　慶長年間の浦賀貿易の実態

## はじめに

江戸時代における日本の対外関係については、しばしば「鎖国」や「四つの口」という概念が引用される。すなわち、「鎖国」によって、国際交流は制限されたものの、長崎・対馬・琉球・蝦夷地の四地域が、外交や貿易の拠点として機能していたという理解である。但し、これは江戸時代全体を通観した理解である。慶長年間の相模国浦賀に、ルソン島やメキシコからスペイン船が来航しており、前近代の東国における唯一の対ヨーロッパ貿易が展開されたことなどは捨象されている。この浦賀貿易は、十年程度で閉鎖されて「四つの口」には残らなかったことから、長らく専論を欠いた状態が続いたのである。

こうした研究上の閉塞を打開したのが鈴木かほる氏であり、一九九〇年代から浦賀貿易に関する論考を発表していった(1)。一連の研究は、徳川将軍家の海上直轄軍団を統括した向井政綱・忠勝父子と、徳川家康に重用されたイングランド人ウィリアム＝アダムスの役割を重視した内容となっている。

また、鈴木氏の研究は、アダムス論としても高く評価されるべき業績であった。従来のアダムス論は、対イングランド・オランダ貿易における仲介者としての活動に関心が集中し、三浦半島(逸見・浦賀など)における動向は逸話の羅列に終始していた。[2]これに対して、鈴木氏はむしろアダムスを浦賀貿易などの対スペイン外交の顧問として位置付けたのである。アダムスは逸見で領地を与えられ、「三浦按針」と称されるなど、三浦半島と密接な関係にあり、さらにスペイン側・イングランド側の史料を確認しても、浦賀貿易に関与していたことは明らかである。その一方で、対イングランド・オランダ貿易とアダムスの関係は、両国商館が肥前国平戸に設置された一六一〇年代以降に限られる。家康側近としてのアダムスは、少なくともイングランド商館・オランダ商館が成立するまで、対スペイン貿易を担う存在であったと理解した方が妥当である。

但し、鈴木氏の研究には、大別して二つの疑問点が存在する。

① 鈴木氏は、徳川家康が浦賀貿易を企図した主な目的について、スペインから鉱山技術を導入することにあったと論じているが、伊豆半島に存在する銀山の開発を促進するために、浦賀とルソン・メキシコの間に通商路を常設する必要性が感じられない。

② 鈴木氏の関心は、浦賀貿易における向井政綱・忠勝父子と、アダムスの位置付けに集中しており、浦賀貿易の実態や、スペイン側(ルソン総督府など)の動向をめぐる考察が不十分となっている。

このうち、②を解決するには、浦賀貿易をめぐる交渉が、スペイン史・フィリピン史の範疇にも入るという問題意識を導入すべきである。こうした点で、ファン＝ヒル氏の著書は、[3]スペイン側史料を駆使して、浦賀貿易を含む徳川権力とルソン総督府の交渉過程を整理した重要な成果である。さらに日本側の研究成果としては、平成二十四年(二〇一二)三月に刊行された清水有子氏の著書があげられる。[4]清水氏の関心は、豊臣・徳川両政権とルソン総督府の外交に向けられ、浦賀貿易をめぐる考察こそ欠くものの、清水氏が紹介した「インディアス総合文書館所蔵ルソン総督府日本関係文書」などには、浦賀貿易の関連記事も少なからず確認される。

本章では、ヒル氏・清水氏によって紹介された史料も引用しつつ、慶長期の浦賀貿易について、著者なりの議論を提示していくことにする。これによって、徳川権力の対外政策をめぐる議論もより掘り下げられると考えている。

## 一　徳川家康の政権掌握と浦賀貿易構想

浦賀貿易の前提は、一五七〇年代から進捗したスペイン勢力のルソン島進出である[5]。元来、ルソン島はスペイン人の進出以前から、中国人・イスラム教徒などの交易拠点として機能していたが、スペインの領有を経て、メキシコ産の銀が太平洋を越え、ルソン島経由で中国大陸に輸出されるようになった。さらに中国の絹製品や陶磁器なども輸入され、スペインがルソン島経営の根拠地として建設したマニラは、東ユーラシア地域の国際交易都市として発展を遂げていった。当時の明帝国では海禁緩和や税制銀納化が進行しており、とくに後者は銀の需要を拡大させたものの、国内の銀産出量が低下しており、外部から銀を輸入する必要性が生じていたのである。

また、ルソン島のスペイン勢力は、周辺諸島やインドシナ半島で諸活動（軍事・経済・宗教など）を展開しており、日本にも交易船やフランシスコ会士を派遣した。しかし、これは対日交易・布教を展開していたポルトガル領マカオやイエズス会士の既得権と抵触する事態でもあった。とくにイエズス会とフランシスコ会は、貿易の権益や布教の主導権（後に禁教を招いた責任も）をめぐって、少なからず対立することになった。

こうした状況の中で、慶長三年（一五九八）に豊臣秀吉が死去し、徳川家康が政局の主導権を掌握していく過程において、浦賀やルソン・メキシコの間に通商路を開設する構想が浮上した。フランシスコ会士ジェロニモ＝デ＝ジェズスの書簡[6]や、ルソン島司法行政院審議官アントニオ＝モルガの『フィリピン諸島誌』[7]によると、家康は潜伏中のジェズスを召喚し、スペインと徳川氏領国の通商を周旋するよう依頼したという。具体的には、①マニラから関東（浦賀）に交易船を毎年派遣すること、②関東からメキシコへの日本人の渡航・商売を認可すること、という二つの通商案が提示されている。さらに徳川氏領国の銀山を開発すべく、銀鉱採掘技術の提供も要請された。そして、ジェズスは家康の構想を日本布教再建の好機と捉え、ルソン総督府に宛てて、関東との通商を勧める書簡を二度に亘って作成し、このジェズス書簡を携えて、「ゴローエモン」や「チキロ」がルソン島に渡航した。このうち、「ゴローエモン」については、イエズス会の史料から、大坂の商人と考えられる(8)。朱印船制度が始まる以前には宣教師の紹介が、マカオやマニラにおける取引を円滑にする役割を帯びており、「ゴローエモン」は家康の通商提案を利用してルソン島に渡航したとみられる。

但し、この通商構想を徳川家康の一方的な要求と理解すべきではない。家康は後にルソン総督宛て書簡にて、「貴邦之人」（ジェズス）が日本・メキシコの通商を提案し、メキシコに向かうルソン船を「風難」から退避させるべく、関東に寄港させる構想を示したと証言している(9)。また、『フィリピン諸島誌』も、ジェズスが徳川氏家臣に対スペイン通商の利益を説き、家康との会見を仲介させたと記録する(10)。ジェズス側から、禁教緩和のために通商を持ちかけた可能性も想定されるのである。但し、『フィリピン諸島誌』についても、家康が以前から領国における国際交易港の創出を望んでおり、ジェズス提案の前提となったことは認めている。

そこで問題とすべきは、家康がルソン島やメキシコとの通商を望んだ意図である。後に浦賀貿易が実現すると、スペイン船に積載された商品は、江戸市場を介して流通しており、浦賀貿易の目的は、生糸などの繊維を関東の徳川氏領国へ輸入することにあったと考えられる。元来、三浦半島を対外交易の拠点とする構想は、家康の独創ではない。北条氏の時代にも、三崎に唐船が往来しており、小田原（北条氏本拠）には唐人町が形成されていたのである(11)。この交易港と領国中枢の接続は、徳川氏の浦賀貿易と相通じる構図と評すべきであろう。スペイン船の招致とは、北条氏時代の対外交易をより大規模に再興しようとした計画でもあったのではないだろうか[12]。

なお、スペイン領ルソン島の対日交易は、メキシコから持ち込んだ銀の増幅を目的の一半としていた[13]。この点において、伊豆銀山を有する徳川氏領国は、有望な渡航先となる可能性を秘めていた。家康が銀鉱採掘技術の供与を要望したことは、浦賀—マニラ交易の振興という文脈（商品の対価となる銀の増産）からも理解できる。

家康のこの通商構想は、イエズス会も把握しており、計画を阻止すべき動向と看做していた。イエズス会の日本巡察使アレッサンドロ＝ヴァリニャーノは、ルソン島と関東の通商に反対する理由として、主に以下の二点をあげる[14]。

① 日本に派遣するヨーロッパ勢力の交易船は年間一隻程度、それもマカオ（中国）から長崎に渡航するポルトガル船に限定すべきであって、ルソン島のスペイン船が参入する余地は無い。

② 通商案が実現しなかった場合、徳川家康はフランシスコ会の背信行為と理解し、日本のキリスト教界全体に迫害を加える事態が懸念される。

但し、ヴァリニャーノによると、ルソン渡航商人の浦井宗普は、徳川家康から通商構想について諮問され、イエズス会を介しての交渉を進言しており、ヴァリニャーノに危惧を抱かせている。交易規模を限定すべきという意見は、マカオとイエズス会の利益保護策でしかなく、日本国内の経済的希求（シルク輸入の拡大）とは乖離していたのである。なお、徳川家康もかねて昵懇にしていたイエズス会士ジョアン＝ロドリゲスを通じて、通商構想をイエズス会に伝達していた。少なくとも慶長初年の段階で、家康はイエズス会の反発を予期していなかった模様である。むしろ、イエズス会を副次的な交渉ルートとして認識していたと考えられる。

また、ヴァリニャーノによると、徳川家康は加藤清正（肥後熊本城主）などの諸大名にも通商構想を披瀝したとされる。ジェズス書簡は一五九八年十二月二十日付、ヴァリニャーノ報告書は一五九九年十月二十二日付であり、この間に家康は対スペイン通商構想を相応の範囲に開示するようになっていたのである。

秀吉の死後、家康はただちに政治的主導権を掌握したわけではない[15]。秀吉が死去した慶長三年八月には早々に五奉行との「不和」に直面し、翌年正月にも、私的婚姻から四大老・五奉行と対立しており、その立場は少なからず不安定であった。ジェズスとの会見は当該時期にあたる。しかし、慶長四年閏三月になると、石田三成襲撃事件が勃発して、家康はこの騒動を収拾して伏見城西丸に入った。その後、家康は同年九月に大坂城西丸に入り、伏見城・大坂城という豊臣政権の二大政庁を掌握することになった。但し、家康による政務代行は、秀吉の遺言と大筋で合致しており、家康がこの段階で豊臣氏からの奪権まで見据えていたかは保留すべきだろう。とくに石田三成排斥にあたって、秀頼傅役の小出秀政・片桐且元までもが家康を支持して行動したように、家康の政局主導は、豊臣政権護持と政情安定の両立を望む諸勢力を与党として実現したものであった。その期待に応えねば、支持を保てないのである[16]。

ヴァリニャーノ報告書は、こうした政情を前提に執筆されたことに留意しなければならない。そこで注目されるのは、家康が加藤清正（石田三成襲撃にも参加）に通商構想を披瀝したという記述である。事実とすれば、清正の賛意を得られると見込んでの行動であろう。政局主導を正当化する一手段として、貿易の拡大を提示したとも換言できる。

同時代人の太田牛一（『信長公記』などの著者）は、秀吉治世の恩恵として「高麗・琉球・南蛮の綾羅錦繍・金襴・錦紗」の大量流入をあげている[17]。家康が政治的主導権掌握に正当性を付与するには、秀吉生前と同様かそれ以上に大量の繊維製品を日本国内に流入させることも有効であり、その手段として浦賀貿易を提示したのではないだろうか。つまり、政局の推移が、一大名の私益から列島全体の公益へと、家康の通商構想に多大な影響を与え、対スペイン交易を徳川氏領国内部に完結させるのではなく、より広く開示しようとする態度として顕現したものと考えられる。

## 二　対ルソン交易の実現―浦賀貿易の実態―

### 1　スペイン船の浦賀入港

徳川家康は慶長五年（一六〇〇）の関ヶ原合戦、同八年の将軍任官を経て、豊臣氏に代わって政治秩序を構築していったものの、浦賀貿易が軌道に乗る時期は、慶長十年代以降になった。ルソン総督府は、数度に亘って交易船を派遣したが、いずれも関東に到達できず、西国方面に渡来していた(18)。ポルトガル船と同じく、スペイン船の主要渡航地も九州周辺であり、関東への航路を開拓・確立することは困難だったのである。

ルソン島のスペイン船が、浦賀入港に成功したのは、慶長十一年のことである。同年には、フランシスコ＝モレノ＝ドノソの船が関東、ファン＝テーリョの船が九州に派遣されたが、両船とも暴風に遭い、ドノソ船は肥前国深堀、テーリョ船は浦賀に到着した(19)。『当代記』は慶長十一年に長崎に一隻、三浦に一隻、薩摩に二隻、紀伊に一隻、合計五隻の外国船が来航したことを近年の珍事と評価し、とくに三浦（浦賀）の「小黒船」について、「糸一万斤」を積載していたと特筆している(20)。

なお、奈良静馬氏の『西班牙古文書を通じて見たる日本と比律賓』は、慶長九年に家康がウィリアム＝アダムスに命じ、西国に停泊中のスペイン船を関東に廻航させたとしているが、その典拠は不明確である(21)。ドノソ船で来日したフランシスコ会士アロンソ＝ムニョスの報告書によると、慶長十一年当時の徳川家康は、スペイン船の浦賀来航が実現しないことから、キリスト教への態度を硬化させようとしており、テーリョ船の浦賀入港が事態を好転させたと評価している(22)。アダムスによるスペイン船廻航は、逸話・伝承の域を出ないだろう。

ところが、このスペイン船の浦賀入港は、ポルトガル勢力の反発を招いた。ムニョスによると、「マカオの船の事務長」がスペイン船の積荷について、取引の干渉を試み、徳川家康に「(外国船は)特別に任命された渉外官の指揮を受けるようにという命令の公布」を要求したという。この「渉外官」とは、イエズス会士ロドリゲスであろう。家康と親密な関係にあったロドリゲスは、一六〇〇年代に入ると、家康から長崎の「通商代理人」に指名され、マカオから長崎に派遣されたポルトガル船の取引に参与していたのである(23)。つまり、マカオ船事務長の要求とは、スペイン船の取引にもロドリゲスを関与させ、ポルトガル勢力が対日交易の主導権を維持しようとする内容だったと推察される。

その後、マカオを管轄するゴア市(インドのポルトガル領)は、スペイン・ポルトガル両国王を兼ねるフェリペ三世に対し、一六〇六年にマニラから日本に大量の生糸が輸出され、マカオの利益が脅かされたため、マニラの対日交易を停止させるよう請願した(24)。スペイン船の浦賀入港は、ポルトガル勢力に大きな危機感を抱かせたのである。

なお、慶長十一年におけるスペイン船の浦賀入港は、暴風によって、九州に向かったテーリョ船が浦賀、浦賀に向かったドノソ船が肥前国に到着したように、偶発的な要因によって実現したものだった。しかし、以後もスペインの浦賀入港は続き、慶長十二年に再びドノソが、慶長十三・十四年にはファン＝バウティスタ＝デ＝モリナが来航した(25)。マニラから浦賀への航路は、安定に向かっていったのである。偶発的ながら関東への航路を発見したことで、関東への渡航技術が確立した結果と考えられる(26)。

ところで、慶長十三年七月日付で、浦賀においてスペイン船への狼藉を禁じる将軍秀忠の高札写が存在する(27)。『異国日記』によると、崇伝は同年七月十四日に秀忠から「呂宋黒船着岸之書」を読み上げ、その返書を作成するよう命じられている(28)。遅くとも同月前半にスペイン船は浦賀に来航し、次いで高札が立てられたのであろう。

この高札の発給は、大御所家康が同年八月六日付のルソン総督宛て朱印状で承認した不法日本人の取締りに関連した措置とみられる。つまり、渡航日本人の不法行為、渡航スペインに対する不法行為、双方の抑制を図ったのである。

また、ルソン渡航商人の西ルイスは、慶長十三年に家康から朱印状を取得し、「日本之御掟」を託されてルソン島に派遣されたという[30]。八月六日付家康朱印状は、その写がルイス関連文書とともに「本受寺文書」に伝来しており[31]、その内容(不法日本人の取締り)こそがルイスに託された「日本之御掟」と考えられる。だが、慶長十四年七月七日にルイスが駿府城本丸で提出したルソン総督の「書札」は、「先年御制札」に謝辞を述べ、今後も「黒船関東へ可相渡候」と確約する大意であった[32]。浦賀に高札を立てたことの通知も、ルイスの任務に含まれていたのである。

なお、ルイスの供述によると、慶長十三年にルソン島から派遣されたカピタン(ドノソ)は、家康・秀忠から「御礼書」、本多正信から「副状」を受領しており、ルイスはルソン総督から正信の「副状」を引き取って帰国している[33]。『異国日記』によると、家康・秀忠の返書、本多正信の添状、不法日本人の取締りを認めた家康朱印状は、いずれも同年八月中に作成されている。つまり、ルイスの渡海はそれ以降であって、慶長十四年六月頃に日本に帰国し、七月には駿府に出頭したことになる[34]。

さて、慶長十一年から浦賀に入港したスペイン船は、年間一隻にとどまり、船の規模も大きくはなかったが、それでも浦賀を和泉堺と並ぶ国際貿易港として台頭させつつあった。慶長十四年に来日したオランダ使節は、畿内・関東の商人が、九州から商品を輸送するには多大な経費を要し、商品の購入額に制限がかかるのに対し、堺・浦賀であれば、運搬費が大幅に節減され、平戸・長崎に比して、二〇～二五%増の品物を購入できると評価している[35]。こうした経済的利点から、一時期の浦賀は、日本有数の国際貿易港として発展したのである。

浦賀に来航したスペイン船の主要輸入品が、シルク(絹・生糸)であったことは、国内・国外の史料とも共通している。アロンソ＝ムニョスは、慶長十一年にテーリョ船が浦賀で販売した商品として、まず「絹」をあげており、『当代記』も、テーリョ船の積荷を「糸一万斤」と記している[36]。また、後にルソン総督府は浦賀貿易を停止させるが、オランダ人追放を条件として、生糸の輸出再開を提示した[37]。

但し、ルソン総督府の交易目的は、絹・生糸の輸出のみではなかった。ドノソが一六〇六年に司法行政院から受領した命令書は、浦賀で取引を済ませた後、紀伊国に向かって浅野幸長（和歌山城主）と友好関係を確認したうえで、豊後国臼杵に立ち寄って物資を積載するよう指示しており、翌年にもほぼ同趣旨の命令書が交付された[38]。

ルソン総督府が日本に交易船を派遣した目的の一つは、軍需物資（火薬・弾丸・鉄・釘など）や食料（小麦など）の輸入であり、スペイン勢力がフィリピン諸島の軍事力を維持する手段となっていた[39]。ところが、命令書は「陛下とマニラの陣営のために貴殿に命じた物品」の積載を豊後国臼杵で実行するよう指示している。関東の生産能力（製鉄技術や火薬・小麦生産の未熟）によるものか、徳川権力の忌避[40]によるものかは判然としないものの、スペイン船は浦賀で軍需物資・食料品を調達できなかったことになる。その一方で、豊後国は大友氏のもとでキリスト教信仰が浸透しており、大友氏の改易後も、信仰・経済の両面でキリスト教勢力の影響が強い地域だった。ルソン総督府の認識では、浦賀よりも臼杵の方が物資・食料の供給地として適切だったと理解すべきだろう。

## 2　徳川権力の浦賀貿易運営体制

徳川家中および家康周辺において、浦賀貿易の運営にあたったのは、船手頭（海上軍事官僚）の向井政綱・忠勝父子、イングランド人航海士のウィリアム＝アダムス、フランシスコ会の宣教師の三者であった。

まず向井政綱・忠勝は、徳川将軍家の海上直轄軍団を統括する立場にあった。江戸・三崎を拠点として、関東近海の防衛も管轄しており、浦賀に来航したスペイン船の入港の手続きなどを担当した。慶長十六年に来日したスペイン使節ビスカイノの報告書によると、使節の乗艦サン＝フランシスコ号は浦賀入港にあたって号砲を撃ち、これによって向井政綱が多数の船を出動させ、サン＝フランシスコ号を浦賀港内に曳航させている。そして、使節の上陸後は、政綱とビスカイノの会見がなされ、滞在中に「日本人とイスパニヤ人の間が平和に運び、係争や騒動を避けるよき方法」を協議し、さらに使節が宿舎と乗船に国旗・王旗を掲揚することも許可された(41)。このように、スペイン船が来航すると、向井政綱が浦賀に出張し、スペイン船曳航の指揮を執るとともに、浦賀滞在中の諸事を協議したのである。

元和元年(一六一五)に浦賀に入港したサン＝ファン＝バウティスタ号(メシコ使節カタリーナも同行)についても、向井忠勝はカピタンのペドロ＝ロペスの「御礼」希望を本多正純(家康側近)などに伝達し、家康の駿府帰還に合わせ、カピタンを連れて駿府に出頭するよう指示された(42)。ビスカイノは外交使節、ロペスはカピタンであるが、ほぼ同様の手続きを経たことになる。つまり、浦賀にスペイン船が来航すると、向井政綱・忠勝が入港手続きを執行し、さらに家康の意向を確認したうえで、カピタンを同道して、駿府に出頭したのである。スペイン船のカピタン(ドノソ・モリナなど)は、フィリピンで戦歴を重ねた高位の軍人であり、船手頭(海上軍事官僚)の地位にある向井政綱・忠勝父子がスペイン船の対応にあたった前提とも考えられる。

次にアダムスは、航海士としてオランダの東洋遠征艦隊に参加し、乗船のリーフデ号が慶長五年に豊後国臼杵に漂着したことから、徳川家康の知遇を得て、三浦半島の逸見に領地、浦賀にも屋敷を与えられ、家康の外交顧問との評もあるイングランド人である(43)。元和元年にメキシコからバウティスタ号が浦賀に入港すると、家康はアダムスを浦賀に派遣し、「使節の用務及びその贈物」を確認させている(44)。このバウティスタ号は、元和二年まで浦賀に停泊しており、イングランド商館長リチャード＝コックスによると、アダムスの日本人妻や子息は、浦賀屋敷にスペイン人を滞在させており、江戸に出府できない状況にあった(45)。これらの事例から、アダムスとその一家が、浦賀に来航したスペイン人との交渉・接待において、重要な役割を果たしていたことを看取できる。

なお、慶長十八年に来日したイングランド使節ジョン＝セーリスは、浦賀来訪時にアダムスからスペイン船やその積荷の購入を提案された[46]。このスペイン船とは、スペイン使節ビスカイノが乗船したサン＝フランシスコ号である。同船は日本滞在中に甚大な損傷を蒙り、ビスカイノは伊達政宗の遣欧使節団に同行して帰国したが、アダムスは浦賀に残されたサン＝フランシスコ号やその積荷の処分をビスカイノ一行から委託されたのである[47]。

ところで、本人の証言を参照すると、イングランド時代のアダムスは、オスマン帝国との地中海貿易を扱うバルバリア商会で勤務しており、貿易の実務について、相当の経験を積んでいた[48]。また、カタリーナ使節の報告によると、アダムスはスペイン語やラテン語にも長じており[49]、スペイン商人や宣教師との交渉役としても適任だったことから、浦賀における商取引を実務面でも支えていたと推測することができる。さらにアダムスは、関東近海の測量にも携わっており[50]、関東沿岸の情報をヨーロッパ人に提供する役割も課されていた可能性がある。

さらにアダムス以外にも、ギルバートやヤコブなど、イングランド商館やオランダ商館に属さず、関東に居住していた元リーフデ号乗員の存在が確認される[51]。とくにギルバートは浦賀で家屋・財産を所有していた。浦賀でヨーロッパ人が資産を蓄えるには、アダムスと同じく、スペイン船との取引に関与する以外の方法は想定し難い。ギルバートは慶長十九年の火災で家屋・財産を失い、以後は平戸・長崎に移って、イングランド商館かオランダ商館に勤務することを望むようになった[52]。後述するように、慶長十五年からスペイン船の浦賀来航は不定期となっており、ギルバートは資産を再建する見込みを欠き、活動拠点を浦賀から平戸・長崎に移転しようとはかったのではないだろうか。

なお、浦賀貿易においては、アダムスの義弟（日本人妻の妹婿）であり、浦賀在住の商人とみられるアンドレア（善六）にも注目すべきである。慶長十九年にイングランド商館長コックスは江戸滞在中と思われる商館員リチャード＝ウィッカムに対し、江戸における商品の売却をアンドレアに委託するよう指示している[53]。平戸にイングランド商館が設置された後、アダムスは同商館に雇用されており、その義弟アンドレアは、関東における商品販売を委ねられたのであろう。また、イングランド使節セーリスも、帰国時にコックスに与えた覚書において、アダムスが商館との契約を破棄した場合は、アンドレアを通じて徳川家康から渡航朱印状を取得するよう指示している[54]。アンドレアについて、アダムスに代わり、徳川権力との交渉を担いうる存在と認識していたことになる。

このアンドレアは、元和年間に国際交易が停止した後も浦賀に居住しており[55]、元来が三浦半島で活動する商人であったと考えられる。また、アダムスの死後、遺された渡航朱印状の扱いをめぐり、コックスがアダムス夫人やアンドレアと対立すると、向井忠勝が調停して解決している[56]。アンドレアを含むアダムス夫人の一族は、三浦半島の海上軍事を管轄する向井氏とも親密な関係にあって、アダムスと向井氏（および徳川権力）の信頼関係を形成する媒介の一つになっていたと理解すべきである。

このアンドレアとともに、イングランド商館から江戸で商品販売を委託された商人として三雲屋がいる。ウィッカムによると、「イスパニヤ人と関係ある多くの商人」の一人でもあり[57]、浦賀に入港したスペイン船の商品、平戸のイングランド商館から廻漕された商品の双方を扱っていた。浦賀貿易に参与してきたアダムスの義弟であるアンドレアも、イングランド商館のみならず、スペイン船との取引に関わっていたと看做して大過は無いだろう。そして、イングランド商館と三雲屋を仲介したと考えられるのが向井政綱であり、元和二年にイングランド商館と三雲屋が売上金をめぐって争論になると、向井忠勝が和解を斡旋した[58]。

最後にフランシスコ会士に関しては、徳川家康とルソン総督府の交渉段階から、浦賀貿易に介在してきた経緯があり、ジェズス・ムニョス・ソテロなどが家康の信認を得て、関東では江戸・浅草・浦賀の三ヶ所に教会（修道院とも）

を建設していた[59]。このうち、浦賀教会について、イエズス会士カルヴァーリョは、「茅葺きの家を一軒持っていただけ」「ナウ船が渡来する時機を見はからって、時々滞在したに過ぎない」と評価している[60]。イエズス会とフランシスコ会は、日本布教をめぐって競合関係にあり、また禁教を招いた責任について、非難の応酬を繰り返しており、浦賀教会に関する評価も、多分に感情論が先行した見解と考えられる。但し、浦賀教会が交易と密接な関係にあったこともまた事実である。元和元年に来日したカタリーナの報告書によると、スペイン船サン＝ファン＝バウティスタ号がマニラから浦賀に入港したことに対応し、潜伏中の「在日フランシスコ会管区長」が通訳として浦賀に現れている[61]。これは禁教後の事例であり、禁教前にはより積極的な関与をみせていたはずである[62]。

また、フランシスコ会士のうち、ソテロは向井忠勝と親交があり、忠勝も禁教後ですらソテロに家康周辺の情報を提供していた[63]。アダムスはプロテスタント、ソテロはカトリックであったが、慶長十六年頃にソテロはアダムスが建造した船舶を用い、メキシコへの航路を開設する計画を家康に提案している[64]。アダムスの成果に依拠して、浦賀貿易の進展に取り組もうとしたことになる。アダムスとソテロの直接的な交流は不分明ながら、向井政綱・忠勝父子を扇の要とすることで、信仰の相違をある程度超越して、浦賀貿易の運営に参画しえたとも評価できる。

なお、浦賀に派遣されたスペイン船カピタンには、外交使節としての側面も見出せる。歴代ルソン総督のうち、ロドリコ＝ビベロは徳川秀忠に宛てた書簡でカピタンを「我等代官」と称しており[65]、ファン＝デ＝シルバ（ビベロの後任）も、一六〇九年に浦賀に派遣したバウティスタ＝デ＝モリナの反対意見を無視し、徳川家康がオランダ人に商館開設を認可したことを浦賀貿易停止の名目とした[66]。浦賀に渡航するカピタンは、「代官」という立場から、一定の交渉権限も委ねられていたのである。

ところで、慶長十二年には朝鮮から回答兼刷還使が来日しており、江戸で将軍秀忠と会見した後、帰途に大御所家康から勧められ、駿河湾で家康の乗船を提供されて南蛮船を見物した(67)。この時期、すでにドノソ船はルソン島に帰還しており、テーリョ船が前年から浦賀に残留して、駿河湾に回航させられたうえで、朝鮮使節の見物に供されたものと考えられる。家康の主催によって、朝鮮人とスペイン人の邂逅が実現したのであり、日本が朝鮮・ルソン島を包含する国際秩序の演出をしようとしたと位置付けることもできる。ルソン総督が「代官」を徳川氏領国の浦賀に毎年派遣し、家康と会見させるという状況は、貿易による利潤に加え、たとえ虚構に過ぎないとしても、徳川将軍家を中心とする国際秩序の創出においても有用だったのだろう。

## 三　対ルソン交易から対メキシコ交易へ

### 1　浦賀—マニラ航路凍結

ところが、一六一〇年になると、ルソン総督府は浦賀への交易船派遣を停止している。総督ファン＝デ＝シルバの説明によると、交易船の派遣停止は、前年に徳川家康がオランダ人に平戸商館の開設を許可したことに抗議するための措置であり、浦賀貿易再開の条件として、家康にオランダ人の追放などを要求する計画だった(68)。そして、慶長十六年(一六一一)九月にルソン総督府の使節は家康と会見したものの(69)、家康はオランダ人追放に同意せず、シルバの計画通り、浦賀—マニラ航路は凍結されることになった。なお、シルバは日本人のメキシコ渡航にも反対しており、その理由として日本とオランダの軍事的提携を指摘している(70)。つまり、シルバはオランダ商館設立を日蘭同盟と同義と解釈し、マニラ—浦賀航路の閉鎖という経済制裁を断行したのである。

なお、シルバはルソン総督に起用されるまで、フランドル方面でオランダ軍と戦っていた軍人であった。一六〇九年にルソン島に着任すると、翌年にホンダ海戦でオランダ艦隊を大破し、さらにジャワ島のオランダ勢力攻撃を計画し、インド洋のポルトガル艦隊まで動員した大攻勢を敢行しようとしていた。このジャワ遠征計画は一六一六年に発動されたものの、荒天などによって頓挫し、シルバはマラッカ海峡で病死した。[71]

こうした反オランダ志向の強い総督が登場したことで、浦賀―マニラ航路は閉鎖状態に陥ったが、浦賀の国際貿易港としての性格は、元和二年(一六一六)まで継続した。その一因は、スペイン領メキシコとの通商構想が浮上し、太平洋を横断しての往来が続いたことによる。

シルバの前任総督ロドリゴ＝デ＝ビベロは、一六〇九年にシルバへ総督職を引き継ぐと、同年中にガレオン船に乗ってメキシコへ渡航したが、荒天により、上総国大多喜に漂着した。その後、徳川家康からウィリアム＝アダムスが建造した船舶を提供され、メキシコに帰着することができた。そして、この日本滞在中に、ビベロは家康と会見して、スペイン・メキシコへの使節派遣を提案している。[72]徳川家康もスペインとの通商について、当初から日本人のメキシコ渡航を要望しており、[73]対ルソン交易に次いで、対メキシコ交易が再始動したとも位置付けられる。

なお、ビベロもオランダ商館の成立を憂慮すべき事態と捉え、家康にオランダ人追放を求めている。[74]この要求は家康に受容されなかったが、[75]シルバとは違い、ビベロはメキシコ帰着後も浦賀貿易の維持と拡大(メキシコ通商開設)を主張した。[76]日本からオランダ商館を排除するには、徳川方の希望に沿うべきという路線である。このように、オランダ勢力の日本進出は、スペインの環太平洋経営における徳川権力との交渉をめぐり、硬派(シルバ)の貿易制限と、軟派(ビベロ)の貿易拡大という、二つの対応を浮上させたことになる。なお、ビベロはシルバの才能について「大きな統治職を的確にやり遂げるのに最もふさわしいというわけではなく」「あまりに場当たり的」と評価したが、[77]シルバが打ち出した強硬路線を不適切と論じるための印象操作でもあるだろう。

ところで、イエズス会が入手した情報によると、日本・メキシコ貿易は、フランシスコ会のソテロが提案した構想でもあり、当初はソテロ本人が使節として渡航する計画だった。[78] 徳川家康がレルマ公（スペイン主席大臣）に宛てた書状は、メキシコから日本に渡航する船の厚遇を請け合い、委細の説明をソテロに委ねている。[79] この時期から、家康はソテロを使者として、スペイン本国と直接交渉することも視野に入れていたのである。結局、同じくフランシスコ会のムニョスがビベロに同行してメキシコまで赴いたが、後の慶長遣欧使節の萌芽となる構想であろう。

このビベロ送還の返礼や、金銀島探検を目的として、慶長十六年には、メキシコからセバスティアン＝ビスカイノのスペイン船が浦賀に入港した。『駿府記』によると、ビベロとともにメキシコに渡海し、ビスカイノ船で帰国した田中勝介が、家康にメキシコで購入した「数色之羅紗」を献上しており、家康がその羅紗で鷹野の羽織を新調させたことを確認できる。[80] ビベロ送還とビスカイノ来航は、対メキシコ貿易により、中国産シルクに代わってヨーロッパ産毛織物の輸入が可能になることを証明したのである。

また、家康と会見したビスカイノは、日本とメキシコを往復する船舶の共同建造を提案しており、伊豆国伊東で渡航船が建造されることになった。[81] こうして、対メキシコ交易が具体化するかにみえたが、慶長十七年三月の岡本大八事件によって、事態は急速に暗転していく。この事件の経緯について、とくに留意すべきは、イエズス会による政治介入が疑われ、家康周辺がキリスト教に関する認識を悪化させ、禁教路線に傾斜したことである。[82] また、小笠原権之丞（同事件に連座して失脚）の弟が、浦賀からメキシコへの出国を企てる騒動を起こしており、[83] 国際交易港としての浦賀は、日本人信徒が潜伏・密航しうる場となっていた。これは江戸（徳川氏本拠）の安全保障において憂慮すべき状況であり、徳川権力は浦賀貿易継続の意欲を大幅に減退させたと考えられる。

但し、岡本大八事件への関与を疑われたのは、イエズス会のペドロ＝モレホンなどであり、フランシスコ会のソテロなどは、徳川権力との信頼関係をある程度維持していた。後にソテロは、家康がメキシコとの交渉継続のために禁教を緩和させており、向井政綱・忠勝は禁教後もソテロと連絡を維持していたと、スペイン国王フェリペ三世に報告している[84]。誇大報告を含むとしても、ソテロが禁教後も向井父子を通じて家康周辺の情報を入手しえたことは認めてもよいだろう。

## 2　慶長遣欧使節の派遣と対メキシコ交易の流産

ところが、伊東で建造されていた船は、慶長十七年九月にソテロを乗せ、ビスカイノ船に同行して浦賀から出航したものの、その直後に座礁した[85]。さらにビスカイノ船も、後に損傷して航行不能に陥り[86]、徳川権力はメキシコやスペインに交易船や外交使節を派遣する方法を失った。

そこで、慶長十八年に実現したのが、伊達政宗（陸奥仙台城主）の慶長遣欧使節であり、ビスカイノやソテロも、この遣欧使節に同行してメキシコに渡航した。使節が太平洋渡航に使用したサン＝ファン＝バウティスタ号は、伊達氏の領内で建造されており、向井忠勝も大工や家臣を仙台に派遣して建造を支援させている[87]。向井氏は浦賀貿易の運営やアダムスとの交流を通じ、ヨーロッパの造船技術を習得しており、その技術を伊達氏に提供したのである。また、バウティスタ号には、向井忠勝の荷物も大量に積載されており[88]、向井氏は伊達氏の遣欧使節を支援しつつ、メキシコ貿易に参入して、利益を享受する機会にしようとしていた。

また、アダムスもバウティスタ号出帆直前の慶長十八年八月一日に伊達政宗へ進物を贈っており[89]、何らかの関与が想定される。この政宗・アダムスの接触を手掛かりとしたうえで、アダムスと遣欧使節の関係をより鮮明に浮彫りとするには、スペイン語通詞「トメ」の存在に注目すべきである。『イギリス商館長日記』によると、「トメ」は元和初年頃に伊達政宗と契約していた通詞であり、イングランド商館長コックスも、将軍徳川秀忠との謁見にあたって、「トメ」に通詞を依頼していた。(90)「トメ」が伊達政宗に雇用されたのは、遣欧使節の関連と考えられるが、イングランド商館とも交流を有したのである。

なお、元和三年にアダムス夫人の義父が肥前国平戸に出向き、五通のイングランド商館宛て書状を持参したが、その中には「トメ」の書状も含まれていた。(91)「トメ」とアダムス夫人の一族が、親密な関係にあったことを窺わせる。もともと、関東でスペイン語通詞が活動しうる場とは、スペイン船が入港する浦賀以外には考えられない。本来、「トメ」は浦賀貿易において活動し、アダムスや夫人の一族と交流するようになった通詞であると理解すべきであろう。そして、この「トメ」を政宗に紹介したのは、アダムスであった可能性を想定することもできる。

さらに使節団に同行して支倉長経（伊達氏家臣）のスペイン・ローマ歴訪を主導したのが、ソテロであったことはよく知られている。(92)慶長遣欧使節の遂行にあたっては、これまで浦賀貿易を運営してきた向井父子・アダムス・ソテロが、きわめて重要な役割を担っていたのである。すでに松田毅一氏が指摘しているように、遣欧使節とは、伊達氏が単独で遂行しうる事業ではない。(93)基本的には、浦賀貿易の延長線上にある事業として実現したと理解すべきである。

さて、向井忠勝の協力で建造されたサン＝ファン＝バウティスタ号は、太平洋を越えてメキシコに到達し、支倉長経やソテロはさらに大西洋を渡り、スペインやローマを歴訪した。この間にメキシコ副王は、ビベロ送還時に家康・秀忠がフェリペ三世に音信を贈った答礼として、フランシスコ会士ディエゴ＝デ＝サンタ＝カタリーナを中心に使節団を編成し、バウティスタ号に乗船させて日本へ派遣している。なお、バウティスタ号のカピタンには、ペドロ＝ロペスが起用された。(94)この使節団が日本に到着したのは、元和元年七月のことであり、浦賀に入港して徳川家康（大坂夏陣後の政務のために同月まで在京）との会見を望んだ。遣欧使節を派遣したのは伊達氏だが、メキシコ側は依然として徳川将軍家との交渉を継続し、伊達氏を交渉相手とは認識していなかったことになる。伊達政宗の遣使は、徳川権力が浦賀貿易のために進めてきたスペイン（メキシコ副王・ルソン総督）との交渉に便乗することで、はじめて可能となったのである。

ところで、浦賀に入ったバウティスタ号の「加飛丹」が徳川家康への「御礼」を申請したところ、家康は「御仕合」の態度を示し、本多正純（家康重臣）などは向井忠勝に対し、家康の帰着後に「加飛丹」を駿府へ出頭させるよう指示した(95)。この段階においても、家康はスペイン船の浦賀入港を歓迎していたのである。但し、家康が駿府出頭を許可したのは、「加飛丹」（ペドロ＝ロペス）であって、カタリーナとの会見には容易に応じなかった。結局、家康は使節団を江戸に出府させて会見したが、交渉には応じず、最低限の贈物のみ受領したうえで、速やかな帰国を命じた。当時は江戸で投獄中であり、使節団とともにメキシコに送還されたフランシスコ会士ディエゴ＝デ＝サン＝フランシスコは、「使節団は全部が将軍の嫌う修道士よりなっていた」ことによる対応と推測したが(96)、概ね妥当な見解であろう。

それでは、家康は何故にスペイン船の浦賀来航を歓迎したのかが問題となる。浦賀で折衝にあたったアダムスがイングランド商館に提供した情報によると、バウティスタ号は大量の羅紗を積載しており、廉価販売を試みたとされる(97)。おそらく、家康の関心は、メキシコから輸入された羅紗にあり、それ故にカピタンとの会見にも応じたのであろう。

だが、家康はまもなくメキシコ通商も停止する意向を示している。アダムスによると、メキシコ側が貿易を目的とした日本人の来航を禁じ、以後は死刑に処すと布告した報復として、家康もカタリーナ使節団に国外退去を命じ、日本人のメキシコ渡航を禁じたという(98)。徳川権力の貿易政策は、海外に渡航する日本人の安全保障と渡航地における法秩序の順守を軸としていた(99)。東南アジア諸国と違い、メキシコにおける渡航日本人の安全を確保できない以上、メキシコとの交渉は継続不可能だったのである。そして、ルソン船に続き、メキシコ船の入港も途絶えたために、浦賀貿易は完全に破綻することになった。

但し、浦賀貿易の破綻を政治的文脈のみから理解すべきでもない。すでに慶長十九年の段階で、対スペイン交易に携わってきた江戸商人（三雲屋など）は、「イスパニヤ羅紗は一間三〇〇匁する時に非ずば最早需要なし。而して二百五十匁に下落しては、誰も買入るゝを欲せず」という認識を示していた(100)。羅紗を高額で販売することは困難であり、さらに価格が下落するならば、羅紗の取引を停止するという意思表示である。メキシコから輸入される羅紗は、ルソン島から輸入される生糸の代替となりえず、浦賀貿易は経済的に行き詰まっていたのである。ルソン総督府の交易停止措置によって、浦賀貿易の命脈はすでに絶たれていたとも換言できる。

このように、ルソン船の来航停止、徳川権力の禁教路線の相乗により、スペインとの貿易が破綻に向かう中で、アダムスはイングランド船の浦賀入港を企図している。一六一三年一月十二日付で、在バンタムの知人アウグスティン＝スポルディングに宛てた書簡にて、アダムスはイングランド船を関東へ派遣するよう勧めたのである(101)。これは岡本大八事件から数ヶ月後の書簡であり、ルソン船の来航停止に続き、浦賀貿易の維持がさらに困難となったことを前提とした提案とみられる。つまりは、浦賀における国際交易を継続させることで、権益の維持をはかった行動である。ところが、慶長十八年にイングランドはオランダに続いて日本市場に参入したものの、オランダと同じく、浦賀ではなく肥前国平戸に商館を設置しており、アダムスの希望は実現しなかった。

但し、イングランド商館・オランダ商館の活動が、三浦半島とまったく無関係だったわけではない。次項で述べる元和二年八月八日令（交易地制限）が発令されるまで、イングランド商館は三崎で定宿を確保しており、その「女主人」の娘はオランダ人の妻となっていた(102)。イングランド商館・オランダ商館は、商品を江戸市場に搬入するうえで海路も用いており(103)、三崎などはその中継拠点として機能していたものと推察される。

## 3　浦賀貿易の終焉

慶長二十年(一六一五)に豊臣氏が滅亡する前後より、徳川権力では、大御所家康から将軍秀忠への権力移譲が進行していたが、同年のカタリーナ使節団への対応を鑑みるに、対スペイン外交については、家康が依然として主導権を掌握していたと考えられる。しかし、メキシコとの通商構想が頓挫すると、家康は十一月二十九日に伊豆国三島で隠居することを宣言し(104)、翌年四月十七日に駿府城内で死去した。これによって、将軍秀忠の親政が始まり、対スペイン外交も秀忠のもとに一元化された。

そして、この秀忠親政体制は、同年八月八日付で、ヨーロッパ人の入港と商取引を長崎・平戸に限定した(105)。すでに浦賀貿易は、対ルソン・対メキシコとも停止していたが、元和二年(一六一六)八月八日令の結果、スペイン船の入港が再開する可能性も否定された。また、イングランド・オランダも江戸から商館員を撤収させられ(106)、三浦半島が江戸市場への中継拠点として活用されることもなくなった。元和二年八月八日令によって、浦賀は国際交易港としての性格を完全に喪失したのである。さらに同年には、下田奉行所が開設されており(107)、浦賀貿易を推進した家康と比較して、秀忠は関東近海の防衛網強化を重視していた模様である。

ところで、一六一六年とは、ルソン総督ファン＝デ＝シルバが、ポルトガル勢力とも連携して、ジャワ遠征(対オランダ戦争)を発動させた時期にもあたる。この作戦を支援すべく、同年にメキシコからルソン島に「軍兵を満載」した軍船二艘が派遣され、嵐によって薩摩国に漂着する事件も起きており、江戸出府中のイングランド商館長コックスは、スペイン船の目的について、家康の死去に乗じた反乱の煽動と讒言した(108)。秀忠とその周辺が、コックスの讒言をどれほど信用したかはともかく、家康死後のやや不安定な時期にあって、スペインの軍事行動の余波が日本に及んだことは、秀忠の外交姿勢をより硬化させる一因になったと考えられる。また、ほぼ同時期にコックスが向井忠勝にマニラ征服案を提示すると、忠勝は秀忠への言上を請け合った(109)。これまで対スペイン貿易に携わり、利権を享受してきた忠勝ですら、浦賀貿易の停止とともに、ルソン島を軍事作戦の対象としても認識するようになったのである。

この後、秀忠は寛永二年(一六二五)までにスペインとの外交・貿易を全面停止させ、同年に船手頭石川政次の知行地を安房国館山に配置するなど、関東近海の海上軍事体制をさらに整備していく(110)。当時のルソン総督ファン＝ニニョ＝デ＝タヴォラは、こうした状況を「陛下と教会の名のもとに彼らに戦争を仕掛ける理由は十分である」と断じた(111)。寛永四年には、スペイン艦隊がアユタヤで日本の朱印船を焼打ちする事件まで起きている。さらに日本側でも、松倉重政(肥前島原城主)がマニラ遠征を立案するなど、秀忠晩年の対外関係は危機的な状況に陥っていた。秀忠死後の家光親政体制は、その克服を課題の一つにしたと考えられる。

## おわりに

慶長年間の浦賀貿易は、十六世紀後半に成立したスペイン領ルソン島と密接な関係にあった。まずルソン島の首府マニラでは、メキシコ銀・中国製品などの取引市場が形成され、さらにルソン島のスペイン人は、銀増幅や軍需物資確保の手段として、対日交易も拡大させていた。その一方で、日本国内においては、慶長五年(一六〇〇)前後から豊臣氏から徳川氏への政権交代が進行し、徳川氏はスペイン船を浦賀に招致して、繊維製品の輸入拡大を図った。太田牛一が論じたように、繊維製品の大量流入は、政権の正当性を補強する実績となりえたのである。

浦賀に入港したスペイン船舶は、慶長十一年のテーリョ船、慶長十二年のドノソ船、慶長十三年・同十四年のモリナ船、慶長十六年のビスカイノ船、元和元年（一六一五）のロペス船の合計六隻である。また、前期（慶長十一年〜同十四年）のルソン船は中国製シルク、後期（慶長十六年・元和元年）のメキシコ船はヨーロッパ製毛織物を輸入した。

日本側でこの浦賀貿易を運営したのは、①三浦半島の海上軍事を管轄する向井政綱・忠勝、②貿易実務に長けたウィリアム＝アダムス、③東国布教を進めるフランシスコ会士（とくにソテロ）であり、徳川家康の信認を得つつ、向井父子を中心に提携関係を形成した。

しかし、慶長十四年にオランダ人が日本市場に参入すると、ルソン総督府はこれを日蘭同盟の成立と判断し、経済制裁（マニラ―浦賀航路の閉鎖）を実行した。代わってメキシコとの交易構想が浮上し、伊達政宗はこれに便乗して遣欧使節を派遣したが、慶長十七年以降、徳川権力は禁教路線に傾斜していき、浦賀貿易継続の意欲を減退させていった。不信の連鎖が、浦賀貿易を頓挫に向かわせたとも評価できる。

さらに大御所家康が死去すると、将軍秀忠は元和二年八月八日令でヨーロッパ船の入港を長崎・平戸に限定し、浦賀貿易を完全に停止させた。以後、徳川権力は関東周辺の海上軍事体制を整備するとともに、イベリア両国（スペイン・ポルトガル）との外交・貿易を断絶させ、やがて「鎖国」（対イベリア両国警戒体制）を構築したのである。

なお、鈴木かほる氏も指摘するように、徳川権力が積極的に浦賀へ招致したのはスペイン船のみであり、ヨーロッパ諸勢力でも、とくにスペインとの交渉が重視されたことを窺わせる。明帝国との通商交渉が進展しない状況にあって、中国製品を入手しうるスペイン領ルソン島との交易は、きわめて重要な課題だったのである。家康とアダムスの信頼関係、あるいは後年のオランダ商館の隆盛、大英帝国の覇権から、家康時代におけるイングランド・オランダ両商館の存在を過大評価すべきではない。

また、近年の国際関係史では、的場節子氏・伊川健二氏・清水有子氏などによって、「鎖国」以前の対外交流におけるルソン島の存在の大きさが強調されており、[112] 本章の内容もこうした研究動向に合致したものであると考えている。さらに同時期の徳川権力をめぐる政治情勢や、長崎貿易・キリスト教信仰などと関連付けることで、浦賀貿易の実態・意義はより鮮明になるだろうと想定されるが、今後の課題として確認し、本章の締め括りとしたい。

註

(1) 鈴木かほる「鎖国形成期における貿易港浦賀の位置①②」(『三浦半島の古文化』第二・三号、一九九二・一九九三年)、同「徳川家康の浦賀開港とその意図」(『神奈川地域史研究』第一二号、一九九四年)、同『徳川家康のスペイン外交』(新人物往来社、二〇一〇年)。

(2) 岡田章雄『三浦按針』(思文閣出版、一九八四年)、P=G=ロジャーズ著/幸田礼雅訳『日本に来た最初のイギリス人』(新評論、一九九三年)など。

(3) ファン=ヒル著/平山篤子訳『イダルゴとサムライ』(法政大学出版局、二〇〇〇年)。

(4) 清水有子『近世日本とルソン』(東京堂出版、二〇一二年)。

(5) 上田信『海と帝国』(講談社、二〇〇五)、平山篤子『スペイン帝国と中華帝国の邂逅』(法政大学出版局、二〇一二年)などを参考とした。

(6) 佐久間正訳「西班牙古文書　日本二十六聖人殉教録(ジェロニモ・デ・ジェズス書翰竝びに報告)」(『横浜市立大学紀要A人文科学』第二六号、一九五四年)。

(7) 『フィリピン諸島誌』(岩波書店)第六章。

(8) 「イエズス会文書館所蔵文書」一五九九年十月二十二日付・アレッサンドロ=ヴァリニャーノ書状(清水有子『近世日

本とルソン』)。

(9) 『異国日記』(東京美術)慶長七年八月付・徳川家康書状写(一七九頁)。

(10) 『フィリピン諸島誌』第六章。

(11) 湯山学「後北条氏と唐人・唐船―小田原唐人町と三崎湊―」(同『三浦氏・北条氏の研究』岩田書院、二〇〇九年)。

(12) 関東大名としての徳川氏は、北条氏を打倒した豊臣政権によって移封された存在であって、進駐軍としての性格が濃厚であった。この状況から、徳川氏が旧北条氏領国で公権力として受容されるには、相応の治績が不可欠となる。その一つとして、北条氏時代を上回る対外交易の隆盛を現出させようとしたとも理解できる。

(13) 平山註(5)前掲書。

(14) 註(8)前掲。以下の浦井宗普・ロドリゲス・加藤清正に関する記述も、同文書に依拠したものである。

(15) 秀吉死後の政争については、下記の研究を参考にした。笠谷和比古『関ヶ原合戦』(講談社選書メチエ、一九九四年)、同『関ヶ原合戦と近世の国制』(思文閣出版、二〇〇〇年)、宮本義己「徳川家康の豊臣政権運営―「秀吉遺言覚書」体制の分析を通じて―」(『大日光』第七四号、二〇〇四年)、光成準治「関ヶ原前夜における権力闘争」(『日本歴史』第七〇七号、二〇〇七年)、同『関ヶ原前夜』(NHKブックス、二〇〇九年)、石畑匡基「秀吉死後の政局と大谷吉継の豊臣政権復帰」(『日本歴史』第七七二号、二〇一二年)など。

(16) 豊臣家奉行人の増田長盛・大谷吉継は、家康の豊臣政権運営に協力しながら、関ヶ原合戦では石田三成に同調して反家康派となった。家康の支持勢力とは、状況次第で家康の排斥に転じる存在も包含していたのである。

(17) 『太閤さま軍記のうち』(『太閤史料集』人物往来社)一四九頁。

(18) 『フィリピン諸島誌』第七章。

(19) 佐久間正訳「一六〇七年のムニョス報告書」(『キリシタン研究』第一一輯、一九六六年)。
(20) 『当代記』慶長十一年七月条。
(21) 奈良静馬『西班牙古文書を通じて見たる日本と比律賓』(大日本雄弁会講談社、一九四二年)一七五頁。奈良氏は必要に応じて参考とした古文書・文献などを注記しているが、アダムスのスペイン船廻航については、こうした措置がなされていない。
(22) 註(19)前掲。
(23) マイケル＝クーパー著／松本たま訳『通辞ロドリゲス』(原書房、一九九一年)。
(24) 「東洋関係ポルトガル文書集」一六〇七年付・ゴア市書簡(高瀬弘一郎訳註『大航海時代の日本』八木書店)。
(25) 『イダルゴとサムライ』一〇四〜一〇八、一三六〜一四〇頁。
(26) ファン＝ヒル氏は、ルソン総督府は一六〇六年まで意図的に交易船を浦賀に入港させず、同年からはじめてドノソに浦賀渡航を命じたと論じている。しかし、そのドノソも同年の浦賀渡航には成功していない。むしろ、テーリョの偶発的成功から得られた情報が、翌年以降にマニラ—浦賀航路を安定させたと理解した方が妥当である。
(27) 「御制法」慶長十三年七月付・徳川秀忠年寄定書(中村孝也『新訂徳川家康文書の研究』日本学術振興会、下巻之一・五三七頁)。
(28) 『異国日記』慶長十三年七月十四日条。
(29) 『異国日記』慶長十三年八月六日付・徳川家康朱印状案。
(30) 寛永二十一年十二月十五日付・西宗真答弁書(中村孝也『新訂徳川家康文書の研究』下巻之一・五一四頁)。
(31) 「本受寺文書」慶長十三年孟秋日付・徳川家康朱印状写(中村孝也『新訂徳川家康文書の研究』下巻之一・五三六頁)。

(32)『異国日記』慶長十四年七月七日条。
(33) 註(30)前掲。
(34) 西ルイスの供述(註(30)前掲文書)は、慶長十三年のルソン渡海時期を「秋」とのみ記し、帰国時期も明記はしていない。しかし、『異国日記』の記事(註(32)前掲)から、渡航の事実そのものは是認できる。
(35) 金井圓訳「ニコラース・ポイクの駿府旅行記」(『日本歴史』第四三六号、一九八四年)。
(36) 註(19)(20)前掲。
(37)「インディアス総合文書館所蔵ルソン総督府日本関係文書」一六一〇年七月十六日付・ファン＝デ＝シルバ書簡(清水有子『近世日本とルソン』)。
(38)『イダルゴとサムライ』一〇一・一〇四頁。
(39)「インディアス総合文書館所蔵ルソン総督府日本関係文書」一六〇四年七月十五日付・ペドロ＝ブラヴォ＝デ＝アクニャ書簡(清水有子『近世日本とルソン』)。
(40) 家康側近の崇伝は、スペインのルソン島支配について、「唐」の属地を奪取して軍事拠点化したという認識を示している(『異国日記』三頁)。家康周辺にあっては、ルソン島との交易を望む一方で、スペインについて国際秩序を乱す勢力とする評価も存在したことになる。
(41)「ビスカイノ旅行航海報告書」第三章一一・第四章一(『イダルゴとサムライ』)。
(42)「清和源氏向系図」(元和元年)八月六日付・徳川家康年寄奉書写(『徳水』一五一号)、「譜牒餘録」(元和元年)八月十一日付・徳川家康年寄奉書写(『徳水』一五二号)。
(43) 藤野保『新訂幕藩体制史の研究』(吉川弘文館、一九七五年)。

(44)『慶元イギリス書翰』(駿南社)一六一五年十月十三日付・リチャード＝ウィッカム書簡。
(45)『イギリス商館長日記』一六一六年九月四日条。
(46)『セーリス日本渡航記』(雄松堂)一六一三年九月二十一日条。
(47)同右。
(48)『慶元イギリス書翰』一六一一年十月二十三日付・ウィリアム＝アダムス書簡。
(49)「カタリーナ使節行報告書」一二三(『イダルゴとサムライ』)。
(50)註(48)前掲。
(51)『慶元イギリス書翰』一六一四年七月二十日付・リチャード＝ウィッカム書簡、『イギリス商館長日記』一六一六年九月四日条。
(52)『慶元イギリス書翰』一六一四年七月二三日付・リチャード＝ウィッカム書簡。
(53)『慶元イギリス書翰』一六一四年五月十二日付・リチャード＝コックス書簡。
(54)『慶元イギリス書翰』一六一三年十二月五日付・ジョン＝セーリス書簡。
(55)『イギリス商館長日記』一六二三年二月十九日条。
(56)『イギリス商館長日記』一六二一年五月十九日条。
(57)『慶元イギリス書翰』一六一四年五月二十五日付・リチャード＝ウィッカム書簡。
(58)『イギリス商館長日記』一六一六年九月二十日条・同二十一日条。イングランド商館長コックスは、向井政綱・忠勝父子について、アダムスや商館の「友人」と評価しており(一六一六年九月十九日条・同二十八日条)、三雲屋との契約も、向井父子の紹介であった可能性が想定される。

(59)「日本殉教の報告書」第二章(佐久間正訳『ディエゴ＝デ＝サンフランシスコ報告・書簡集』キリシタン文化研究会)。
(60)「カルヴァーリョ弁駁書」二二八(『イエズス会と日本』岩波書店)。
(61)「カタリーナ使節行報告書」五(『イダルゴとサムライ』)。
(62)長崎貿易においては、イエズス会士ロドリゲスが、家康から「通商代理人」に指名され、絹の価格設定などをめぐり、ポルトガル商人と日本商人の交渉を仲介していたとされる(註(23)前掲書)。浦賀貿易では、アダムスやフランシスコ会士などが、「通商代理人」としての役割を担ったと理解すべきであろう。
(63)元和二年(一六一六)、向井忠勝はメキシコに送還予定のディエゴ＝デ＝サン＝フランシスコを招き、ソテロを尊敬しており、一子を託して洗礼を受けさせたと語っている(「日本殉教の報告書」第八章)。また、ソテロは支倉長経に随行してスペインに一時帰国すると、一六一四年十月一日付・フェリペ三世宛て書簡で、禁教後も向井忠勝から徳川将軍家とイングランド使節の交渉について情報を提供されたと報告している(「シマンカス文書館所蔵文書」『仙台市史　特別編8慶長遣欧使節』)。
(64)「イエズス会文書館所蔵文書」一六一三年一月四日付・ペドロ＝モレホン書簡(『イエズス会と日本』)。
(65)『異国日記』慶長十三年五月二十七日付・ロドリコ＝ビベロ書簡写(四頁)。同文書は将軍徳川秀忠に確認させるために作成された訳文であり、原文の正確な内容は不詳だが、翻訳の過程で、カピタンの位置付けに極端な相違が生じたとは考え難い。少なくとも、徳川方はカピタンをルソン総督の「代官」として認識していたことになる。
(66)註(37)前掲。
(67)『海槎録』(『海行摠載第二』朝鮮古書刊行会)万暦三十五年(慶長十二年)六月十九日条。
(68)註(37)前掲。

(69)『駿府記』慶長十六年九月十五日条。
(70)「インディアス総合文書館所蔵ルソン総督府日本関係文書」一六一二年七月二十日付・ファン＝デ＝シルバ書簡（清水有子『近世日本とルソン』）。
(71) シルバの動向については、『イダルゴとサムライ』を参照のこと。
(72)「インディアス総合文書館所蔵ルソン総督府日本関係文書」一六一一年八月二十日付・ファン＝デ＝シルバ書簡（清水有子『近世日本とルソン』）。「ビベロ第一報告書」四〇（『イダルゴとサムライ』）は、使節派遣を家康の提案としつつも、ビベロが使節としてフランシスコ会士アロンソ＝ムニョスを指名したことは認めている。
(73)『フィリピン諸島誌』第六章。
(74)「ビベロ第一報告書」二二・三八（『イダルゴとサムライ』）。
(75)「ビベロ第一報告書」四〇（『イダルゴとサムライ』）。「ビベロ第二報告書」一一は、家康から二年後のオランダ人追放を約束されたと記しているが、これはメキシコ帰着後に展開した対日交易論を正当化するための虚偽報告だろう。
(76)「ビベロ第一報告書」四四〜四六（『イダルゴとサムライ』）。
(77)「ビベロ第二報告書」一（『イダルゴとサムライ』）。
(78)「イエズス会文書館所蔵文書」一六一〇年三月五日付・ルイス＝セルケイラ書簡（『イエズス会と日本』）。
(79)『異国往復書翰集』慶長十四年十二月二十八日付・徳川家康書状。
(80)『駿府記』慶長十六年九月二十二日条。
(81)「ビスカイノ旅行航海報告書」第六章一一・第九章一（『イダルゴとサムライ』）。
(82) 本章付論を参照のこと。

(83)「一六一二年度日本報告」（『イエズス会日本報告集』同朋舎）。
(84)「シマンカス文書館所蔵文書」一六一四年十月一日付・ルイス＝ソテロ書簡（『仙台市史　特別編8慶長遣欧使節』）。
(85)一六一二年十一月十五日付・セルケイラ書簡（『仙台市史　特別編8慶長遣欧使節』）、「ビスカイノ旅行航海報告書」第一一章六（『イダルゴとサムライ』）。
(86)「ビスカイノ旅行航海報告書」第一一章三～五（『イダルゴとサムライ』）。
(87)「政宗君記録引証記」（慶長十八年）三月十日付・伊達政宗書状写（『仙台市史資料編　伊達政宗文書』）。
(88)「政宗君記録引証記」（慶長十八年）卯月一日・伊達政宗書状写（『仙台市史資料編　伊達政宗文書』）。
(89)「政宗君記録引証記」慶長十八年八月一日条（『仙台市史　特別編8慶長遣欧使節』）。
(90)『イギリス商館長日記』一六一七年三月二十八日条。
(91)『イギリス商館長日記』一六一七年七月二十四日条。
(92)ロレンソ＝ペレス著／野間一正訳『ベアト＝ルイス＝ソテーロ伝』（東海大学出版会、一九六八年）など。
(93)松田毅一『慶長遣欧使節』（朝文社、一九九二年）。
(94)『イダルゴとサムライ』四五七頁。
(95)註(42)前掲。
(96)「日本殉教の報告書」第七章。
(97)『慶元イギリス書翰』一六一五年十二月二十日付・リチャード＝コックス書簡。
(98)『慶元イギリス書翰』一六一五年十二月六日付・リチャード＝コックス書簡。
(99)武田万里子『鎖国と国境の成立』（同成社、二〇〇五年）。

(100) 註(57)前掲。
(101) 『慶元イギリス書翰』一六一三年一月十二日付・ウィリアム＝アダムス書簡。
(102) 『イギリス商館長日記』一六一六年九月二十九日条。
(103) 『慶元イギリス書翰』一六一四年四月二十六日付・リチャード＝ウィッカム書簡など。
(104) 『駿府記』元和元年十一月二十九日条。
(105) 『島津家文書』(東京大学史料編纂所)(元和二年)八月八日付・徳川秀忠年寄奉書。
(106) 「大英博物館所蔵文書」一六一七年一月一日付・リチャード＝コックス書簡(皆川三郎『エリザベス朝日英文献と言語』篠崎書店)。
(107) 本書第九章を参照のこと。
(108) 註(106)前掲。
(109) 同右。
(110) 本書第九章を参照のこと。
(111) 「インディアス総合文書館所蔵ルソン総督府日本関係文書」一六一八年八月四日付・ファン＝ニニョ＝デ＝タヴォラ書状(清水有子『近世日本とルソン』)。
(112) 的場節子『ジパングと日本』(吉川弘文館、二〇〇七年)、伊川健二『大航海時代の東アジア』(吉川弘文館、二〇〇七年)、清水註(4)前掲著書。

# 付論　岡本大八事件試論

## はじめに

慶長十七年(一六一二)の岡本大八事件は、肥前有馬氏の旧領回復運動を発端とする政治事件であり、①徳川将軍家によるキリスト教弾圧の端緒として知られ、また②将軍家内部における権力闘争の一例と評価されることもある。とくに②権力闘争説は、慶長十八年の大久保長安事件や、その翌年の大久保忠隣事件と関連付けて論じられることが多い。具体的には、慶長年間の徳川将軍家では、本多正信・正純父子と大久保忠隣・長安の対立が進行しており、本多正純与力の岡本大八[1]が肥前有馬氏から贈賄を詐取するという不祥事を起こし、大久保長安が事件を審理したため、一時は大久保派が優位に立ったものの、長安の死後、その不正発覚を奇貨として本多派が反撃し、やがて大久保忠隣をも改易に追い込んだという議論である。

しかし、慶長年間の将軍家内部に本多派・大久保派の権力闘争が存在したとする説とは、元来、徳富蘇峰が『近世日本国民史』で提示した理解であったこと、そして蘇峰の権力闘争説が多分に結論先行であって、史料的裏付けを欠くことに留意すべきである[2]。戦後の研究史においても、藤野保氏・北島正元氏・五野井隆史氏などが権力闘争説を展開し、近年では藤田達生氏・本多隆成氏がこれを継承しているものの[3]、各氏が徳富説を意識したか否かに拘わらず、未だ『近世日本国民史』以来の問題点は解決されていない。こうした研究状況については、煎本増夫氏が「大久保長安事件と忠隣改易の関係についての事実が論証されていない」という批判を投げかけている。[4] 煎本氏は岡本大八事件を検証の対象にはしていないが、大八事件と長安事件・忠隣事件の関連付けにも、「事実が論証されていない」との批判は該当するだろう。

また、①の禁教端緒説については、宗教史の範疇でもあるが、正面から岡本大八事件を検証した論考は少なく、事件と禁教の相関性は十分に説明されていなかった。そうした中にあって、清水紘一氏の論考は注目すべき成果である。[5] 同氏は肥前鍋島氏の関係文書を分析することで、キリスト教に入信していた有馬晴信・岡本大八の策動が、徳川将軍家の領知宛行原則（封建的主従関係の根幹）と抵触し、将軍家にキリスト教の反「君臣忠義」性を認識させたという見通しを提示している。『近世日本国民史』以来の権力闘争説よりは首肯できる見解ながら、それでも有馬晴信・岡本大八の不祥事が、何故にキリスト教の禁令に直結したのかという疑問が残る。また、事件からキリスト教の反「君臣忠義」性を見出そうとする姿勢は、禁教を封建制と信仰の矛盾から理解する議論に規定された印象が強い。[6]

このように、岡本大八事件をめぐる所説は、論者の予断が優先される傾向にあり、精緻な検証作業を経た議論がなされていない。本論では、当該事件の経過を整理することで、その構造を解明するとともに、事件が禁教の発端となった要因も考察することにしたい。

## 一　事件の発端と発覚に至る経緯

岡本大八事件の前提となったのは、慶長十四年（一六〇九）にポルトガル船（ノッサ＝セニョーラ＝ダ＝グラサ号〈マドレ＝デ＝デウス号〉）が長崎港内で撃沈された事件である。この事件は、前年に有馬晴信（肥前日野江城主）の朱印船がマカオでポルトガル人と紛争を起こして死傷者を出したため、渡海朱印状を発給した大御所徳川家康の意向により、晴信と長谷川藤広（長崎奉行）が、報復としてポルトガル船を襲撃したものであった(7)。

これを契機として、有馬晴信は旧領回復運動に着手することになった。戦国期の肥前有馬氏は、肥前龍造寺氏に圧倒されて諫早などの所領を喪失していた。龍造寺氏本宗家が断絶した後も、その領国は重臣の鍋島氏に継承されており、有馬晴信はポルトガル船撃沈の功績によって、徳川将軍家から旧領回復の裁定を引き出そうと望んだのである。

有馬晴信の旧領回復運動について、『駿府記』は以下のように説明する(8)。①岡本大八（本多正純与力）が有馬晴信を詐欺にかけ、ポルトガル船爆沈の褒賞として旧領を加増するという大御所家康の朱印状を偽造し、晴信から賄賂を取得した。②さらに将軍秀忠からも旧領回復の下知があるため、秀忠重臣に謝礼を贈るべきとして「白銀六百枚」を詐取し、私的な商売に流用した。つまり、大八の詐欺を事件の発端とする筋立てであり、先行研究もこの『駿府記』の記述に依拠して議論をおこなっている。

しかし、「一六一一年度イエズス会日本年報」では、事件の経緯について、『駿府記』との間に少なからぬ相違が確認される(9)。同年報では、①有馬晴信が岡本大八に旧領回復運動を依頼し、②大八は運動の進捗状況に関して虚偽報告をなした、と説明している。「日本年報」の同時代性を考慮すれば、軽視しうる相違ではないだろう。少なくとも、事件直後におけるイエズス会の認識として留意すべきである。

この政治工作が露見したのは、慶長十七年（一六一二）正月のことであった。圓光寺元佶（家康側近の禅僧）が鍋島勝茂（肥前佐賀城主）に報知したところによると、正月六日には、本多正純が駿府城内で元佶に対し、有馬晴信・岡本大八の謀議について釈明している(10)。なお、元佶は正純の態度を鍋島氏にとって「頼母敷御事候」と評価しており、正純は工作に関与しておらず、あくまで岡本大八の暴走であると理解した模様である。

ところで、元佶は肥前国小城郡の出身であって、鍋島氏とは昵懇の間柄にあったことから、家康側近にあって、しばしば鍋島氏のために肝煎りした人物であった（雪岩三岳寺由緒書）。[11]つまり、正純は事態収拾にあたり、まず元佶を介して鍋島氏の好意を得ようとしたことになる。この段階で、岡本大八を媒介として将軍家から旧領回復の裁定を引き出そうとする有馬晴信の目論見は完全に潰えていたのでる。

有馬晴信の旧領回復運動が露見した経緯について、『駿府記』では、数年経っても旧領回復が実現せず、不審に思った晴信が、本多正純に問い合わせて事件化したと記録されている。だが、相対的にみて同時代性の強い「一六一二年度イエズス会日本年報」は、晴信の失脚を画策した嫡子直純が、晴信よりも先行して駿府に出頭し、本多正純に旧領回復運動を告発したと説明する。すなわち、晴信・直純父子の内訌が、事件を露見させたという構図である。

有馬直純は慶長十七年正月一日に年頭の礼として駿府城に出仕しており、少なくとも慶長十六年十二月末には駿府に参着していたはずである。[12]さらに「一六一二年度イエズス会日本年報」の説明は、本多正純が慶長十七年正月六日には旧領回復運動の概要を把握していた事実とも符合する。本多正純に与力岡本大八の不祥事を知らせたのは、未だ在国中の有馬晴信ではなく、先行して駿府に出頭した直純であろう。

そこで問題となるのは、有馬直純が晴信排斥を意図した前提である。そもそも、晴信は旧領回復運動を進めるにあたり、ポルトガル船爆沈の戦功に加え、直純正室が家康曾孫（本多忠政長女。忠政正室は松平信康〈家康長男〉の次女）にあたるという徳川将軍家との姻戚関係を恃みにしたとされる。[13]しかし、将軍家との姻戚関係については、鍋島勝茂も家康養女（岡部長盛長女）を正室としており、その勝茂正室は阿茶局（家康側室）の養女でもあった。[14]阿茶局はその才覚から家康に厚く信認され、駿府城の奥向を統括した実力者であり、[15]養女の婚家たる鍋島氏とは昵懇の間柄にあった。[16]晴信の旧領回復運動は、鍋島氏の領国支配を侵害するものであり、阿茶局への敵対とほぼ同義になりうる行為だったのである。おそらく、有馬晴信は「駿府政権」（大御所家康が駿府で運営する政治体制）の内情を十分に理解しておらず、旧領回復運動が孕む危険性に無自覚であったのだろう。

これに対し、直純は婚姻成立後に正室を通じて阿茶局の実力と鍋島氏との関係を知るに及び、旧領回復運動の危険性を理解し、本多正純に旧領回復運動を通報して、有馬氏の存続をはかったのではないだろうか。ペドロ＝モレホン（イエズス会士）の『日本殉教録』は、直純の晴信排斥について、正室の讒言によるものと断定しているが[17]、これは婚姻成立を契機として、直純が事態を理解したことを前提とした記事と考えられる。

## 二　事件の審理と決着

すでに清水紘一氏が指摘しているように、本多正純は事態を収拾するにあたり、正月二十二日に藤堂高虎（伊勢津城主）と談合した。高虎も元佶と同じく家康の政治顧問格であって、正純はその助言を得ようとしたのであろう。

〔史料1〕（慶長十七年）正月二十三日付・元佶書状写（『勝茂公譜考補』三乾「岡本太八奸謀」所収）

②藤泉《藤堂高虎》州昨夕下着の由ニて状給候間、左兵衛殿《長谷川藤広》遂相談候、三州《吉良》きらへ藤泉《藤堂高虎》被参候て、早貴様事御取合申候由懇ニ被申候、扨々奇特成事共ニ候、上州《本多正純》もきら《吉良》より近日還御の由申来候、①昨夜本上《本多正純》、藤泉《藤堂高虎》へ被参候て岡本大八曲事を被致談合候処、藤泉《藤堂高虎》被申候ハ、兎角大八事腹をきらセ候て尤の由ニ候、上州も合点の由に候、乍去本上州《本多正純》前如何候半哉と存候、大八事其儘ニて置候得ハ、謀反よりも大罪ニて候間、天下の法度ニ罷成間敷候由、堅拙老藤泉《藤堂高虎》へ申候、雖然大八上州《本多正純》目を懸られ候、其上大八親《岡本八郎右衛門》、佐州《本多正信》へ居申候間、命は相違有間敷と存候、万事御油断被成候ハハ悪事可致出来と存候、毎事口上被成御聞候儀肝要存候、恐惶謹言、

正月廿三日（慶長十七年）　円光寺（元佶）

鍋　加州様（鍋島直茂）

鍋　信州様（鍋島勝茂）

人々御中

傍線部①によると、本多正純は正月二十二日に藤堂高虎を訪ね、「岡本大八曲事」について談合しており、高虎は岡本大八の死罪を主張し、正純も同意していたことが判明する。なお、正月二十四日には、正純本人が鍋島直茂・勝茂父子に書状を送り、有馬晴信の旧領回復運動には関知していないと弁明している。[18] 高虎の助言で事件解決の筋道が見えたことから、正純自身も鍋島氏と直接連絡を持つことにしたのであろう。

さて、二月二十三日になると、大御所徳川家康の「御前」において、有馬晴信・岡本大八の対決が執行された。[19] この審理は、岡本大八の政治資金取得疑惑を対象としたものであり、大八は疑惑を否定できずに投獄された。同二十六日付の元佶書状（鍋島生三宛）には「西目（有馬晴信）致才覚候一儀、二三日以前立御耳候て、則岡本大八ヲ召籠候」[20] とあり、家康は事件を知らされた同日か数日のうちに、当該問題を親裁したことが判明する。事件発覚から審理まで、一ヶ月以上の期間を要したのは、首謀者である晴信の駿府出頭を待ったものと考えられる。また、審理が家康の「御前」で執行されたことにも留意しなければならない。

さらに三月十八日には、有馬晴信による長崎奉行長谷川藤広の暗殺未遂に関して、大久保長安屋敷で有馬晴信・岡本大八の対決が再びなされ、その結果として晴信も幽閉された。[21] また、三月二十一日に岡本大八が安部川原にて火刑に処されると、同日にキリスト教禁令が発令され、その名目として有馬晴信・岡本大八のキリスト教信仰が提示された。[22] 翌日には、有馬晴信も甲斐国に配流され、五月に処刑が執行された。[23] 有馬晴信・岡本大八の処断、そしてキリスト教の禁令によって、事件は一応の決着をみたのである。

有馬晴信切腹の罪因となった長谷川藤広暗殺未遂に関して、『駿府記』は岡本大八が獄中から告発して発覚したものとするが、(24)晴信が藤広暗殺を企図した理由は明らかにしていない。しかし、「一六一二年度イエズス会日本年報」によると、岡本大八は有馬晴信との交渉過程で、旧領回復運動の阻害者として長谷川藤広の名を挙げ、晴信から藤広排斥を依頼されていたという。(25)同年報は、これを大八の虚偽とするが、史料1傍線部②を確認すると、元佶が長谷川藤広とも連絡を取り合っていたことが判明する。元佶の認識では、長谷川藤広は有馬氏の旧領回復運動を処理するうえで提携すべき存在だったと考えられる。

慶長十四年のポルトガル船撃沈事件にて、有馬晴信・長谷川藤広は協同歩調をとったものの、藤広は貿易・信仰などをめぐってイエズス会と対立しており、キリスト教を信仰する晴信との関係はまもなく破綻したのであろう。つまり、晴信は藤広を政敵とみて打倒をはかり、元佶は事件解決のために藤広とも提携したという構図が想定される。

ところで、有馬氏の所領は、晴信幽閉と同日に嫡子直純に安堵された。さらに直純を所領に下向させるとともに、長谷川藤広も同行して有馬領に出張することになった。(26)直純は家督相続の条件としてキリスト教の禁圧を求められており、(27)長崎奉行の藤広は、直純の禁教履行を補佐・監察するために有馬領出向を命じられたのであろう。

また、有馬晴信の処分が配流にとどまらず、切腹に及んだ原因について、「一六一二年度イエズス会年報」は、有馬直純・長谷川藤広が共謀した結果と批判している。(28)有馬氏の旧領回復運動が、直純の告発で発覚したことを鑑みると、藤広暗殺未遂も、大八ではなく直純が告発した可能性が高い。それ故に有馬氏は改易を免れ、直純は棄教と引き替えに家督相続を許されたのではないだろうか。『駿府記』の記事は、有馬家中の内訌を糊塗する作為と考えられる。

なお、事件の処理について、いま一つ注目すべきは、将軍秀忠が審理前日（三月十七日）に江戸から駿府を訪問して、翌月十日まで逗留したことである。[29]有馬晴信は、この時期に長谷川藤広暗殺未遂の罪を問われて甲斐国に配流され、さらに秀忠から自害を命じられることになった。[30]慶長十六年四月十二日付で、大御所家康が西国大名に提出させた条書によると、諸大名は秀忠から発令された「御目録」の遵守を義務付けられており、[31]徳川将軍家と諸大名の主従関係は、将軍秀忠を軸とする体制に移行しようとしていた。こうした政治状況のもとで、有馬晴信の身上に関わる問題は、秀忠の同意無しでは審理・決定しえず、また秀忠も駿府逗留中に当該問題の処理を家康から委ねられ、江戸に帰還した後、その責任によって晴信の処刑を執行したのであろう。

さて、四月二日には、鍋島直茂・勝茂父子の使者として、多久安順が大御所家康に黄金などを献上した。[32]また、将軍秀忠にも召し出されて呉服や馬を拝領した。[33]これは有馬晴信の旧領回復運動が成就せず、「大八《岡本》之虚説」として処理されたことを謝しての派遣であった。多久安順は同十日に駿府を出立し、本多正信・同正純と藤堂高虎・元佶・阿茶局から祝儀の書状を託されたという。[34]正純・高虎・元佶の三人は、有馬氏の旧領回復運動が発覚して以来、事態収拾を主導した面々である。また、正信は正純の父親であり、多久安順のために「仕合能御馳走」をおこなった。阿茶局はこの四人とともに鍋島氏に祝意を表明したことになり、養女の婚家のために尽力していたことが窺い知れる。

## 三　禁教路線との関連性

前節で述べたように、慶長十七年(一六一二)三月二十一日に大御所徳川家康はキリスト教を禁令とする意向を示し、板倉勝重(京都所司代)に京都教会の破却を命じた。『駿府記』には「大八・修理傾此宗故、今及此義云々」とあり、岡本大八・有馬晴信のキリスト教信仰が禁教の名目とされている。[35]

有馬晴信と岡本大八が結託した理由については、日本側史料・イエズス会記録とも明らかにはしていない。そこで、事件当時に東国を中心に活動していたフランシスコ会士ルイス＝ソテロの「報告書」を確認すると、事件を審理する過程において、岡本大八の書類から「（イエズス会士の）多数の書簡が発見され、彼等の仲介により、取引きや領国の権利要求がなされた」という記事が見出される。[36]つまり、有馬晴信と岡本大八の交渉は、イエズス会士の周旋によって実現したという理解である。フランシスコ会は、日本布教をめぐってイエズス会と競合関係にあり、禁教の責任をイエズス会に集中させるための作為とも解せるが、ソテロは家康の外交顧問格でもあり、その報告には一定の信憑性を認めるべきである。少なくとも、家康とその周辺にて、イエズス会の動向に対する不信感が増大していたことが窺える報告ではある。

なお、ペドロ＝モレホン著『日本殉教録』は、事件の発端となった旧領回復運動について、岡本大八が有馬晴信に勧めたものと記録する。[37]先述したように、イエズス会の「一六一二年度日本年報」は、晴信側から大八に政治工作を依頼したと記しているが、モレホンは事件の責任を大八に帰し、むしろ晴信を被害者と位置付けようとしたことになる。『日本殉教録』は、日本追放後のモレホンによる著述であり、日本年報に比すると、同時代性を著しく欠き、かつ作為性が濃厚になっていると考えられる。しかしながら、その作為性によって、モレホンの意図を浮彫りにすることは可能であろう。ソテロの批判も勘案すると、『日本殉教録』の記事は、禁教に関するイエズス会士の責任を否定し、事件の発端を岡本大八の詐欺行為に求めたものではないだろうか。

また、こうした宣教師側の記録から、有馬晴信と岡本大八の結託について、イエズス会士の介在が疑われたこと、その疑惑により、徳川将軍家が禁教路線に傾斜したことも是認して大過無いだろう。慶長十七年のキリスト教禁令とは、信仰と封建制支配の矛盾という多分に抽象的な論理ではなく、現実政治への干渉を疑われた結果として発令されたものであったと考えられる。

元来、慶長年間の家康周辺には、ジョアン＝ロドリゲス（イエズス会士）やルイス＝ソテロ（フランシスコ会士）がしばしば出頭し、外交顧問格として遇されており、徳川将軍家と宣教師たちは、ある程度良好な関係を構築していた(38)。その一方で、家康の昵懇公家衆であった舟橋秀賢は、キリスト教（「無極之大道」）の布教を望むルソン総督の書簡について、「偏為傾我国歟如何」と論評したことがある(39)。また、家康のもとで外交文書の起草にあたった崇伝は、『異国日記』にて、ルソン島は本来「唐」に属した地であり、スペインが奪取したものと記している(40)。崇伝の認識では、キリスト教国スペインは東ユーラシアの国際秩序を乱す存在として位置付けられていたことになる。つまり、家康周辺においては、キリスト教に関する肯定的・否定的な認識が微妙な均衡を保っていたのであろう。そして、岡本大八事件は、この均衡を決定的に崩して、家康を禁教路線に傾斜させたと考えられる。

但し、こうした禁教の前提が、前面に押し出されることはなかった。

〔史料2〕（慶長十七年）三月二十一日付板倉勝重・本多正純書状写（『勝茂公譜考補』三乾「岡本太八奸謀」所収）

尚以其元相滞儀候ハヽ、長谷川左兵衛（藤広）殿御相談御尤候、以上、

態一書申入候、仍有馬修理大夫（晴信）、岡本大八と出入ニ付而、身上相果申候、然共跡式左衛門佐（有馬直純）ニ被下候、為領分仕置被罷下候、若家中之者及異儀族ハ、成敗可仕之旨被仰出候、自然左衛門佐（有馬直純）不及力も候ハ、可被致加勢旨御意候、委細ハ長谷川左兵衛（藤広）被仰付候、可被成其御心得候、恐々謹言、

（慶長十七年）三月廿一日　本多上野介

正純　判

板倉伊賀守

勝重　判

鍋島信濃守《勝茂》殿

傍線部によると、有馬晴信の没落は、旧領回復運動ではなく、「岡本大八と出入」によるものと説明されている。有馬氏の改易を回避して、直純に家督・所領を相続させるには、晴信・直純父子の対立や、まして晴信とイエズス会の通謀疑惑は公表できなかったのであろう。すなわち、事件を岡本大八の個人的詐欺と位置付ける『駿府記』の記述も、有馬氏を救済するための政治決着と考えられる。徳川将軍家との姻戚関係は、晴信の旧領回復運動を成就させなかったものの、有馬氏が辛うじて窮地を脱する一因とはなりえたことになる。

また、史料2は、有馬直純の「領分仕置」が家中の反発を招くことを懸念し、鍋島勝茂に対して、非常時には長谷川藤広と協議して出動するよう要請したものである。晴信のもとで、有馬氏の家中・領内にはキリスト教信仰が浸透しており、禁教とともに、有馬領が若年の直純には難治の地となる事態を想定したのであろう。直純が慶長十九年に移封され、松倉重政が元和二年(一六一六)から有馬領に入部する前提としても理解できる。

ところで、『当代記』は有馬晴信失脚に先立ち、小笠原権之丞・榊原加兵衛・原主水などの駿府におけるキリスト教信徒の改易記事を載せている。(42)また同時期には、女性信徒のジュリアも失脚して配流されることになった。(43)とくにジュリアは、小西行長が日本に連行した被虜朝鮮人として知られ、家康の「御殿」にて重用されたことから、イエズス会も家康周辺の枢機を知る情報源としていた。(44)

岡本大八事件を審理する過程で、イエズス会士の関与疑惑が浮上したことを考慮すると、家康周辺の判断では、小笠原権之丞・榊原加兵衛・原主水やジュリアなども、有馬晴信の旧領回復運動と無関係ではなく、その犯罪性によって、駿府のキリスト教信徒は禁教初期に摘発され、さらに処分も苛烈さを増したと理解することもできる。(45)

## おわりに

岡本大八事件とは、有馬晴信が龍造寺氏・鍋島氏との抗争で失った旧領の回復を望み、岡本大八（本多正純与力）に依頼して、「駿府政権」から有利な裁定を引き出そうと画策したことを発端とする。但し、晴信嫡子の直純は、旧領回復運動に批判的であり、これを本多正純に通報したため、有馬氏は晴信を処断され、キリスト教信仰の放棄を迫られながらも、直純のもとで存続を許されることになった。

さらに当該事件の審理を通じて、「駿府政権」はキリスト教への不信感を決定的に深め、その結果、禁教路線を明確に打ち出すことになった。つまり、岡本大八事件がキリスト教禁圧の端緒となったのは、①有馬晴信と岡本大八がキリスト教信仰を媒介として結び付き、政治工作をおこなったこと、②イエズス会や「駿府政権」のキリスト教人脈による政治工作への関与が疑われたことによると考えられる。

また、岡本大八の詐欺行為を事件の発端とする『駿府記』などの理解は、有馬晴信の責任を軽減して、有馬氏（家康曾孫の婚家）の改易を回避するための作為とみられる。さらに思惑は相違するものの、イエズス会にとっても、事件への関与を否定し、かつ日本布教の庇護者であった晴信を殉教者と位置付けるにあたり、事件の発端を大八の詐欺に求める必要があり、やはり岡本大八の詐欺行為を強調するようになった。

なお、『近世日本国民史』を嚆矢として、岡本大八事件を徳川将軍家における権力闘争の一つと理解する評価は、有馬晴信・岡本大八の対決が、大久保長安屋敷で執行されたことをほぼ唯一の論拠とする。だが、長安屋敷で審理された案件は、長谷川藤広暗殺未遂に限られ、晴信・大八間の贈賄問題は、家康の親裁によって処理されている。鍋島氏の関連文書を確認しても、事件の対応にあたって、大久保長安と連絡を持った形跡を見出すことはできない。むしろ、事態の収拾は、本多正純が元佶・藤堂高虎・長谷川藤広と提携しつつ主導しており、長安が積極的な役割を担っていたとは考え難い。

但し、ソテロが禁教の発端として指弾したイエズス会士の事件関与については、イエズス会も反駁しており[46]、フランシスコ会の記録が十分に研究・紹介されていない現状では、その真偽を判定することは困難である[47]。かつ本来ならば、慶長年間におけるキリスト教諸団体と徳川将軍家の関係、さらに徳川権力内部のキリスト教信仰の浸透・実態について、より精緻な検証が必須になると考えられる。後日の課題として確認しておくことにしたい。

註

（1）「岡本大八」の発給文書としては、「野田家文書」（文禄元年）三月七日付・野田景範宛書状（『野田市史　資料編　古代・中世1』第2部第6章二二七号）があり、「久次」と自署している。また、同書状によると、岡本久次は本多正信（正純父）と「談合」したうえで野田氏（古河公方旧臣）と連絡しており、正信の代から与力をつとめていたと考えられる。但し、この岡本久次は、慶長年間に事件を起こした岡本大八ではなく、その父親にあたる岡本八郎右衛門と同一人物であり、子息に「大八」の仮名を引き継がせた可能性もある。記して後考を俟つことにしたい。

（2）徳富蘇峰『近世日本国民史　家康時代概観』（民友社、一九二三年）。

（3）北島正元『江戸幕府の権力構造』（岩波書店、一九六四年）、藤野保『新訂幕藩体制史の研究』（吉川弘文館、一九七五年）、五野井隆史『徳川初期キリシタン史研究』（吉川弘文館、一九八三年）、藤田達生「徳川将軍家の創出」（『年報中世史研究』第二五号、二〇〇〇年）、本多隆成『定本徳川家康』（吉川弘文館、二〇一〇年）など。

（4）煎本増夫「慶長期徳川権力の考察―大久保忠隣改易を中心に―」（同『幕藩体制成立史の研究』雄山閣出版、一九七九年）。

（5）清水紘一「岡本大八事件覚書」（『史料研究』第一号、二〇〇四年）。

（6）藤谷俊雄「キリスト教と封建支配」（『岩波講座日本歴史九　近世一』岩波書店、一九六三年）など。五野井隆史氏も、禁教の主因として、信仰と封建支配の矛盾をあげている（註（3）前掲）。

（7）武田万里子『鎖国と国境の成立』（同成社、二〇〇五年）など。

（8）『駿府記』慶長十七年二月二十三日。

（9）「一六一二年度日本年報」（松田毅一監訳『十六・七世紀イエズス会日本報告集』第Ⅱ期第一巻、同朋舎、所収）。

（10）『勝茂公譜考補』三乾「岡本太八奸謀」所収（『佐賀県近世史料　第一編第一巻』佐賀県立図書館）。

（11）「三岳寺文書」七〇号（『佐賀県史料集成　古文書編　第十四巻』佐賀県立図書館）。

（12）『駿府記』慶長十七年正月朔日条。

（13）「一六一二年度日本年報」。

（14）『勝茂公譜考補』三乾「御再縁」。

（15）中村孝也『家康の族葉』（講談社、一九六五年）、白嵜顕成・田中祥雄・小川雄編『阿茶局』（文芸社、二〇一五年）など。また、阿茶局は諸大名に嫁いだ家康女子（養女を含む）との連絡や扶助にも関わっており（『本光国師日記』（続群書類従完成会）慶長十八年七月二十七日条、佐治家文書研究会編『小堀政一関係文書』（思文閣出版）二号など）、有馬直純の動向に少なからぬ影響を与えたと考えられる。

（16）「坊所鍋島家文書」二八五号（『佐賀県史料集成　古文書編　第十一巻』）。この八月二十六日付・鍋島勝茂書状は、「今年

之唐船物」を進上すべき相手として、徳川家康・秀忠（「御両殿様」）、本多正信・正純（「本佐御父子」）、大久保忠隣（「大相州」）とともに、阿茶局（「御あちやさま」）を指定している。

(17) ペドゥロ＝モレホン著／佐久間正訳『日本殉教録』（キリシタン文化研究会、一九七三・七四年）。
(18) 「多久家書物」（清水註（5）前掲論文所収）。
(19) 『駿府記』慶長十七年二月二十三日条。
(20) 「坊所鍋島家文書」一一八四号（『佐賀県史料集成　古文書編　第十四巻』）。
(21) 『駿府記』慶長十七年三月十八日条。
(22) 『駿府記』慶長十七年三月二十一日条。
(23) 『駿府記』慶長十七年三月二十二日条・五月七日条。
(24) 『駿府記』慶長十七年三月十八日条。
(25) 「一六一二年度日本年報」。
(26) 『勝茂公譜考補』三乾「岡本太八奸謀」所収文書（卯月八日付・本多正信書状写）。
(27) 「一六一二年度日本年報」。
(28) 「一六一二年度日本年報」。
(29) 『駿府記』慶長十七年三月十七日条・四月十日条。
(30) 『駿府記』慶長十七年五月七日条。
(31) 「前田家所蔵文書」（中村孝也『新訂徳川家康文書の研究　下巻之一』日本学術研究振興会、六六二頁）。
(32) 『駿府記』慶長十七年四月二日条。

(33)『勝茂公譜考補』三乾「岡本太八奸謀」所収文書(卯月十日付・元佶書状写)。
(34)『勝茂公譜考補』三乾「岡本太八奸謀」。
(35)『駿府記』慶長十七年三月二十一日条。
(36)「ソテーロ報告書」(ロレンソ＝ペレス著/野間一正訳『ベアト・ルイス・ソテーロ伝』東海大学出版会、一九六八年、所収)。
(37)『日本殉教録』(註(17)前掲)。
(38)マイケル＝クーパー著/松本たま訳『通詞ロドリゲス』(原書房、一九九一年)、『ベアト・ルイス・ソテーロ伝』(註(36)前掲)。
(39)『慶長日件録』(続群書類従完成会)慶長九年閏八月十二日条。
(40)『異国日記』(『影印本異国日記―金地院崇伝外交文書集成―』東京美術)三頁。
(41)『当代記』慶長十七年三月十二日条。
(42)「一六一二年度イエズス会年報」。
(43)「一六〇五年度イエズス会年報」(『十六・七世紀イエズス会日本報告集』第Ⅰ期第五巻所収)。
(44)『当代記』慶長十七年三月二十三日条によると、岡本大八は「各年寄衆并女房衆遣之」と称して、有馬晴信から政治資金を取得したという。
(45)(慶長十七年)卯月二十七日付鈴木重春等書状(和泉清司編著『江戸幕府代官頭文書集成』文献出版、一九九九年、一六六八号「東大寺文書」)は、原主水・榊原加兵衛・小笠原権之丞・西郷宗三郎・湯座伝三郎・山下庄三郎・梶十兵衛・同市之助・横地長五郎・吉田武兵衛・山田次左衛門・小野庄蔵・須賀久兵衛・水野二左衛門の一四人について、キリス

ト教信仰のために改易したことを知らせ、該当者を領内に居住させることすら「御法度」であると通告した。後に関東で捕縛された原主水は両手指切断に処されており(『駿府記』慶長十九年九月十三日条)、さらに主水を寄宿させた岡平内は改易され、同じく主水を潜伏させた駿府耕雲寺も処罰された(『駿府記』慶長十九年九月十九日条)。

(46)「フランシスコ会士へのイエズス会の回答」「カルヴァーリョ反駁書」(大航海時代叢書第Ⅱ期『イエズス会と日本二』岩波書店、32号・第二部)。

(47) 事件当時は駿府に滞在していたフランシスコ会士セバスティアン＝サン＝ペドロも、①有馬晴信が岡本大八に交渉を委託し、②イエズス会のペドロ＝モレホン(京都地区長。『日本殉教録』(註(17)前掲)の著者)が、晴信・大八の連携を仲介していたと非難している(「セバスティアンの迫害原因についての簡潔な摘要(一六一七年)」「セバスティアンの証言(一六一七年)」『イエズス会と日本二』30・31号)。とくに②を重視すると、『日本殉教録』の記事は、モレホンの責任回避という意味合いを帯びることになる。

# 終章　徳川権力の変遷と海上軍事

本書では、十六世紀後期・十七世紀前期の徳川権力について、海上軍事（水軍の編成・運用）という視角を用いて検証した。また、戦国時代の徳川氏が、東海地域で領国を形成したことから、徳川氏の海上軍事を考察する前提として、東海地域の領域権力（駿河今川氏・甲斐武田氏・尾張織田氏）による海上軍事のあり方も論じた。

そこで、終章においては、第一部から第三部の諸論考の内容を概括しつつ、徳川権力の存在形態と海上軍事の変遷に関する著者の理解を提示することにしたい。

## 一　東海地域の大名権力と海上軍事

### 1　駿河今川氏・甲斐武田氏・尾張織田氏の状況

戦国時代の東海地域にあって、とくに長期に亘って海上軍事を整備した領域権力は駿河今川氏である。今川氏は駿河国から西方に領国を拡大していき、十六世紀中頃までに遠江国・三河国を併合し、さらに尾張国南部にも進出した。その過程で、今川氏は尾張国の斯波氏・織田氏、三河国の田原戸田氏との対戦を制すべく、領国（駿河国・遠江国・三河国）の各所に海上軍事力の運用拠点となる城郭（遠江鵜津山城・三河吉田城など）を設定した。

また、今川氏の海上軍事力は、領国の各階層（被官や商人・寺社など）から船舶を動員することによって構成され、特定の氏族が突出した存在感を示すことはなかった。後に武田氏が駿河湾地域でおこなう伊勢海賊の招致も、今川氏においては、伝承を残す程度にとどまっている。さらに動員の内容も、船舶による輸送・連絡に従事する「立使」と、実戦も求められた「海賊」は区別されており、海上軍事力の機能分化が進行していた。

今川氏が一五六〇年代末に没落すると、その領国は甲斐武田氏・三河徳川氏によって分割された。但し、武田氏と徳川氏は、今川氏の動員方式による海上軍事力の編成を踏襲せず、むしろ伊勢海（伊勢湾・三河湾の総称）を出自とする海上勢力（海賊・国衆など）を重用した。今川氏は室町時代から駿河国を中心に領域支配を成熟させてきたが、武田氏は天正十年（一五八二）に滅亡し、徳川氏も天正十八年に関東に移封されており、精緻な動員体制を構築する時間を欠いた。そこで、伊勢海地域の海上勢力を即戦力として活用したのであろう。

伊勢海地域では、畿内経済圏と太平洋海運の結節点という環境から廻船が盛んであって[1]、こうした海事技術を軍事面に転用した海賊（海上活動を存立の主要基盤とする軍事勢力）が、戦時に高い技量を発揮したのである。また、海賊ではなくとも、海上軍事力を保持する国衆も存立していた。

武田氏は海上軍事体制の編成に着手すると、まず駿河岡部氏などに海上の軍役を課し、さらに岡部氏を通じて、伊勢海地域から海賊を招いた。岡部氏は今川氏の海上軍事に参加していなかったが、沿岸地域の所領や海上交通への介在によって、海上の軍役を履行しうる一族も存在したのである。

また、武田氏の海上軍事力編成は、同時期に進行した尾張織田氏の伊勢国経略とも連動していた。

織田氏は永禄十二年（一五六九）に南伊勢の北畠氏を従属させ、北畠氏も織田信長の次男信雄による家督継承を承認して存立を保ちつつ、織田氏の勢力を背景とすることで、周縁地域の支配を強化していった。その結果、以前から北畠氏の勢力圏にあって、複数の国衆が海賊として存立していた志摩国でも、九鬼氏が織田信長・北畠信雄父子の支持を背景として台頭し、志摩国衆を束ね、織田氏の諸戦役に従軍するようになった。

しかし、伊勢湾南部の海上勢力には、織田氏の進出や九鬼氏の台頭に対する反発も存在し、志摩国の小浜氏・小野田氏、伊勢国の向井氏は、武田氏の招致に応じて伊勢湾地域から拠点を移し、駿河湾地域で再起をはかろうとした。また、渥美半島西端の畠間宮氏のように、伊勢海地域に留まりつつ、武田氏と気脈を通じる勢力も存在した。こうした状況から、武田氏は織田氏・徳川氏と敵対しながらも、駿河湾と伊勢海の海上交通を保持しえたのである。

なお、伊勢湾地域から駿河湾地域に渡海した諸海賊は、本来の所領を失っており、駿河湾地域で給付された所領によって徴募した同心衆を指揮し、船舶の用材となる竹木の伐採地も武田家から指定されるなど、その存立形態から、領域権力としての自立性を見出すことはできない。それでも、伊勢海賊を中核とする武田氏の海上軍事力は強力であり、武田氏と敵対関係にあった徳川氏・北条氏は海上戦で敗戦を重ねている。つまり、武田家中に参入した伊勢海賊は、本領を放棄して海上勢力としての自立性を失ったものの、駿河湾地域で武田氏の権力と結合することによって、伊勢湾で培ってきた海上活動能力を維持し、実戦において高い力量を示したのである。

さらに織田氏も、大坂湾に出動した九鬼氏の配下に扶持を支給しており、九鬼氏に志摩国の領域支配を委ねるのではなく、九鬼氏被官や志摩国衆と直接の主従関係を構築することを志向していた。

このように、武田氏・織田氏のもとでは、伊勢湾地域の海上勢力が重用されつつ、大名権力による海上軍事力の直轄化も進行しており、後に形成される徳川権力の海上軍事直轄体制の原型と捉えることもできる。

## 2 一五八〇年代の徳川氏と伊勢海地域

武田氏・織田氏と並行して、徳川氏も海上軍事力の編成を開始しており、遠江国をめぐる対武田氏戦争で海賊衆を物資揚陸の警固などに運用した(2)。但し、この時期の徳川氏海賊衆については、後に海上軍事を担う諸氏との連続性が不分明であり、実態を解明することは困難である。また、武田氏ほどの水準に達しておらず、海上戦で武田方に敗退したという記録が散見される。そのため、自国の経済にも悪影響を及ぼす太平洋海運の阻害を自粛する配慮が作用したとしても、武田氏領国と伊勢海地域の海上交通を遮断する強制力を発揮しえなかった。

徳川氏の海上軍事は、天正十年(一五八二)三月に織田氏が武田氏を討滅し、次いで同年六月に本能寺の変が勃発して、織田氏が信長を中心とする指導部を一挙に失い、混乱状態に陥ったことで画期を迎えた。

武田氏が滅亡すると、駿河国は徳川氏の領国に併合され、さらに本能寺の変を経て、徳川氏は織田氏の了解を得たうえで、甲斐・信濃両国を平定した。その過程で、武田氏海賊衆のうち、まず向井氏・間宮氏が徳川氏の海上軍事に参入し、小浜氏も天正十一年までに徳川氏に帰順した(3)。とくに小浜氏・向井氏の場合は、駿河湾地域で海上活動を継続するために、上位権力を武田氏から徳川氏に置換したのである。もっとも、武田氏海賊衆の伊勢湾出身氏族が、一致して徳川氏の傘下に転向したわけではなく、小野田氏は駿河湾地域から撤退した模様である。

ところで、織田信長の死後、尾張国は織田氏領国再編の一環として北畠信雄(信長次男)の支配下に入り、やがて織田氏家督も信雄によって代行されるようになった。だが、信雄は織田氏・北畠氏の両家中から十全な支持を得られず、とくに織田家中では、羽柴秀吉が本能寺の変以降の混乱収拾を主導して求心力を拡大していった。さらに天正十二年の小牧陣を経て、信雄は政権と北畠氏領国の双方を失い、秀吉を中心とする政治秩序(豊臣政権)が形成され、織田氏(信雄の本宗家)の存在は、豊臣政権のもとで尾張国と北伊勢を支配する領域権力に後退した。

この小牧陣において、九鬼嘉隆も羽柴秀吉に与同し、織田氏・北畠氏との主従関係を解消しており、以後は豊臣政権のもとで内外の戦役に従軍するようになった。かつての織田氏は、志摩国衆の中から九鬼氏の立場を引き立てつつ、その麾下の海上軍事力を直轄化しようとした。しかし、この路線は中途で頓挫し、さらに豊臣政権が九鬼氏の志摩国衆統率に介入しなかったことから、九鬼氏は志摩国の領域権力としての存立を確定させていった。

その一方で、織田信雄は小牧陣に際して、徳川氏の与同を得ており、徳川氏海賊衆の小浜氏・間宮氏に九鬼氏の所領給付を提示し、九鬼氏離反に伴う海上軍事力の劣勢を補おうとしていた。実際、織田・徳川方は小浜氏・間宮氏を南伊勢に侵攻させ、蟹江合戦では九鬼嘉隆との海上戦を制した。こうした海上の戦局は、武田氏・徳川氏の権力と結合した伊勢海地域の海上勢力が、高水準の技量を有していたことを示している。

また、織田氏が本能寺の変を経て弱体化し、徳川氏が領国を飛躍的に拡大させたことは、知多半島（織田・徳川両氏の境目）における徳川氏の存在感を相対的に向上させ、その海上軍事力をより充実させる機会となった。

知多半島には、緒川水野氏・常滑水野氏・大野佐治氏などの国衆が群立し、織田氏に従属しつつ、独自の領域・家中を運営したものの、緒川水野氏は天正三年、常滑水野氏は天正十年に没落した。このように、地域の結集核となるべき国衆が没落したことは、織田氏の勢力減退と相乗して、徳川氏の求心力を高め、小牧陣当時には、緒川・常滑に徳川氏に帰属する勢力（「先方衆」）が存在する状況となっていた。さらに大野佐治氏が、小牧陣で秀吉方に与同して没落すると、同氏に従属していた知多千賀氏は、織田信雄に所領の接収を決定されながら、徳川氏の周旋を得ることで本領の保全に成功しており、後に徳川氏の海上軍事力に参入するようになった。

元来、千賀氏は志摩国の海賊であったが、戦国時代に伊勢海地域の各地に一族を分立させ、志摩国衆としての実態は失われていた。そして、知多千賀氏の場合は、知多半島の西岸南部から半島南端の幡豆崎に進出した大野佐治氏に従属しつつ、篠島・日間賀島などにも所領を形成しており、徳川氏の従属国衆である形原松平氏と婚姻関係を結んでいたことから、佐治氏に代わる上位権力として徳川氏を選択したのである。

## 二　変容する徳川権力と海上軍事

### 1　豊臣大名徳川氏の海上軍事

徳川氏は天正十四年(一五八六)に豊臣氏に従属し、豊臣関白家によって主宰される政治秩序を構成する豊臣大名となった。また、天正十八年に豊臣政権が相模北条氏を没落させ関東を征服すると、徳川氏は東海に形成してきた領国から関東の北条氏旧領に移封され、武蔵江戸城を本拠とする関東大名として再出発した。

この関東入部に伴い、徳川氏海賊衆の小浜氏・向井氏・間宮氏は相模国三崎に配置された。また、知多千賀氏も織田信雄改易後の尾張国で本領を維持できず、正式に徳川氏の家中に加わって、やはり三崎に配置された。このように、徳川氏は伊勢海地域の海賊を三崎に集中させて「三崎衆」と称するようになった。

ところで、北条氏も相模湾や関東内海(江戸湾)で海上軍事力を運用しており、三崎に海上軍事拠点の一つを設置し、房総里見氏との海上戦を遂行しつつ、海賊衆の中心であった梶原氏・山本氏に対し、有事における水上交通の監察を委ねていた。(4) 十七世紀前半の向井氏は、三崎の番所で海上交通を検閲したが、これは北条氏が梶原氏・山本氏に付与した権限を平時にまで拡大した権限であり、当初は小浜氏・間宮氏・千賀氏と共同で執行していたと推測される。北条氏と徳川氏における海上軍事の連続性と評価できる一方で、梶原氏・山本氏は徳川氏の海上軍事に参加しておらず、徳川氏・北条氏の海上軍事が構成面で断絶したことも指摘しなければならない。

また、伊豆国下田には、三河国渥美郡の大津から戸田忠次が入部しており、天正十八年の段階では、千賀氏と共同で関東移封に伴う海上輸送を監察していた。三崎衆の諸氏が、徳川氏の権力と結合して、三崎以外でも海上交通を監察する権限を付与されていた可能性を示唆する事例でもあるだろう。

この戸田忠次は渥美半島を支配した田原戸田氏の一族であり、徳川氏によって大津の領主に取り立てられ、小牧陣では海賊衆を指導して転戦したとされる。徳川氏支配下の三河湾地域には、海上軍役を課されずとも海上活動能力を有する領主が存在し、そうした存在形態を関東移封後も保持していたのである。

文禄年間に入ると、豊臣政権が朝鮮出兵を開始し、徳川氏も海上軍事力の改編を迫られた。二次に亘る朝鮮出兵は西国大名を中心に遂行されたが、徳川家康とその軍勢も、文禄元年（一五九二）から肥前名護屋城下に在陣しており、陣所を名護屋浦開口部の両岸に配置され、豊臣秀吉が戦争指導の本営としていた名護屋城を海上から防護する役割を課された(5)。また、戦局の推移次第で、徳川氏も渡海を命じられる可能性は十分にあった。つまり、徳川氏は名護屋城下の海上防備や朝鮮における海上戦闘に対応しうる規模の海上軍事を整備すべき状況に直面していたのである。

そこで、徳川氏の海上軍事体制は、特定の氏族に海上の軍役を課す従来のあり方を改め、家中全体で海上軍事力を形成する路線への転換を志向した。名護屋在陣中の徳川家康が、豊臣政権から朝鮮で運用する大型船舶の建造を命じられ、関東に在国する大身家臣から装甲に使用する鉄板を徴収したこともその一例だろう。

徳川氏はこの大型船舶の建造について、高力清長（武蔵岩付城主）を奉行に起用し、肥後国で普請の指揮にあたらせ(6)、さらに小浜一族の小浜政精や千賀氏縁者の林茂右衛門も建造に参与させた。また、徳川氏は名護屋で運用する漕手の増員もはかっており、向井政綱と千賀重親に、直轄地（伊豆国西浦など）からの徴発を担当させた。つまり、徳川氏は家中の総力をあげて海上軍事力を形成するうえで、三崎衆の諸氏に実務を委ねたのである。

また、徳川氏は豊臣政権下の大名として、伏見・大坂を往来するために、淀川で持船を運航する権利を認められており、三崎衆の小浜政精を船奉行に任用した。この事例も、三崎衆が一五九〇年代に徳川氏の権力に直結し、海上活動に関する諸事を請け合うようになっていた状況を示すものとして理解できる。

このように、徳川氏は海上軍事力の編成方式を改革する一方で、海上軍役の対象となる氏族も拡張しており、上総国五井の形原松平氏と上総国富津の幡豆小笠原氏を海上軍事体制に組み込み、「上総衆」と称して「三崎衆」と区別した。元来、形原松平氏は三河国宝飯郡、幡豆小笠原氏は三河国幡豆郡の沿岸地域で存立した国衆であって、徳川氏の関東移封後も、上総国西岸に配置されて、下田に配置された戸田忠次と同様に、三河湾地域で培ってきた海上活動能力を保持していたことから、新たに海上軍役の対象に加えられたのである。

但し、一五九〇年代段階の上総衆については、三崎衆のように、海上軍事体制の運営に関わった事例を確認できない。三崎衆の諸氏は大名権力との密着を進行させたが、上総衆の諸氏は相対的に距離を保ったのである。

## 2　徳川将軍家の成立と海上軍事の直轄化・二極化（多極化）

十七世紀に入ると、徳川氏の権力はさらに変容・拡大した。豊臣政権は一五九〇年代から自己崩壊に向かい、政治秩序を主宰する実力を衰えさせ、とくに秀吉が慶長三年（一五九八）に死去した後は、徳川家康に依存して政権を運営せざるをえなくなった。そして、家康が慶長五年の関ヶ原合戦に勝利し、慶長八年に征夷大将軍に任官すると、若干の曲折を経ながらも、徳川将軍家が日本全域の領域権力を統合した政治秩序を主宰していった。

こうした状況は、徳川権力が海上軍事のあり方を再び改編させる展開に繋がった。

関ヶ原合戦以降の領域再編によって、三河国や尾張国は徳川氏領国（直轄地と一門・譜代領）に組み込まれ、形原松平氏・知多千賀氏は関東から本領に復帰した。形原松平氏は元和五年（一六一九）に内陸部に転封され、海上活動から離脱したが、知多千賀氏は家康子息で尾張国主となった松平忠吉・徳川義直に附属され、やがて尾張徳川氏の海上軍事を統括するようになった。形原松平氏の場合は、領域権力としての存立を継続させ、知多千賀氏の場合は、三崎衆としての大名権力との結合を本領復帰後もより進行させたのである。

その一方で、慶長五年以降も関東に留まった三崎衆・上総衆の諸氏（小浜氏・向井氏・間宮氏・幡豆小笠原氏）は江戸に常駐するようになり、三崎衆・上総衆という枠組みも、一六三〇年代までに解消され、徳川将軍家から同心・船舶の指揮権を預かり、海上直轄軍団を運営する船手頭（海上軍事官僚）として任用された。具体的な経緯は不分明だが、一五九〇年代から漸進した事象の帰結であろう。武田氏・織田氏においても、各海賊の配下を同心として直轄化しようとする動向が確認され、この路線が徳川氏のもとで相応に完成したのである。

なお、三崎衆・上総衆は船手頭として江戸に集住したが、各自の所領も維持していた。具体的には、向井氏・間宮氏・小浜氏の三浦半島南部、小笠原氏の上総国富津などである。さらに向井氏については、三浦半島の三崎・走水で船番所を運営して、海上交通を監察する権限も委ねられていた。こうした所領や番所は、関東内海の出入口に立地しており、船手頭たちは江戸城下と関東内海の海上防備を兼務した模様である。

ところで、幡豆小笠原氏のうち、小笠原正吉は本宗家から自立し、天正年間に大久保忠世（遠江二俣・信濃小諸城将）の与力として活動した後、やがて家康の側近として登用され、海事案件に携わるようになった。とくに慶長年間の正吉は、本宗家に代わって三河国幡豆郡の本領を与えられたと推測され、自身も伊勢海地域と大坂湾地域の間で朱印船を運航し、商業活動を展開したが、その嫡子権之丞はキリスト教信仰のために失脚した。

また、徳川将軍家は慶長二十年に豊臣氏を討滅すると、大坂を直轄化して、播磨国以西にも一門・譜代を配置するなど、支配領域を大きく西方に拡大させた。さらに大坂城の再建が成就すると、畿内における軍事拠点の機能も、伏見城から大坂城に移転した。その結果、元和六年には、江戸の船手頭から小浜氏が大坂船手に起用され、大坂城下の海上軍事を統括するとともに、西国大名の海上軍事を監察する権限を付与された。

さらに徳川将軍家は、江戸の船手頭を畿内・西国に派遣して、大名領の港湾調査にあたらせるなど、領域の枠組みを越えた海上活動を展開することもあった。初期段階では慶長十四年の大型船舶回収のように、船手頭が臨時に出張したが、大坂船手の成立を経て、江戸から出向した船手頭が大坂で船舶・人員を補充する体制も成立した。

このように、徳川将軍家の海上軍事体制は、江戸・大坂の二極構造となったが、江戸から大坂に至る東西に長大な沿海地域には、将軍家直属の海上軍事拠点が数ヶ所に亘って設定されており、多極性を指摘することもできる。伊豆国の下田奉行所、駿河国の清水船手、三河国の大崎船手、伊勢国の白子船手などである。

各拠点を統括した氏族の出自を確認すると、白子船手の小浜守隆は大坂船手小浜氏の庶流、大崎船手の中嶋氏は、天正十年(一五八二)以前から徳川氏の海上軍事を構成した氏族であって、江戸の船手頭と同じく、戦国期以来の海上勢力が起用されている。その一方で、初期下田奉行の今村氏や、初期清水船手の細井氏は、就任まで海上活動に関わっておらず、徳川将軍家が海上軍事の担当氏族を増設しようとした事例にあたる。船舶・人員の直轄化が進行したことによって、海上軍事をつとめうる家の範囲も大幅に拡張されたのである。

このうち、白子船手は寛永六年(一六二九)の小浜守隆死去を機に廃止されたが、代わって伊勢山田奉行が船手役を兼ね、後に江戸常駐の船手頭から石川政次が起用され、山田は江戸・大坂に次ぐ海上軍事の拠点となった。

なお、徳川将軍家は関ヶ原合戦で没落した備前宇喜多氏の旧臣から戸川逵安などを登用して備中国に配置し、大坂両陣では海上軍事力として出動させた。戸川氏は海賊の定義(海上活動を存立の主要基盤とする軍事勢力)には合致しないものの、宇喜多氏のもとで海上軍事力を運用した経験があり、徳川権力も有事（大坂両陣）に際して海上の軍役を戸川氏に求めたのである。さらに宇喜多氏旧臣のうち、花房幸次は寛永十年に山田奉行に起用され、伊勢国の船手役を兼ねた。徳川氏は戦国時代から伊勢海地域の勢力（海賊・国衆）を海上軍事力として編成してきたが、支配領域の拡大に伴い、瀬戸内地域の勢力も海上軍事に参加させたことになる。

## 3 「鎖国」と海上軍事のさらなる整備

慶長年間の徳川将軍家は、ヨーロッパ勢力との交易でも、とくに大量の中国商品が流入していたスペイン領ルソンとの通商関係を重視し、関東・メキシコ間の航路を開設することも視野に入れつつ、領内の相模国浦賀にルソン発のスペイン船を誘致した。関東の領国に経済的利益を齎し、国内に輸入されるシルクの総量も増やして、北条氏に代わる関東支配や豊臣氏に代わる政権掌握を正当化する実績にしようとする構想であったのだろう。

当時、三崎衆の諸氏（小浜氏・向井氏・間宮氏）は、江戸に常駐するようになっていたが、向井政綱（三崎衆第一世代）は三崎に留まって三浦半島の海上軍事を統括しており、江戸に在府する嫡子忠勝とともに、イングランド人のウィリアム＝アダムスや、フランシスコ会士のルイス＝ソテロと提携し、浦賀貿易の運営に参加した。

しかし、徳川将軍家が慶長十四年（一六〇九）にオランダの日本市場参入を認可したことは、ルソン総督府から日蘭同盟と同義であると理解され、マニラ・浦賀の定期航路を停止される結果を招いた。そのため、徳川将軍家はルソン総督府よりも上位の存在であるメキシコ副王やスペイン国王との直接交渉を望み、その一環として、仙台伊達氏は向井父子・ソテロ・アダムスの助力を得て、遣欧使節事業を遂行した。

もっとも、徳川将軍家はスペインとの交易拡大をはかりながら、キリスト教に対する忌避感も抱いており、とくに慶長十七年の岡本大八事件を機に、ヨーロッパ勢力を排斥・隔離する「鎖国」路線に転じていった。

その結果、元和二年(一六一六)に徳川将軍家は旧教国・新教国を問わずにヨーロッパ勢力の船舶の入港を肥前国の長崎・平戸に限定し、浦賀貿易が再開される可能性は断たれた。また、同年に伊豆国下田に番所を設置しているが、これは江戸からヨーロッパ船を遠ざけたうえで、関東周辺の海上防備を一層整備する措置だろう。

ところが、元和九年には、ルソン総督府から江戸に使節が派遣され、天候に恵まれずに薩摩国山川に入港するという事件が起きた(7)。浦賀・マニラ交易が閉鎖された後も、ルソン総督府は関東に船舶を渡航させるための技術を保持しており、スペイン船が関東近海に来航しうる状況は継続していたのである。

そこで、徳川将軍家は江戸城下の海上軍事と関東の海上防備をより充実させることをはかり、寛永二年(一六二五)に石川政次を船手頭に起用し、その所領を安房国館山に配置した。また、白子船手の小浜守隆も、同時期に館山に所領を設定された。本来、館山は安房里見氏の本拠地であり、里見氏も関東内海で海上軍事力を運用してきた大名だったが、徳川将軍家は慶長十九年に里見氏を転封し、翌年の大坂夏陣では館山から漕手を徴発するなど、同地に蓄積された海事技術を海上軍事体制に組み込んでいた。さらに徳川将軍家は、船手頭の所領を配置することで、館山を江戸周辺の海上防衛線を形成する拠点として位置付け、「鎖国」の保持につとめたのである。

なお、石川政次の弟重勝も、寛永十一年に船手頭となり、やはり館山に所領を移された。この石川政次・重勝兄弟は、江戸常駐の船手頭としては、三崎衆・上総衆の系譜を引かない最初の存在であった。下田奉行の今村氏(元和二年起用)や清水船手の細井氏(元和七年起用)と同じく、徳川将軍家が海上軍事を担当する家を増設した事例に該当する。対外的緊張が、徳川将軍家に海上軍事体制を一層整備させたのである。

## 三　十七世紀中葉以降の展望

### 1 海上軍事力の保持

十七世紀中葉に入った後も、徳川将軍家は海上軍事力の整備を継続した。しかし、三崎衆・上総衆の系譜を引く船手頭は、世代交代の進行に伴って技量を著しく低下させており、寛永十九年（一六四二）には、向井正方などが江戸城下で潮の干満を見誤って、将軍家光の乗船を中心とする船団の運航に失敗し、譴責処分を蒙る事件が起きていた。そのため、徳川将軍家の海上軍事には、船手頭の技量不足を補うことも課題として加わった。

一六四〇年代には、江戸常駐の船手頭の増員がおこなわれた。すなわち、寛永十九年に天野重房・溝口重長、正保二年（一六四五）に細井勝武・土屋知貞が船手頭に起用されたのである。この寛永十九年・正保二年に起用された船手頭は、いずれも石川政次と同じく、三崎衆・上総衆の系譜を引かない旗本であった。石川政次の登用から十年以上が経過した時期に、再び三崎衆・上総衆と無関係の船手頭が任用されたことになる。

また、この時期の船手頭増員は、江戸城下の海上軍事が空洞化することを防ごうとする措置でもあった。まず寛永十九年の場合は、石川政次（伊勢山田奉行に就任）・小浜嘉隆（父光隆の死去に伴って大坂船手を襲職）の転出に対応しており、次に正保二年の増員は、向井氏宗家の一時断絶に対応していたのである。

江戸周辺の海上軍事は向井氏を中心として運営されてきたが、向井忠勝が寛永十八年に死去して、その嫡子直宗が正保元年に死去すると、弟の正方（忠勝五男）が直宗の権限を暫定的に継承し、(8) やがて向井氏宗家の家督を相続した。この正方も、直宗生前から船手頭として活動していたものの、寛永十九年に船舶運航をめぐる失態から譴責された当事者であった。そのため、徳川将軍家は正方の力量不足を危ぶみ、過大な権限を委ねることを避け、同心を一三〇人から五〇人に減員し、分離された同心を細井勝武・土屋知貞に配属したのである。また、向井氏の管轄から三浦半島の三崎番所と走水番所を外したうえで、両番所に奉行を配置するようになった。(9)

こうした状況は、小笠原信盛(上総衆の系統)の船手頭としての存在感を相対的に向上させ、信盛は江戸に常駐する船手頭の次席格として遇されるようになった。小笠原信盛の豊富な経験が着目されたのである。

但し、徳川将軍家が最も恃みとした船手頭は依然として向井氏であり、後に正方が船手頭としての熟練を示すと、同心数を一〇〇人にまで回復させた。また、向井氏傍流から正俊(忠勝長男、徳川家光の勘気によって廃嫡)・政興(忠勝六男)を船手頭に取り立て、江戸城下の海上軍事体制を保持しようとした。

なお、三代将軍の徳川家光は、しばしば江戸城の龍口(和田倉門)から乗船し、深川や葛西に赴いて鷹狩をおこなっており、船手頭に御座船や随伴船を運航させた。前述した寛永十九年の船団運航失敗事件は、船手頭の技量低下を露呈させたものの、家光は龍口周辺の通船状態を改善したうえで、最晩年まで水上移動による鷹狩を継続している。(10)家光は家康・秀忠と違い、生涯を通じて戦場を経験しなかったが、自己を軍事的カリスマとして演出することを志向し、鷹狩という軍事的マスゲームに固執していた。そして、水上移動の頻繁な利用は、実戦から遠ざかった船手頭に船舶運航の機会を増やし、その技量を保持する演習も兼ねていたと推察される。

将軍家光が慶安四年(一六五一)四月に死去すると、後継の家綱が幼少だったことから、マスゲームとしての海上軍事は停止した。それでも、徳川将軍家は海上軍事体制を維持しており、承応元年(一六五二)には、船手頭が九人に増員されている(後掲【表】参照)。将軍が幼年で指導力を発揮できないという状況が、慶安四年七月に摘発された牢人由比正雪の騒擾未遂も相まって、徳川将軍家の危機意識を高め、直轄軍事力の充実を進めさせたのであろう。

また、家綱が成人すると、万治元年（一六五八）からマスゲームとしての海上軍事を再開し、寛文二年（一六六二）に安宅丸（寛永年間中頃に建造された将軍家持船でも随一の大型船舶）の観覧も執行した。徳川将軍家は家綱にも軍事的カリスマという虚構を纏わせるうえで、海上軍事を演出の装置として用いたのである。

## 2　海上軍事の縮小と特殊性の稀薄化

このように、十七世紀後半においても、徳川将軍家は海上軍事の保全につとめたものの、延宝八年（一六八〇）に将軍家綱が死去して、弟の綱吉が将軍家を継承すると、海上軍事は縮小に向かった。三浦半島の三崎・走水番所や駿河国の清水船手は廃止され、大坂船手も二人制から一人制に改められた。さらに安宅丸も解体され、マスゲームとしての海上軍事も停止している。また、江戸常駐の船手頭の人数も、元禄十一年（一六九八）に六人、宝永三年（一七〇六）に五人に減らされた（次頁【表】参照）。その後、徳川将軍家が大規模な海上直轄軍団を再度編成するのは、ヨーロッパ各国の船舶が日本列島の周辺に来航する十九世紀後半のことになった。

徳川将軍家は十七世紀初頭から国内で勢力均衡を優位に保ち、かつヨーロッパ勢力に対して「鎖国」を執行するための抑止力として、海上軍事を整備してきたが、十七世紀後半には将軍家の権力は安定し、ヨーロッパ船舶が関東近海に来航する懸念も大幅に縮小していた。つまり、十七世紀後半における海上軍事の保持には惰性としての側面もあり、綱吉政権の合理化志向によって縮小された、と整理することもできるだろう。

また、徳川将軍家が海上軍事を縮小する前段階として、十七世紀中葉から特殊性が薄まっていた状況も指摘しなければならない。前述したように、寛永十九年（一六四二）・正保二年（一六四五）に起用された船手頭四人は、三崎衆・上総衆の系譜を引いておらず、以後も非三崎衆・非上総衆の船手頭は増加していった（【表】参照）。船舶・同心の直轄

| 名 | | | | | 人数 |
|---|---|---|---|---|---|
| 石川政次 | | | | | 6 |
| 石川政次 | 石川重勝(新任) | | | | 6→7 |
| 石川政次 | 石川重勝 | 小浜安隆(新任) | | | 7→8 |
| 石川政次 | *石川重勝(死去)* | 小浜安隆 | | | 8→7 |
| *石川政次(転任)* | 小浜安隆 | 向井正方(新任) | | | 7→6 |
| 向井正方 | 天野重房(新任) | 溝口重長(新任) | | | 6→7 |
| 天野重房 | *溝口重長(死去)* | 小浜利隆(新任) | | | 7→6 |
| 小浜利隆 | 細井勝武(新任) | 土屋知貞(新任) | | | 6→8 |
| 小浜利隆 | 細井勝武 | 土屋知貞 | | | 8→7 |
| *細井勝武(死去)* | 土屋知貞 | 細井勝興(新任) | 向井正俊(新任) | 溝口重恒(新任) | 7→9 |
| 土屋知貞 | *細井勝興(転任)* | 向井正俊 | 溝口重恒 | | 9→8 |
| 土屋知貞 | *向井正俊(改易)* | 溝口重恒 | | | 8→7 |
| 土屋知貞 | 溝口重恒 | 坂井成令(新任) | | | 7 |
| *溝口重恒(死去)* | 坂井成令 | 伴重長(新任) | | | 7 |
| 坂井成令 | 伴重長 | | | | 7→6 |
| 伴重長 | 天野重時(新任) | | | | 6→7 |
| 伴重長 | 天野重時 | 小笠原長住(新任) | | | 7 |
| 天野重時 | 小笠原長住 | 向井正盛(新任) | 向井政興(新任) | | 7 |
| 小笠原長住 | 向井政興 | 小嶋正朝(新任) | | | 7 |
| 向井政興 | 小嶋正朝 | 佐野政信(新任) | | | 7 |
| 小嶋正朝 | 佐野政信 | 山崎政豊(新任) | | | 7 |
| 佐野政信 | *山崎政豊(死去)* | 岡田善紀(新任) | | | 7 |
| 佐野政信 | 岡田善紀 | 秋山正勝(新任) | 細井勝正(新任) | | 7 |
| 秋山正勝 | *細井勝正(転任)* | 小倉正仲(新任) | | | 7 |
| 秋山正勝 | 小倉正仲 | 曲淵明信(新任) | | | 7 |
| 小倉正仲 | 曲淵明信 | 岡野成旭(新任) | | | 7 |
| 曲淵明信 | 岡野成旭 | 原田種幸(新任) | | | 7 |
| 岡野成旭 | 原田種幸 | 逸見義寛(新任) | | | 7→6 |
| 逸見義寛 | 向井正員(見習) | | | | 6 |
| 逸見義寛 | 柳沢信尹(新任) | | | | 6 |
| 柳沢信尹 | 依田政武(新任) | | | | 6 |
| *依田政武(死去)* | 伊勢貞員(新任) | 柳沢政俊(新任) | | | 6 |
| 柳沢政俊 | 天野雄正(新任) | 大河内政真(新任) | | | 6 |
| 天野雄正 | 川窪信亮(新任) | | | | 6→5 |

図伝』(続群書類従完成会)、『寛政重修諸家譜』(続群書類従完成会)を参考に作成した。

**【表】江戸常駐の船手頭一覧**

| 年次 | 人 | | | | |
|---|---|---|---|---|---|
| 寛永 9 年(1632) | 向井忠勝 | 向井直宗 | 小浜嘉隆 | 小笠原信盛 | 間宮長澄 |
| 寛永11年(1634) | 向井忠勝 | 向井直宗 | 小浜嘉隆 | 小笠原信盛 | 間宮長澄 |
| 寛永13年(1636) | 向井忠勝 | 向井直宗 | 小浜嘉隆 | 小笠原信盛 | 間宮長澄 |
| 寛永14年(1637) | 向井忠勝 | 向井直宗 | 小浜嘉隆 | 小笠原信盛 | 間宮長澄 |
| 寛永18年(1641) | *向井忠勝(死去)* | 向井直宗 | 小浜嘉隆 | 小笠原信盛 | 間宮長澄 |
| 寛永19年(1642) | 向井直宗 | *小浜嘉隆(転任)* | 小笠原信盛 | 間宮長澄 | 小浜安隆 |
| 正保元年(1644) | *向井直宗(死去)* | 小笠原信盛 | 間宮長澄 | 小浜安隆 | 向井正方 |
| 正保 2 年(1645) | 向井正方 | 小笠原信盛 | 間宮長澄 | 小浜安隆 | 天野重房 |
| 慶安 4 年(1651) | 向井正方 | 小笠原信盛 | 間宮長澄 | *小浜安隆(死去)* | 天野重房 |
| 承応元年(1652) | 向井正方 | 小笠原信盛 | 間宮長澄 | 天野重房 | 小浜利隆 |
| 承応 2 年(1653) | 向井正方 | 小笠原信盛 | 間宮長澄 | 天野重房 | 小浜利隆 |
| 明暦 2 年(1656) | 向井正方 | 小笠原信盛 | 間宮長澄 | 天野重房 | 小浜利隆 |
| 万治元年(1658) | 向井正方 | 小笠原信盛 | 間宮長澄 | *天野重房(死去)* | 小浜利隆 |
| 万治 3 年(1660) | 向井正方 | 小笠原信盛 | 間宮長澄 | 小浜利隆 | 土屋知貞 |
| 寛文 6 年(1666) | 向井正方 | 小笠原信盛 | 間宮長澄 | *小浜利隆(死去)* | 土屋知貞 |
| 寛文 7 年(1667) | 向井正方 | 小笠原信盛 | 間宮長澄 | 土屋知貞 | 坂井成令 |
| 寛文10年(1670) | 向井正方 | *小笠原信盛(辞任)* | 間宮長澄 | 土屋知貞 | 坂井成令 |
| 延宝 2 年(1674) | *向井正方(死去)* | 間宮長澄 | *土屋知貞(辞任)* | 坂井成令 | 伴重長 |
| 延宝 7 年(1679) | 向井正盛 | 間宮長澄 | *坂井政令(死去)* | 伴重長 | 天野重時 |
| 天和元年(1681) | 向井正盛 | *間宮長澄(辞任)* | 伴重長 | 天野重時 | 小笠原長住 |
| 天和 2 年(1682) | 向井正盛 | 伴重長 | *天野重時(転任)* | 小笠原長住 | 向井政興 |
| 天和 3 年(1683) | 向井正盛 | 伴重長 | 小笠原長住 | 向井政興 | 小嶋正朝 |
| 貞享元年(1684) | 向井正盛 | *伴重長(改易)* | 小笠原長住 | 向井政興 | *小嶋正朝(改易)* |
| 貞享 3 年(1686) | 向井正盛 | 小笠原長住 | 向井政興 | 佐野政信 | 岡田善紀 |
| 元禄 6 年(1693) | 向井正盛 | 小笠原長住 | *向井政興(辞任)* | 佐野政信 | 岡田善紀 |
| 元禄 9 年(1696) | 向井正盛 | 小笠原長住 | *佐野政信(転任)* | 岡田善紀 | 秋山正勝 |
| 元禄10年(1697) | 向井正盛 | 小笠原長住 | 岡田善紀 | *秋山正勝(転任)* | 小倉正仲 |
| 元禄11年(1698) | 向井正盛 | 小笠原長住 | *岡田善紀(辞任)* | *小倉正仲(転任)* | 曲淵明信 |
| 元禄12年(1699) | *向井正盛(辞任)* | 小笠原長住 | 曲淵明信 | 岡野成旭 | 原田種幸 |
| 元禄13年(1700) | 向井正員(見習) | 小笠原長住 | *曲淵明信(辞任)* | 岡野成旭 | 原田種幸 |
| 元禄14年(1701) | 向井正員(見習) | 小笠原長住 | *岡野成旭(辞任)* | 原田種幸 | 逸見義寛 |
| 元禄15年(1702) | 向井正員(見習) | 小笠原長住 | *原田種幸(辞任)* | 逸見義寛 | 柳沢信尹 |
| 元禄16年(1703) | 向井正員(新任) | 小笠原長住 | 逸見義寛 | *柳沢信尹(転任)* | *伊勢貞員(転任)* |
| 宝永 3 年(1706) | 向井正員 | *小笠原長住(辞任)* | *逸見義寛(転任)* | 柳沢政俊 | 大河内政真 |

『江戸幕府日記』(国立公文書館デジタルアーカイブ・ゆまに書房)、『徳川実紀』(吉川弘文館)、『寛永諸家系
斜体の人名は離任者を示している。

化によって、船手頭を三崎衆・上総衆の系譜に限定すべき必然性は低下しており、さらに寛永十九年の船団運航失敗事件は、三崎衆・上総衆の血統が船手頭としての技量を保証しないことも明らかにした。そのため、徳川将軍家は三崎衆・上総衆の系譜から引き続き船手頭を任用しつつ、船手頭という職制の特殊性を薄めていったのである。

また、大坂においても、寛文四年(一六六四)に小浜嘉隆が死去すると、嫡子広隆が幼少だったことから、非三崎衆・非上総衆の高林直重と大橋親重が起用され、大坂船手の権限を分掌するようになった。海上軍事の属人的運営が、三崎衆・上総衆の弱体化に直面して解消に向かい、職制が確立していった、と評価することもできる。

こうした動向は、家光期後半から家綱期にかけて進行していき、さらに綱吉期に入ると、三崎衆・上総衆を出自とする江戸常駐の船手頭は順次起用されなくなった。そして、宝永三年に小笠原長住(上総衆の系統)が引退したことで、船手頭の世襲家は向井氏を除いて消失し、大坂船手についても、享保十四年(一七二九)に小浜行隆が引退すると、小浜氏による事実上の世襲状態は停止することになった。

但し、綱吉期における海上軍事の規模縮小は、かならずしも短期間で進行しておらず、綱吉の将軍家継承から、小笠原長住の引退に伴い、船手頭を五人に減員させるまで、二十年以上が経過している。海上軍事の縮小について、綱吉期の徳川将軍家が相応に慎重な方針を採っていた可能性も考慮すべきであろう(11)。

## 四　本書の結論

元来、徳川氏は西三河の領域権力であり、一五六〇年代から支配領域を拡大していき、一五八〇年代までに東海・甲信地域に大規模な領国を形成した。その過程で、徳川氏は海上軍事力を編成し、天正十年(一五八二)以降は武田氏海賊衆の小浜氏・向井氏・間宮氏や、知多半島の海賊千賀氏によって海上軍事力を構成した。そして、これらの諸氏は、いずれも伊勢海地域（伊勢湾・三河湾の総称）の海上勢力であった。

東海地域では、駿河今川氏・甲斐武田氏・尾張織田氏も海上軍事力を編成しており、やはり何らかの形で伊勢海地域の海賊（海上活動を存立の主要基盤とする軍事勢力）を海上軍事力に組み込んでいた。とくに武田氏・織田氏の海上軍事に参加した海賊（小浜氏・九鬼氏など）は、他海域の海賊と交戦して高い技量を示した。伊勢海地域に蓄積された海事技術が、戦国大名の権力と結び付き、軍事という尖鋭的な分野で顕現したのである。

その一方で、武田氏の海上軍事において、各海賊は自立性を弱め、上位権力への依存性を強めており、織田氏の海上軍事についても、同様の傾向を指摘できる。こうした状況は、徳川氏のもとでさらに進行し、十七世紀前半までに、海上軍事力（船舶・同心）の直轄体制が相応に完成することになった。

また、徳川氏は一五八〇年代後半に豊臣政権に参入し、一五九〇年代に入ると、北条氏没落後の関東に移封された。この徳川氏領国の東遷に伴い、小浜氏・向井氏・間宮氏・知多千賀氏も三浦半島の三崎に入部して、引き続き徳川氏の海上軍事力として活動し、「三崎衆」と称されるようになった。

さらに徳川氏は、上総国西岸を所領とする形原松平氏・幡豆小笠原氏も海上軍役の対象に加えて、「上総衆」と称したが、両氏とも本来は三河国南岸の国衆で、三崎衆と同様に伊勢海地域の海上勢力でもあった。

こうした徳川氏における海上軍事の改編は、豊臣政権の対外戦争路線に適応して、海上軍事力の規模をより拡張しようとする動向であった。そのため、徳川氏は特定の氏族に海上の軍役を課す体制から、家中全体で海上軍事力を形成する体制への転換も志向しており、三崎衆に統括者としての役割を付与するようになった。

その後、慶長五年（一六〇〇）の関ヶ原合戦、同八年の家康の将軍任官などを経て、東海地域が徳川氏の支配領域（直轄領と一門・譜代領)に組み込まれ、かつ徳川氏の権力が領国を越えて日本全域の領域権力を統合するようになると、海上軍事のあり方もさらに変容していった。すなわち、形原松平氏と知多千賀氏が東海地域の本領に復帰する一方で、三崎衆・上総衆の枠組みは解消され、小浜氏・向井氏・間宮氏・幡豆小笠原氏は徳川将軍家の船手頭として江戸に常駐し、同心・船舶の指揮権を預けられ、海上直轄軍団を運営するようになったのである。

さらに徳川将軍家の勢力圏がより拡大すると、その海上軍事は江戸・大坂に二極化(あるいはより多極化)していき、徳川将軍家の二重性格(①江戸を本拠とする巨大な大名権力、②列島全域の諸大名を支配する政権)に合わせ、江戸・大坂周辺の海上防備にあたる一方で、遠国に適宜派遣されて列島規模の海上活動を展開した。

また、「鎖国」に伴う対外的緊張から、徳川将軍家は海上軍事のさらなる整備を志向し、非三崎衆・非上総衆の石川政次を船手頭に登用するなど、海上軍事の担当氏族を増設するようになった。

このように、徳川将軍家は直属の海上軍事力を整備しつつ、国内の勢力均衡を優位に保ち、国外情勢に対峙しようとしていた。但し、平和の持続と世代の交代は、三崎衆・上総衆の技量低下という問題も招き、やがて三崎衆・上総衆は向井氏を除いて船手頭の世襲家から外され、海上軍事の特殊性は稀薄化していった。

以上の議論を総括すると、徳川権力の海上軍事は、東海地域の大名権力(とくに武田氏・織田氏)が構築した海上軍事と同様の構造であって、権力の発展・変容(①国衆・戦国大名段階→②豊臣大名段階→③列島(全国)政権段階)に対応して、規模や活動範囲などを拡張させていった、ということになる。

とくに③段階において、徳川権力の海上軍事は、顕著な活動を展開しつつも、やがて特殊性を薄め、政治秩序の安定によって縮小されたが、それはほぼ一世紀に亘って進行した過程だった。徳川権力は相応以上に積極的に海上軍事という課題に取り組み続け、その体制は、基本的に伊勢海地域の海上勢力によって支えられたのである。

なお、先行研究においても、①西国の大名権力が朝鮮出兵に対応して、海上軍事力の整備を一層進展させたこと[12]、②「鎖国」に伴って形成された沿岸警備体制を運営するうえで、西国大名の海上軍事力が中心的な役割を担ったこと[13]は、ほぼ一致した見解となっている。そして、本書で論じたように、徳川権力の場合も、まず朝鮮出兵に対応して海上軍事体制の改編をはかり、さらに十七世紀以降は、日本全域の領域権力を束ねる政権を形成したことから、国内の勢力均衡を優位に保ちつつ、国際的緊張に対応するために、直轄の海上軍事力を整備・維持したのである。

そして、こうした海上軍事のあり方は、徳川権力の二重性格（領域権力と列島政権）に起因するものであった。

註

（1）綿貫友子『中世東国の太平洋海運』（東京大学出版会、一九九八年）など。

（2）「諸州古文書」（『徳水』二〇八号）。

（3）「譜牒餘録」「角屋文書」「寛永諸家系図伝」（『徳水』二〇・二二・二三号）。

（4）「相州文書」（『戦北』二八三五号）。

（5）平野明夫「肥前名護屋の徳川家康」（天野忠幸・片山正彦・渡邊大門編『戦国織豊期の西国社会』日本史史料研究会、二〇一二年）。

（6）『寛永伝』高力清長伝、「浄国寺文書」（『徳水』四三号）。

（7）清水有子「日本・スペイン断交の再検討」（同『近世日本とルソン―「鎖国」形成史再考―』東京堂出版、二〇一二年、初出二〇〇九年）。

（8）『江戸幕府日記』正保元年七月六日条。

（9）正保二年（一六四五）以降、安部正成と田村長衛が三崎番所・走水番所を管轄した（『江戸幕府日記』正保二年九月二十二日条・正保三年二月二十三日条）。

（10）徳川家光は慶安四年（一六五一）四月二十日に死去するが、『江戸幕府日記』（内閣文庫デジタルアーカイブ）によると、同年正月八日・二月七日・同十三日に江戸城から出船して、浅草や隅田川河口に出向いている。

（11）こうした綱吉政権の方針については、中国船の来航増加との関連性が想定される。中国大陸では、清朝の支配が三藩の乱を経て一六八〇年代に安定し、海上交易の統制も緩和されており（展海令）、日本に来航する中国船が増加し、かつ不法行為も目立つようになっていた。そして、十八世紀に入ると、不法中国船への対処が、より切迫した課題となり、西国大名による打ち払いが展開された（松尾晋一『江戸幕府の対外政策と沿岸警備』校倉書房、二〇一〇年）。結局、徳川将軍家は問題の対処を西国大名に委ねて、直轄の海上軍事力の縮小傾向を撤回しなかったが、綱吉期の段階においては、ある程度慎重に状況を見定めようとしていたのではないだろうか。

（12）三鬼清一郎「朝鮮出兵における水軍編成について」（『豊臣政権の法と朝鮮出兵』青史出版、二〇一二年、初出一九六九年）など。

（13）木村直樹『幕藩制国家と東アジア世界』（吉川弘文館、二〇〇九年）、松尾晋一『江戸幕府の対外政策と沿岸警備』（註（11）前掲）、古川祐貴「慶安期における沿岸警備体制」（『日本歴史』第七五八号、二〇一一年）など。

# あとがき

本書は、著者がこれまで発表してきた論文のうち、十六・十七世紀の海上軍事とその周辺の事象に関わるものによって構成されている。そのため、本書のほぼ半分は、一般に近世史に分類される内容となったが、「戦国史研究叢書」の一冊として刊行することを認めてくださった編集委員会の方々に深謝したい。

著者はＮＨＫ大河ドラマをきっかけとして戦国時代に興味を抱き、コンピューターゲームや小説を通じて、関心を増幅させた「オタク」気質の研究者である。浅学非才の身でありながら、ともかくも論文集の上梓まで辿り着けたのは、諸先生・諸先輩方の引き立てや、同世代・新世代の友人たちとの触れ合いの賜物である。

とくに日本大学大学院において、懇切な御指導を賜わるとともに、筆が遅く移り気な筆者を辛抱強く見守っていただいた上保國良先生・鈴木國弘先生・大塚英明先生・関幸彦先生、大学院進学以来、十七世紀の徳川権力研究の先輩としてたびたび助言してくださった鍋本由徳先生に深く感謝しなければならない。

また、故村井益男先生からは、古文書解読の基礎について、厳しくも温かい御指導を賜わった。村井先生の生前には、満足に御恩返しをできなかったが、小浜氏研究の先達でもある先生に本書の刊行をご報告したい。

次に学外では、戦国史研究会・日本海事史学会・武田氏研究会・織豊期研究会に通い、数多の優れた研究に啓発されるとともに、自身も研究報告をおこなう機会に恵まれた。とくに戦国史研究会には、修士時代から十年以上に亘って参加し、研鑽の場とさせていただいている。さらに武田氏勉強会ワーキンググループ、大館常興日記を読む会（現・

蜷川親俊日記を読む会）において、研究や史料読解に関する議論に参加できたことは、著者の地力を確実に向上させたと思う。これらの研究会・勉強会でお世話になった方々のお名前を全てあげることは控えるが、万言を費やしても足りない感謝の念を抱いている。

振り返れば、著者が十六・十七世紀の徳川氏研究を志すようになった時期には、すでに平野明夫氏によって戦国期徳川氏の研究が大きく前進しており、さらに柴裕之氏も精力的に論考を発表するようになっていた。徳川氏研究が新たな展開を迎えた時期に際会できたことは、著者にとって望外の幸運であった。

但し、こうした業績は、著者に徳川氏研究の魅力を再認識させるとともに、自分なりの視点を打ち出さねば、到底太刀打ちできないだろうことも痛感させた。修士論文では、戦国末期・江戸初期の徳川権力における武田氏旧臣の動向を論じたが、とくに旧武田氏海賊衆の将軍家船手頭としての動向を論じた一章に手応えを覚え、周囲からも評価していただき、海上軍事を自身の研究主題と見定めるようになった。

もともと、著者は大学院で近世史のゼミに所属しながら、十六・十七世紀を縦貫した研究を模索する「変わり種」であり、それ故に西暦一六〇〇年前後で時代区分をおこない、ある種の空白を生じさせてきた中世史研究・近世史研究のあり方に違和感を覚えていた。そして、海上軍事という視点を用いることで、中近世移行期や徳川権力の研究に一石を投じたいと考え、自分なりの論考を提示してきた。

さらに戦国史研究会のシンポジウム「織田権力の領域支配」（二〇一〇年六月）、武田氏研究会のシンポジウム「戦国大名武田氏の地域社会」（二〇一三年五月）に報告者として参加した経験は、準備の過程でおこなわれた勉強会と合わせ、著者の視角を拡げ、本書の内容にも様々な形でフィードバックされている。

本書は、こうした一連の取り組みの現状報告でもある。筆者の試みがどの程度の成功を収めたのか、読者諸賢の判断を乞うとともに、今後も本書の各所で確認した課題に取り組みつつ、より多角的な視覚から、十六・十七世紀の研究を継続していきたい。

思えば、大学院を満期で退学して、ほぼ十年が経とうとしているが、この間に逗子市教育委員会で古文書整理の作業に携わり、現在は東京都清瀬市・愛知県西尾市の自治体史編集に参加している。また、日本大学においては、本部の大学史編纂課臨時職員や、文理学部の研究事業協力者として、たびたび採用していただいた。そして、今年度からは、文理学部の非常勤講師として授業を担当することになった。

史学科出身者にとって、有利とは言い難い就職状況の中で、このように歴史学の知見を活かせる仕事に恵まれて、満期退学後も研究を継続し、論文を執筆する環境を確保できたことは、たいへんな幸運であったと思う。著者に機会を与えてくださった全ての方々に感謝している。

また、岩田書院には、厳しい出版状況の中で、刊行を引き受けていただきながら、原稿の提出や校正の戻しが遅れご迷惑をおかけしたことを、お詫びしなければならない。

最後に、著者が歴史研究の道に進むことに多大な理解を示し、援助を惜しまなかった両親、そして著者の稚拙な歴史談義に過分な声援を送り続けてくれた亡き父方・母方の祖父母に感謝するとともに、本書の刊行を報告し、今後の奮励を誓ってむすびとしたい。

二〇一六年七月

小　川　雄

# 初出論文一覧

序　章　新稿

**第一部　戦国期東海地域の大名権力と海上軍事**

第一章　「戦国期今川氏の海上軍事」（『静岡県地域史研究』第三号、二〇一四年）

第二章　「武田氏の海上軍事」（柴辻俊六編『戦国大名武田氏の役と家臣』岩田書院、二〇一一年）

第三章　「武田氏の駿河領国化と海賊衆」

（小川雄・小笠原春香・小佐野浅子・長谷川幸一『戦国大名武田氏と地域社会』岩田書院、二〇一四年）

付　論　「武田氏海賊衆における向井氏の動向」（『武田氏研究』第四三号、二〇一一年）を一部改稿

第四章　「織田政権の海上軍事と九鬼嘉隆」（『海事史研究』第六九号、二〇一二年）

**第二部　徳川権力の海上軍事と伊勢海地域・瀬戸内地域**

第五章　「徳川氏の海上軍事と知多千賀氏」（『戦国史研究』第六二号、二〇一一年）

第六章　「徳川氏の海上軍事と幡豆小笠原氏」（『織豊期研究』第九号、二〇〇七年）を大幅改稿

第七章　「徳川権力と戸川逵安—慶長年間を中心として—」（『十六世紀論叢』第二号、二〇一四年）

**第三部　十七世紀以降の徳川権力の海上軍事と国際外交**

第八章　「十七世紀初頭における大阪湾の海上軍事—小浜光隆の動向を中心として—」

（天野忠幸・片山正彦・古野貢・渡邊大門編『戦国織豊期の西国社会』日本史史料研究会、二〇一二年）

第九章　「船手頭石川政次に関する考察—海上軍事官僚創出の一事例として—」（『海事史研究』第六五号、二〇〇八年）

第十章　「慶長年間の浦賀貿易について―その実現から破綻まで―」（『十六世紀論叢』第二号、二〇一三年）
付論　「岡本大八事件試論」（『史叢』第八六号、二〇一二年）
終　章　新稿

## 戦国史研究叢書 刊行の辞

戦国史に関する研究は、近年、まれにみる活況を呈していると言えよう。学会誌・論集などに発表される研究成果は、数え上げることができないほどおびただしい。しかも、優秀な研究者によって、注目される論考が蓄積されている。こうした現状の中で、特に、新進気鋭の研究者の研究成果を、一冊の著書として出版する機会を作るために、この戦国史研究叢書の刊行を企画した。

その一つの理由は、研究者個人の論文が著書としてまとめられることによって、その研究成果の把握を容易にし、戦国史研究のさらなる発展のためにも有意義なことと考えるからである。二つ目には、多くの前途ある研究者の研究成果を著書として出版することにより、学界から正当な評価を受ける機会が与えられることである。

この企画実現のため、私達は種々検討を重ねて立案したが、幸い、岩田書院の岩田博氏の御理解と御協力を得ることができた。この叢書が、各位の御賛同を得て、学界に寄与できるよう、また著者自身、この出版を契機として充実した研究生活がつづけられるよう、願って止まない。

平成七年四月

戦国史研究叢書を刊行する会

代表 佐脇 栄智

著者紹介

小川　雄（おがわ・ゆう）

1979年　神奈川県生まれ
2007年　日本大学大学院 文学研究科史学専攻 博士後期課程満期退学
現　在　日本大学文理学部非常勤講師
　　　　清瀬市史専門調査員、西尾市史執筆員

主要論文
「一五五〇年代の東美濃・奥三河情勢
　　　―武田氏・今川氏・織田氏・斎藤氏の関係を中心として―」
　（『武田氏研究』第47号、2013年）
「永禄年間の三河国争乱と幡豆小笠原氏」（『新編西尾市史研究』第１号、2015年）
「長命寺開山感誉存貞に関する考察―浄土宗系史料の検証を中心として―」
　（『市史研究きよせ』第１号、2016年）

編書
『徳川水軍関係文書』（戦国史研究会、2015年）


徳川権力と海上軍事　　　戦国史研究叢書15

2016年（平成28年）９月　第１刷　400部発行　　　定価［本体8000円＋税］

著　者　小川　雄

発行所　有限会社岩田書院　代表：岩田　博　　http://www.iwata-shoin.co.jp
〒157-0062 東京都世田谷区南烏山4-25-6-103　電話03-3326-3757　FAX03-3326-6788
組版・印刷：熊谷印刷　　製本：新広社

ISBN978-4-86602-965-8 C3321　￥8000E

# 索　　引



## 人　名

### あ



### い

## お

## と

も



や



ゆ



よ



り



れ



ろ



わ



## 地　名

あ

お



か

れ



ろ



わ



読み不詳



## 事　項

あ行



か行

## や行



## ら行